基本から応用まで♥27作例で楽しむ

バラの折り紙
ツイストローズ

鈴木恵美子 著
Emiko Suzuki

日貿出版社

はじめに

私の代表作と言われる「ツイストローズ」を中心にまとめた本が、ようやくできました。

1997年の創作以来、「ツイストローズの専門書を」と要望されてきましたが、「ツイストローズは作者が直接講習してこそ美しさが伝わる」と、こだわりを持って国内・外で展示・講習をしてきましたので、今まで一冊にまとめていませんでした。

私の長年のテーマは「素材を楽しむ折り紙の世界」です。同じツイストローズ作品でも素材により雰囲気が変わり、見た人が必ず「えっ！　これが折り紙？！」と驚かれます。そこで、どのイベントでもこれがタイトルになりました。

和紙、洋紙、メッシュ、木、塩ビ、ボール紙、不織布、ペーパーソープ、リサイクル紙（包装紙、新聞紙、象さんのウンチ100％の紙、運送用保護紙、ガムの包み紙、捨て紙）など、何かを見ると折り紙になるかもしれないと、すぐに折りたくなってしまう私です。

教育機関の講演では、まず「素材当てクイズ」から始めますが、参加者が親子の場合、急に会話がにぎやかになり、目がキラキラ輝いてきて楽しいひとときが生まれます。長年の折り紙活動の中でたくさんの「出逢い」と、「感動」のエピソードが生まれました。それらを教育機関で紹介すると大変喜ばれ「エピソード集は出ないんですか」

洋服の色にあわせてシンプルなおしゃれを
15cm 角 1 枚で制作のブローチ

今日はどのイヤリングにしようかしら
ジュエリートレイにもなる「おもてなしトレイ」

と言われていました。

このたび「エピソードも含めて、今までにない折り紙の本を出しましょう」と薦められ、出版が実現しました。

この本は、いわゆる「作品とその折り図」のみを紹介する本ではありません。
作品にまつわるエピソードや、折り紙を通して出逢った感動体験も少し入った本になっています。

そして、何より今回はDavid Brill（デビッド・ブリル）氏、Valentina Gonchar（ヴァレンティナ・ゴンチャー）氏、藤本修三氏、岡村昌夫氏、加藤渾一氏の作品協力を得て、グレードアップしたコラボレーション作品の楽しさも味わっていただけると確信しております。

人生には時として「いばらの道」を乗り越えなければならない時もあります。

そのような時に、この本が少しでも「ばら色の人生」にチェンジできるきっかけになって頂けたらと思います。

2014年3月吉日

鈴木 恵美子（Emiko Suzuki）

プレゼントに喜ばれる
キーホルダー入り「七変花（化）」

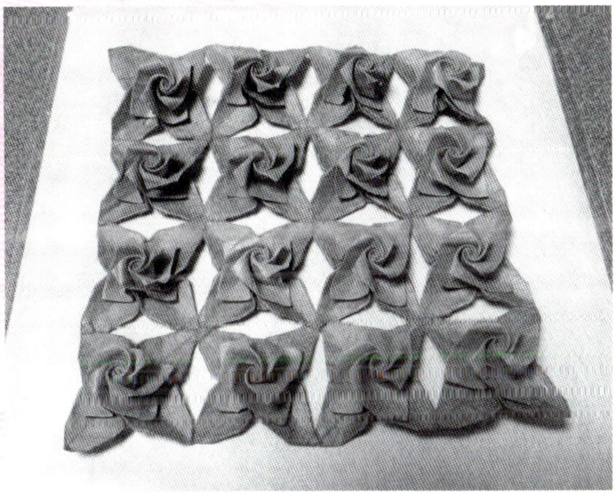

手と手をとりあっているような
葉ジョイント式つなぎツイストローズ

目 次

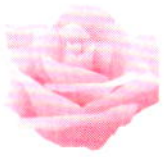

第３章 絆（きずな）

折り紙から生まれるやさしさの輪

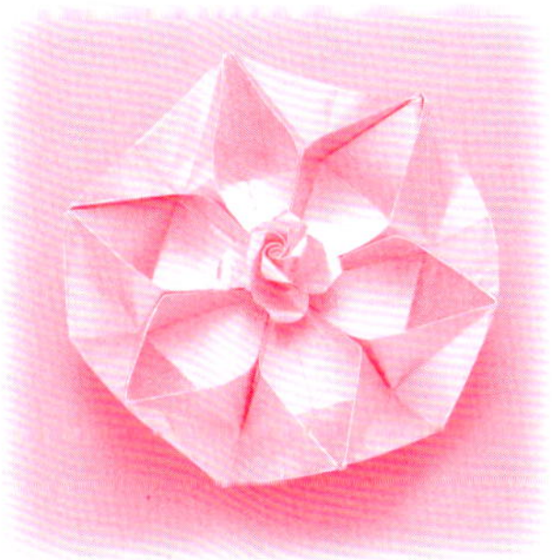

※創作者を明記していない作品は鈴木恵美子の創作です。

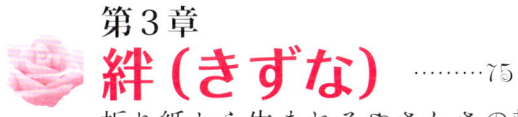

凡例（記号と基本的な折り）

本書で使用している記号と基本的な折りです。一部、参考用の折りもあります。

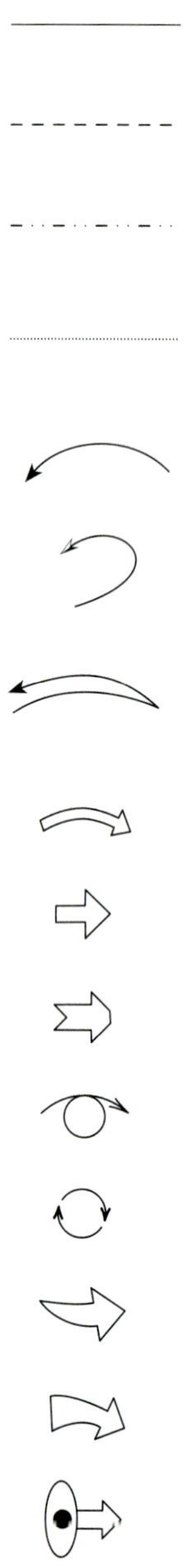

- 実線（折り終えた線）
- 谷折り線
- 山折り線
- 仮想線（隠れている線、これから折る為の予備線）
- 谷折り
- 山折り、複合折り
- 折って戻す（折り目をつける）
- 引き出す、引っ張る、など
- 押し込む
- 開いてつぶす
- ひっくり返す
- 向きを変える
- 図を拡大する
- 図を縮小する
- 次の図はこちらから見る

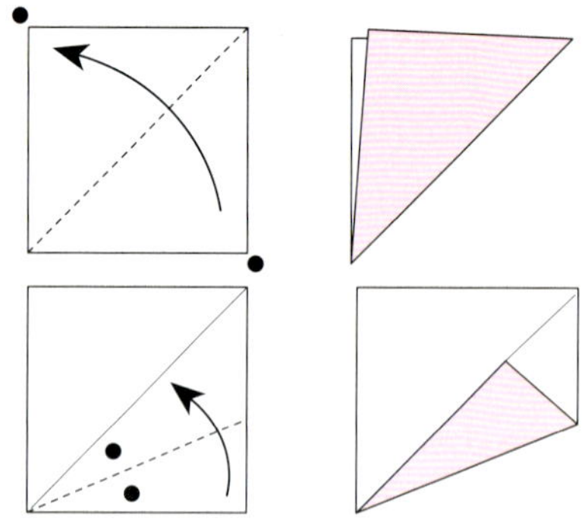

点を合わせて折る

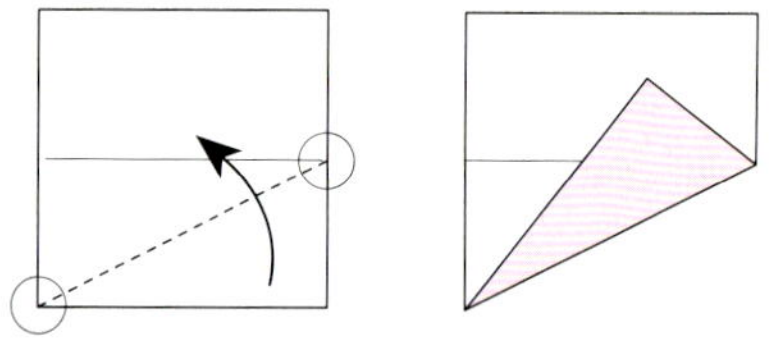

折り目の基準

沈め折り

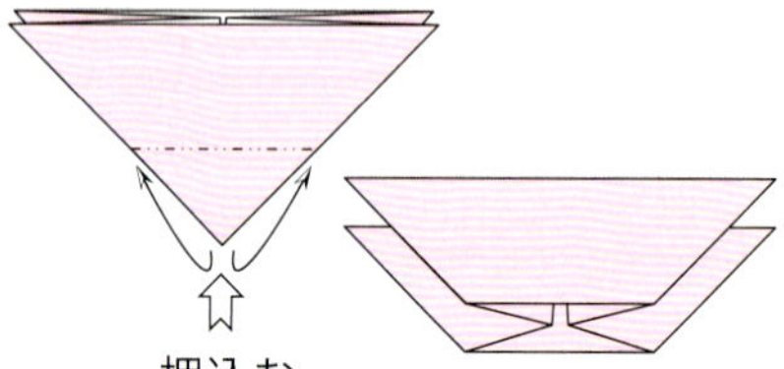

中割折り

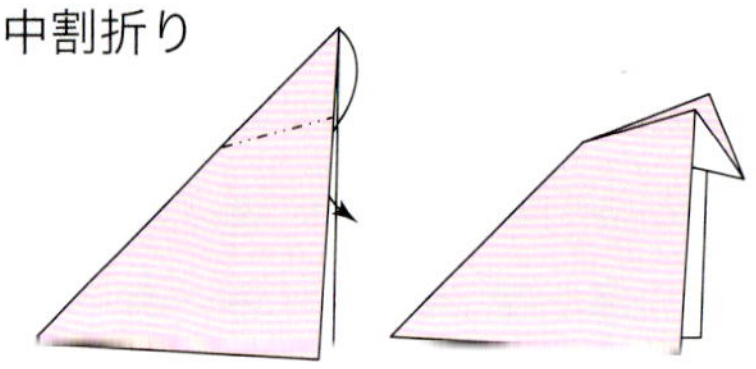

段折り

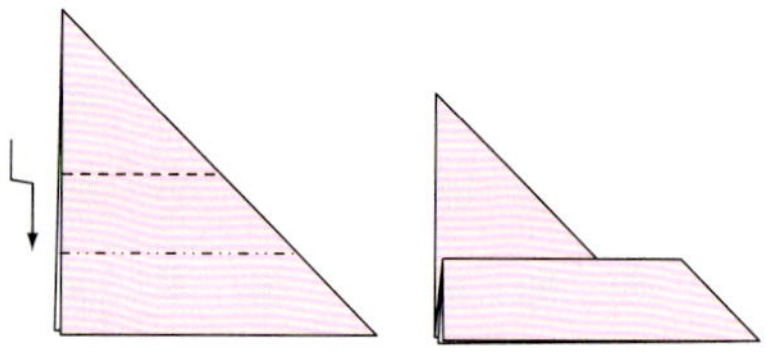

開いてつぶす

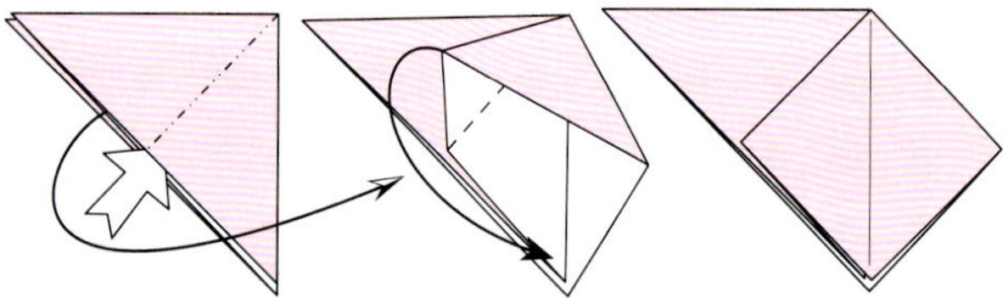

正方基本形から折鶴の基本形へ

①

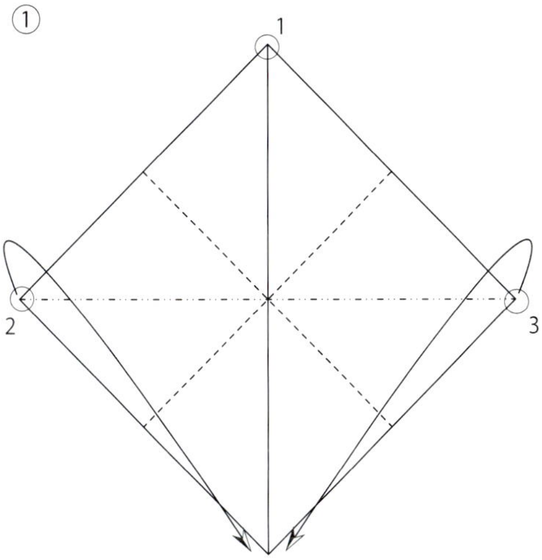

正方基本形にまとめる

（まず、折り目をつけると折りやすくなります）

②

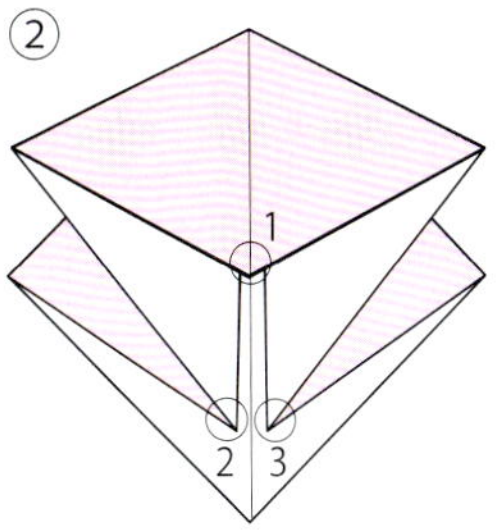

途中図

③

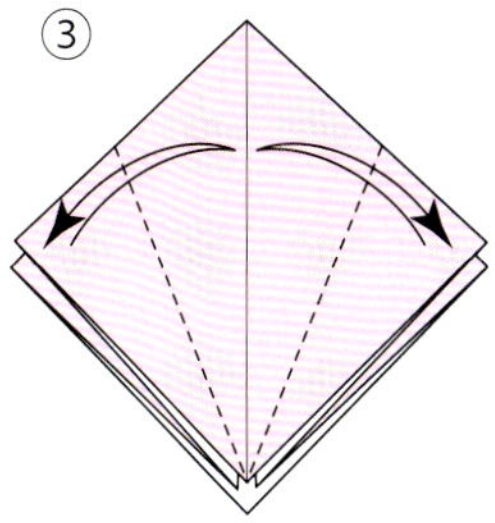

正方基本形

④

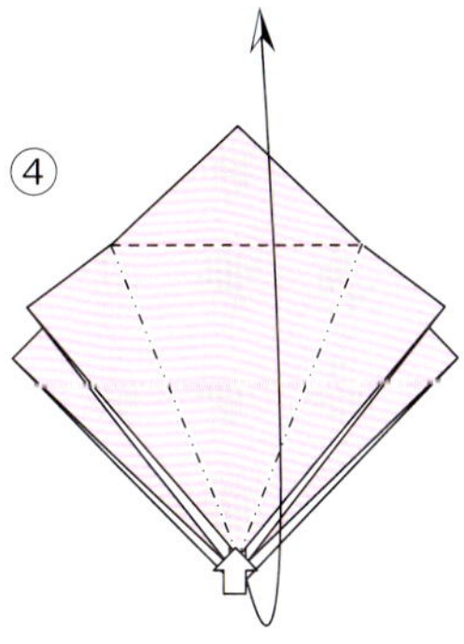

⑤

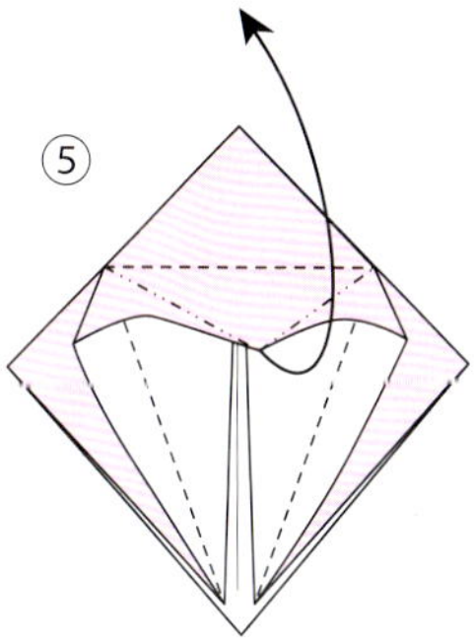

開いてつぶす

⑥

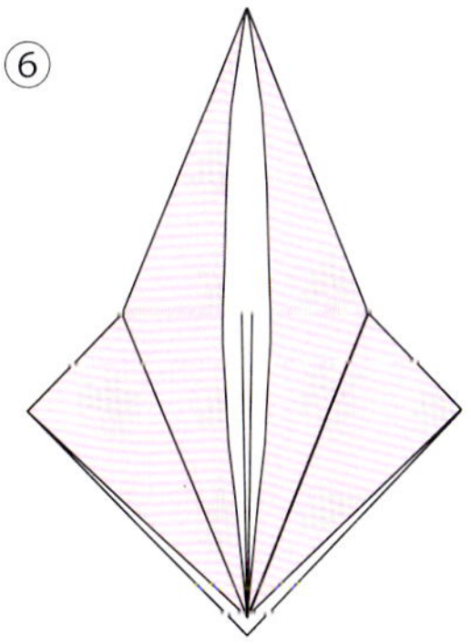

反対側も折る

⑦

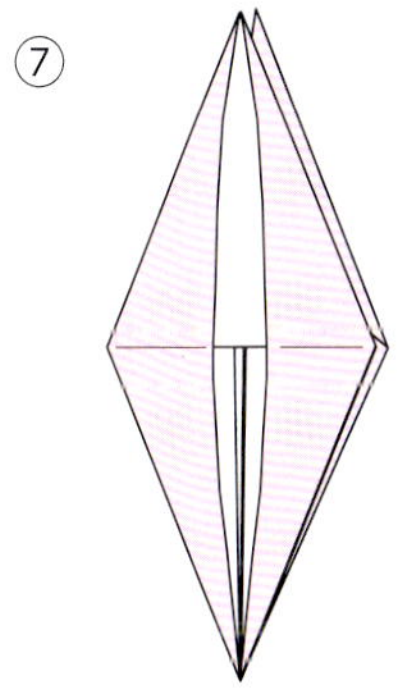

折鶴の基本形

風船の基本形

①

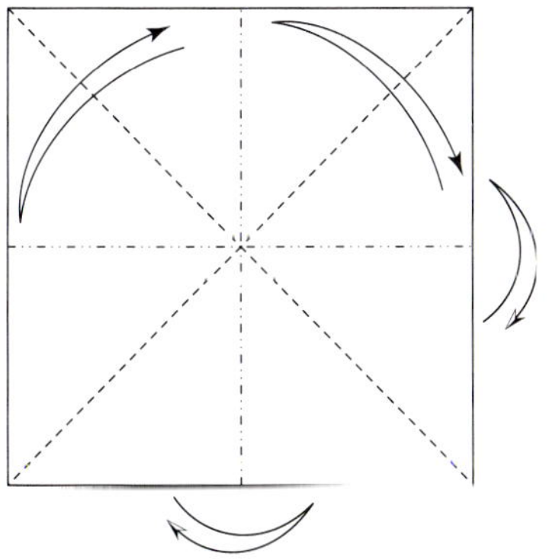

折って戻す

②

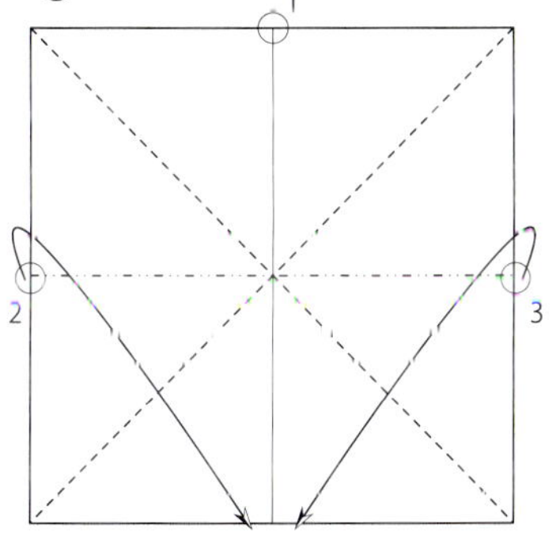

風船の基本形にまとめる

③

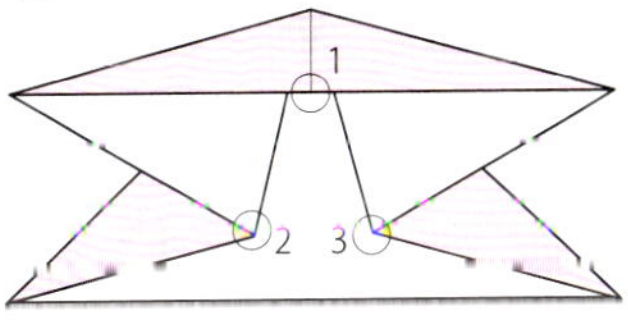

途中図

④

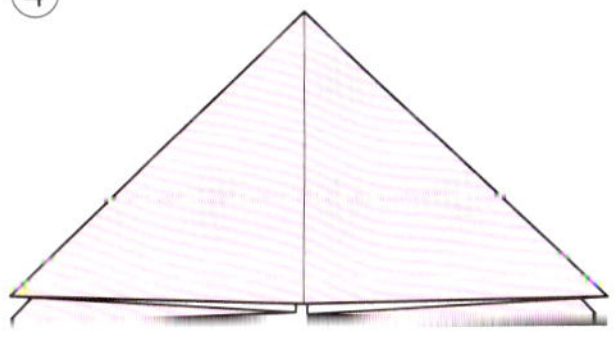

風船の基本形

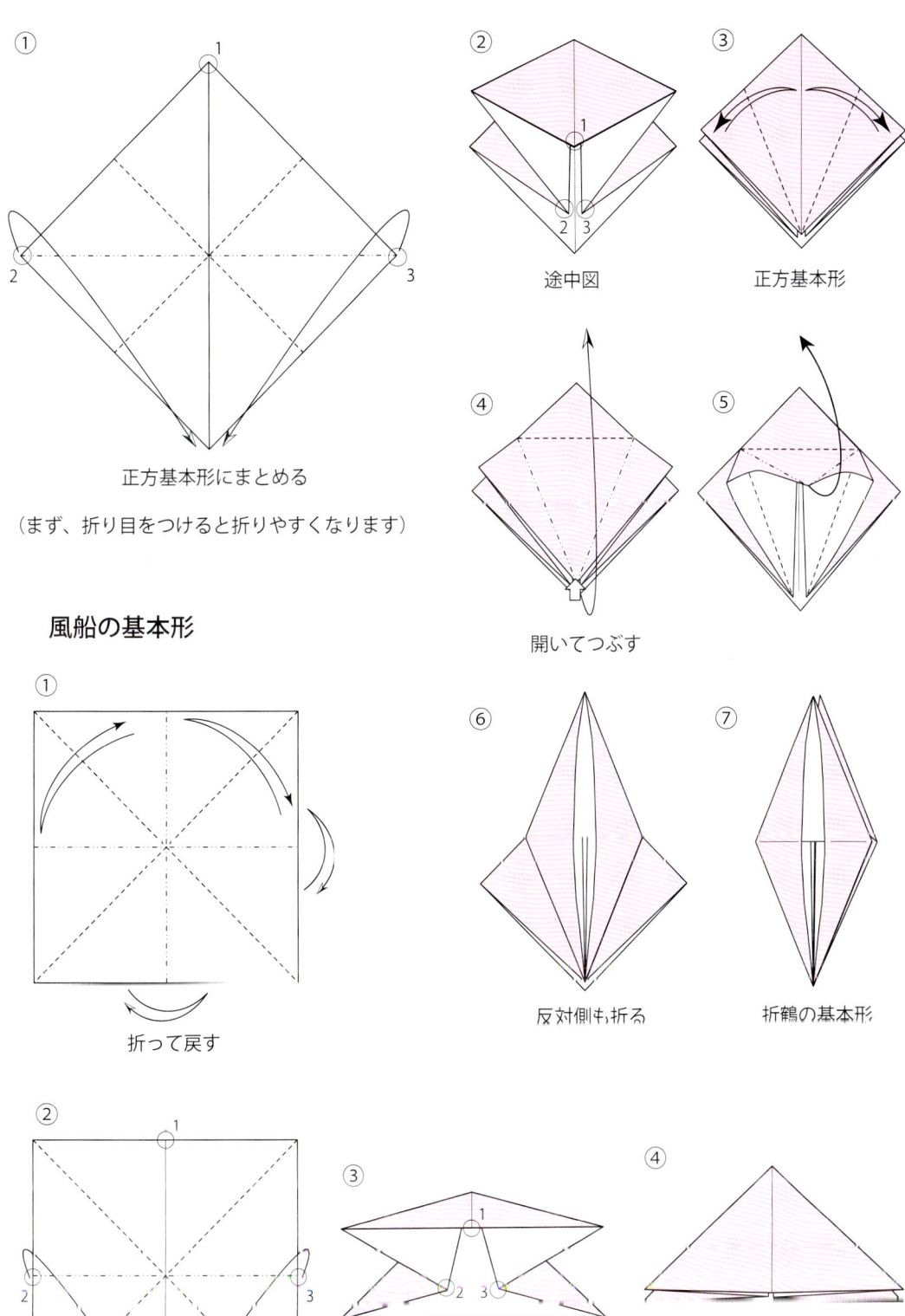

「ツイストローズ」の誕生秘話と作品のバリエーション

1997年創作のツイストローズは、2001年に『メッシュ折り紙』(鈴木恵美子監修：ブティック社)掲載以来、国内・外の折り紙本に度々掲載されている作品で、私の一番大切にしている作品です。
私の作品にはすべて創作の動機とエピソードがありますが、この「ツイストローズ」の創作動機は1997年、茨城県の海外(アメリカ・カナダ)派遣生に選ばれ教育・福祉・環境問題の研修を受けた時、茨城県のシンボルマーク(県章)を折り紙で表現したいと思い誕生しました。

【茨城県章】(茨城県HPより引用)
県章の形態は、「常陸国風土記」の「茨城郡」の条に「茨」(うばら)が見えるなど本県の自然や歴史に関係の深いばらを基本モチーフに、開き始めたばらのつぼみをダイナミックに象徴化したもの。新しい時代を先導する県にふさわしい“未来指向の斬新なイメージ”をデザインの基調とし、茨城県の「先進性」「創造性」「躍動」「発展」を表現している。
国際的なグラフィックデザイナー永井一正氏が制作し、県民の参加のもとに決められたもので、県章の色は、県のシンボルカラー「いばらきブルー」(鮮やかな青色)。新しい時代に向かう県民の心のよりどころとして、県政120年を迎えた、1991年(平成3年)11月13日に定められた。
(改正茨城県告示第1232号)

【ツイストローズの創作種類】

ツイストローズにはNo.1～11まであり、それぞれ用途別に楽しめる様になっています。

＜No.1＞　折り工程が簡単な為、小さい紙(1.5cm程度)や堅い紙でも素早く折れる。
＜No.2＞　折り工程を重ねていき、折る(祈る)時間を楽しむ。ガク折り出しタイプ(No.5)に発展。
＜No.3＞　葉と花をジョイントさせる。「葉ジョイント式ツイストローズ」(糊付けなし)。
＜No.4＞　花台にツイストローズNo.1を貼り付ける。底が平らな為、ブローチピンやマグネットを付けやすい。
＜No.5＞　No.2の裏面を工夫して、ガクを折り出す。「ガク折り出しタイプ」に発展。
＜No.6＞　No.4の台部分をアレンジして、ガクを折り出す。
＜No.7＞　No.4の台部分をつなげて「フラワーボール」にする。10枚のセットでフラワーボールと三角錐台が出来る。
＜No.8＞　「つなぎツイストローズNo.1」
＜No.9＞　「つなぎツイストローズNo.3」(葉ジョイント式)
＜No.10＞「愛のつばさにツイストローズ」、「ツイストローズのメリーゴーランド」等、秘伝千羽鶴折形の小鶴の部分をツイストローズにしたもののグループ。
＜No.11＞薄い紙、メッシュ等を使用する時、又、表面と裏面が別色の紙を使用する時、(花束用に茎仕立てにする場合側面から見て、裏も花の色にするには)ざぶとん折りをしてからツイストローズNo.1を折り始める。中心を沈めやすくする為、ざぶとん折りは中心まで折らずに中心からずらす(薄い紙、メッシュは中心までのざぶとん折り可)。

素材を楽しむツイストローズ

ミニサイズ作りを楽しむ

ネームスタンド飾り

一円玉と同サイズ

クリップ飾り
クリップの先端を立てかけ作品
をさして飾る

重ね箱

メッシュのふたをするとハートが
かくれているのが
うっすら透けてみえる

※コラム 52 頁参照

伝承作品とのコラボを楽しむ

伝承「折り鶴」

伝承「箱」

愛の翼にツイストローズ

招福つるばら（横飾り）

招福ミニつるばら（S字飾り）

招福ミニつるばら

アクセサリーを楽しむ

メッシュを重ねて
ブローチ

ギラギラ、マニキュアを塗って
パーティー用ブローチ

ウェルカムアクセサリー
（胸ポケットに定規部分を差し込む）

シックな
ブローチ

変身リング（76頁）と
ツイストローズのコラボネックレス

開運ネックレス
（赤は勝負に強い）

紙婚式に（１年目）

ツイストローズのネクタイピン

2個のブローチを
つなぐと表情が出て…

カーネーションのイヤリング

カーネーションのバレッタ

開運ブローチ

金婚式に銀婚式に

カーネーション・ペンダント

外国作品とのコラボを楽しむ

Star Container by David Brill
Twist Rose by Emiko Suzuki
Folded by Emiko Suzuki

星に願いを
（星形の入れもの）

飾りかたを楽しむ

招福つるばら
（横飾りと縦飾り）

ばら飾り
（フラワーボール・ばらのブローチ・ばらのスタンド）

豪華さを楽しむ

黄金のツイストローズ

「おしゃれな仲間たち」

干支の動物などにツイストローズを飾ると「好きじゃない」と思っていた動物も、「カワイイ」作品に。仲間を代表して蛙のケロちゃんの折り図紹介（55頁掲載）。コロコロキューブのヘビ君は韓国のキム ユナムさんの作品をヘビに見立ておしゃれな作品に。その他は鈴木恵美子創作。

カワイイ演出を楽しむ

コロコロキューブのへび君
（キューブボックスにおさめたところ）

踊る竜の子タッチャン

ねずみのみいちゃん

蛙のケロちゃん

モコモコ動くおしゃれな青虫

お料理を食べる時
「箸休め」があります。
ユニットのパーツを
たくさん折る時は
「ゆび休め」が大切。

ヘビの箸置き

コロコロキューブを長くのばしたところ
（しっぽにツイストローズが入っています）

「折り紙わんわんカーネーション」

生け花や造花の「わんわんカーネーション」は人気者。その造花はユニット作品のくす玉割りの中身に使い「折り紙わんわんカーネーション」にすげかえしています。

「柿じゃないよ　りんごだよ」

りんご：藤本修三
Apple by Shuzo Fujimoto
五弁のツイストローズ・おはなし折り紙
アイディア：鈴木恵美子
Folded by Emiko Suzuki

柿のヘタをとってごらん
ひっくり返すと五弁のツイストローズだ！
中にはキャンディーが入っているよ！
食べ終わったら、逆さまにしてごらん
あれー！りんごだ！

Persimmon（Idea：Emiko Suzuki）

「秘伝千羽鶴折形」とツイストローズのコラボ

「杜若（かきつばた）」から

「連鶴」の小鶴部分をツイストローズに

制作：岡村昌夫（Folded by Masao Okamura）

折り紙歴史の研究家であり、「秘伝千羽鶴折形」の第一人者である岡村昌夫先生は 2012 年 6 月 19 日、脳梗塞で倒れました。第一報をご子息からの電話で聞いた時、驚いて言葉が出ませんでした。「お見舞いが可能になったら教えて下さい」とお願いして、電話を切りました。

10 日ほどしてお見舞い可能のご連絡をいただき、病室に伺いました。症状は思ったより軽くてホッとしましたが、「鶴を折ってみました」と差し出された折り鶴は「連鶴の大家」の見慣れた折り鶴ではありませんでした。左に軽い麻痺があるとのことでしたので「リハビリ折り紙頑張って下さい」と言って、新しいピンセットと先生が開発時にアドバイスして下さったリバーシブル和紙を置いて、病院をあとにしました。先生はそれまでにツイストローズをたくさん折って下さっていたので、また折っていただきたいと思い、お見舞はその紙とピンセットにしたのでした。

その後、先生はリハビリに励まれ退院されると、「きょうは川崎ローズが折れました」と、パソコンで写真を送ってきて下さいました。目的と希望をもってリハビリ折り紙を続けている先生に「来年の干支は巳、先生のヘビを講習したいです」と申し上げると、たくさん折って送ってきて下さいました。リハビリ折り紙の成果を感じるヘビ達が箱から這い出してきそうに、出番を待っている姿でした。24 年前の創作作品を先生はお正月にかけて 70 匹以上折ったとか。

「12 年後はどうなっているかわからないから」と先生は笑っていらっしゃいましたが、一病息災、絶対お元気で 12 年後もまた 70 匹以上は折るに違いないと思いました。そして、このたび新たに作品を制作してくださいました。22 点の中からわずかですが、ここに紹介できることは嬉しい限りです。

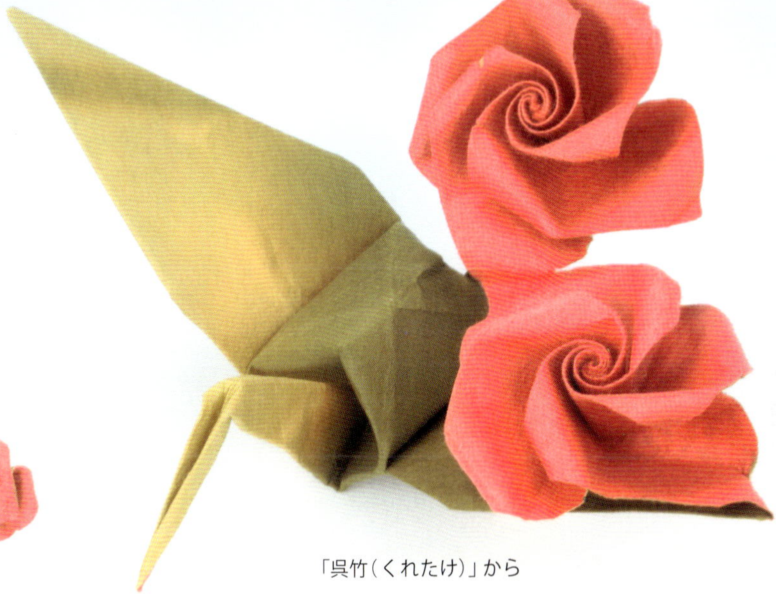

「呉竹（くれたけ）」から

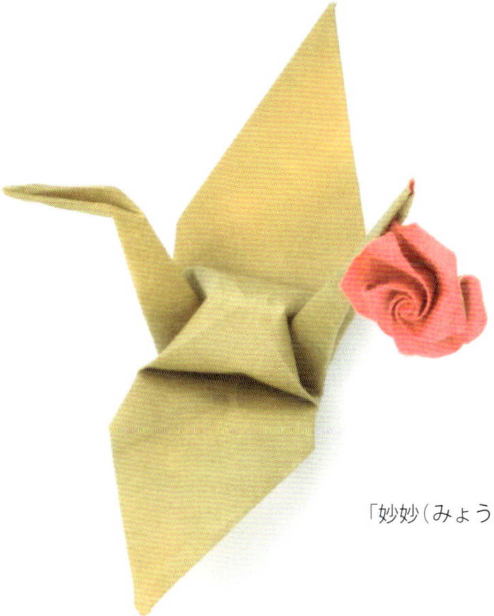

「妙妙（みょうみょう）」から

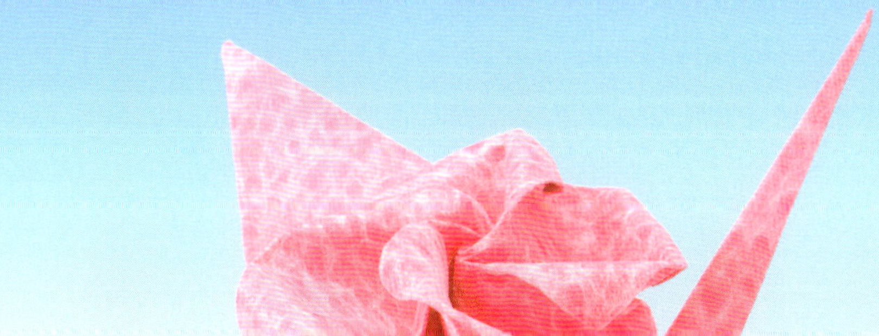

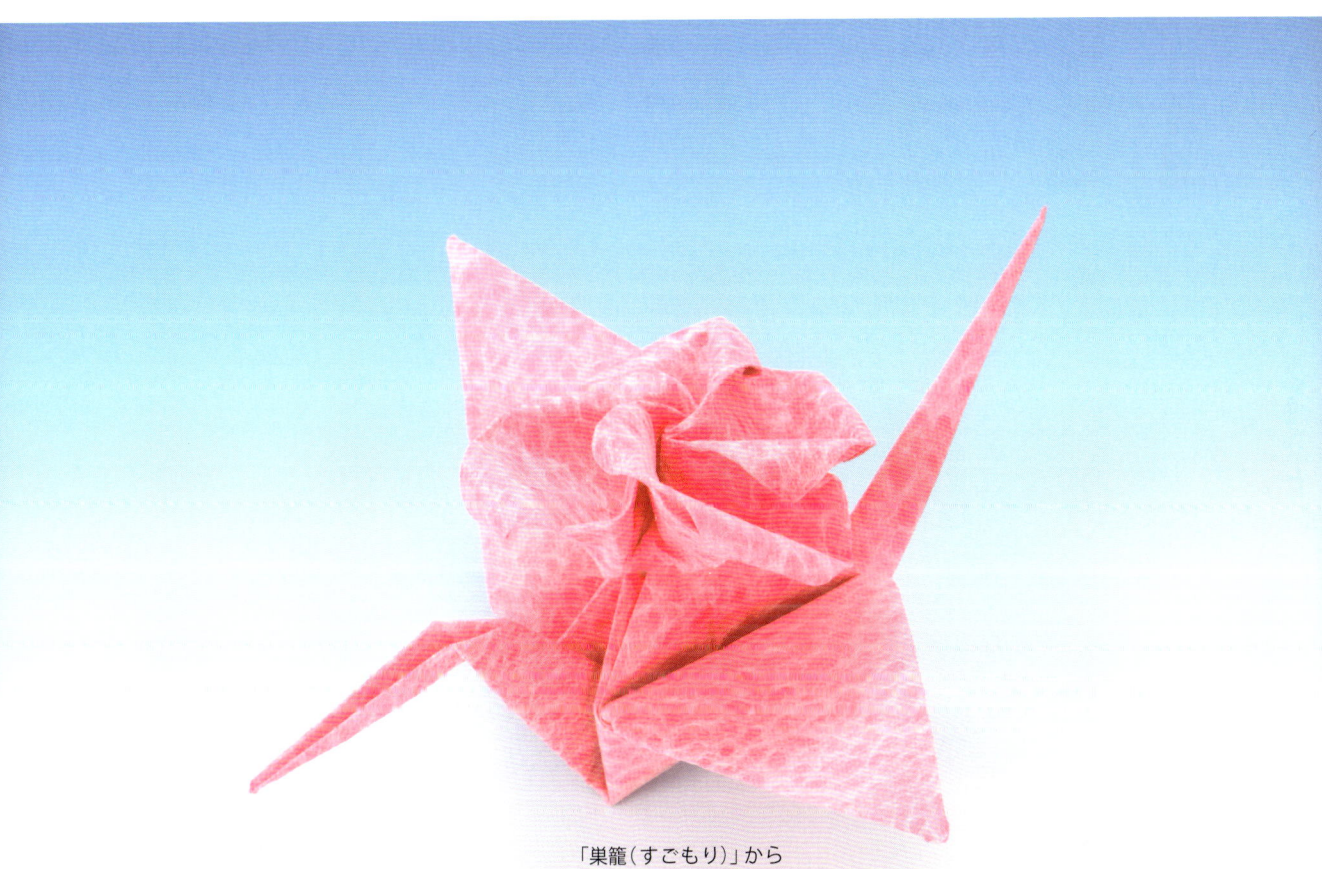

「巣籠（すごもり）」から

動きを楽しむ

「♪ひらいた ひらいた♪」のランプシェード

Revealing Flower : Valentind a Gonchar

♪ひらいた ひらいた♪

Revealing Flower by Valentina Gonchar
Folded by Emiko Suzuki

♪つぼんだ つぼんだ♪

暗闇にほのかに光るツイストローズ　（素材「四季ほたる」：八下田織物株式会社）

通常光で見た時

暗くして見た時

素材を楽しむ

布のツイストローズ（形状記憶加工）

（形状記憶加工：株式会社南海プリーツ）

装飾を楽しむ

エコバックにリバーシブル和紙で

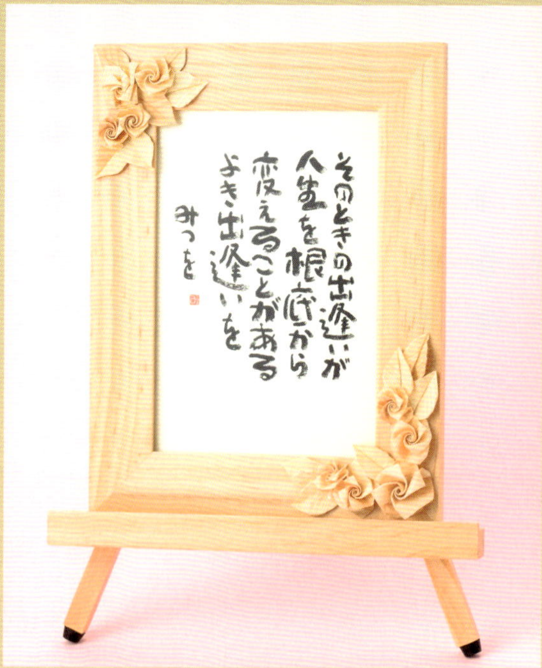

木のフレームに木の折り紙で

相田みつをさんグッズにピッタリ！

相田みつを美術館の中では素敵なグッズを販売しています。会員の私は訪れるたび、何を見ても「ツイストローズで飾りたい！」と思ってしまいます。エコバッグの四角いデザインは「ツイストローズNo.4、No.7」にピッタリ！

折り紙をしていると大体の大きさは定規がなくても当てられます。エコバッグを見た時も「この四角い『デザインと詩』はNo. 4にピッタリだ！」と思いました。実際、作ってみると本当にピッタリでした。木のフレームやクリスタルフレームも「これにツイストローズを飾りたい！」と買い求めました。装飾を施した詩はより一層私に寄り添ってくれています。

クリスタルのフレームに和紙で（金ラメのマニキュアで演出）

第1章

ツイストローズ入門

基本折りから応用折りまで

1. ツイストローズ No.1（ツイストローズ基本型）

すばやく折れ、かたい紙でも、1cm 位の小さな紙でも、150cm 位の大きな紙でも美しく折れます。

●用意するもの／つまようじ 4 本の上部を輪ゴムで束ねたもの。ピンセット。

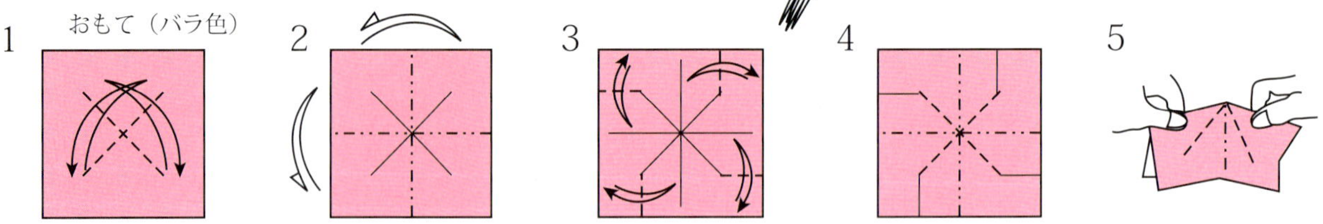

端は折らない

慣れたら（3）を略してもよい
〈※（7）～（15）までの要領が分かるまでの図）〉

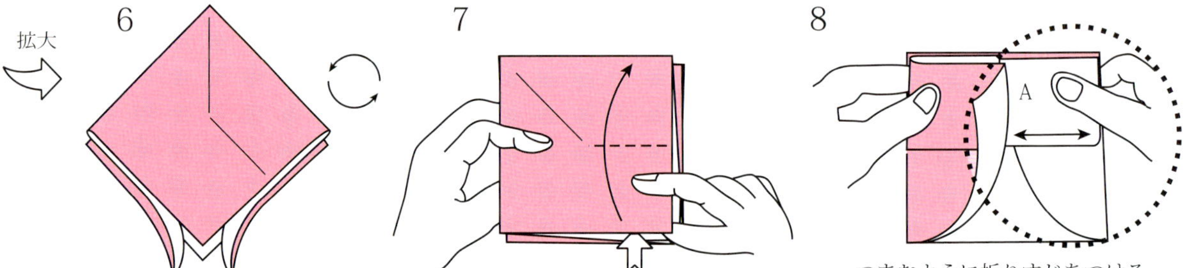

右だけ

つまむように折りすじをつける

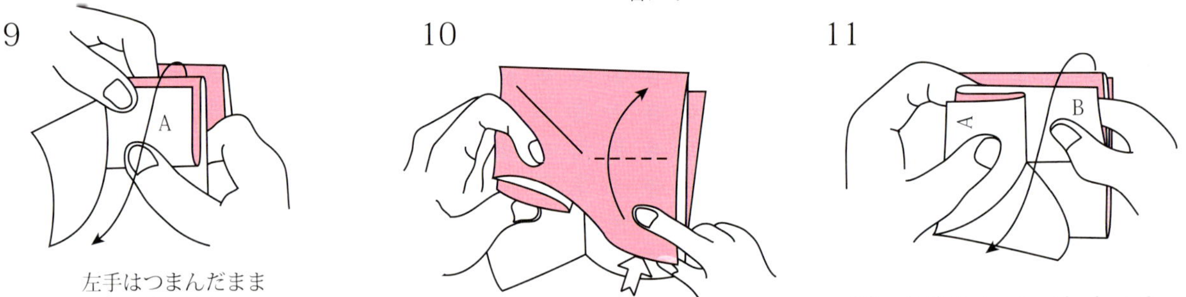

左手はつまんだまま
A を手前に倒す（10）へ

右だけ

（8）～（10）をくりかえす（B,C,D）

12

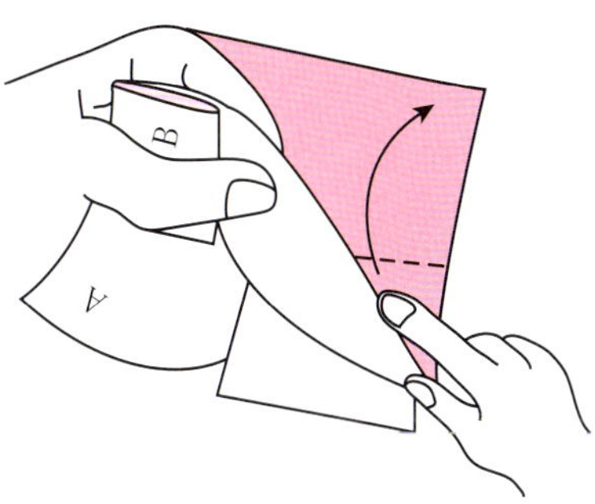

13

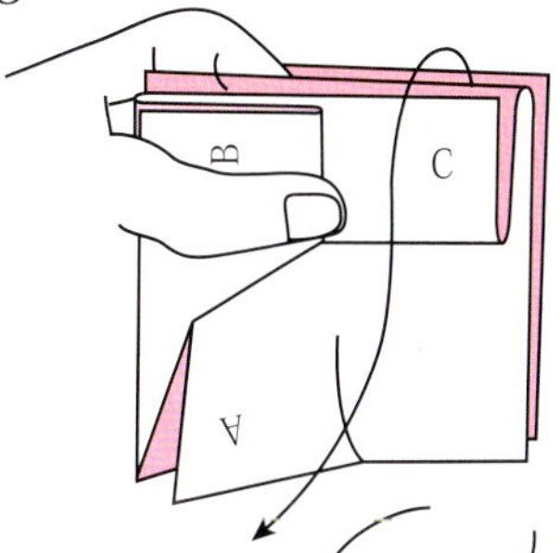

14

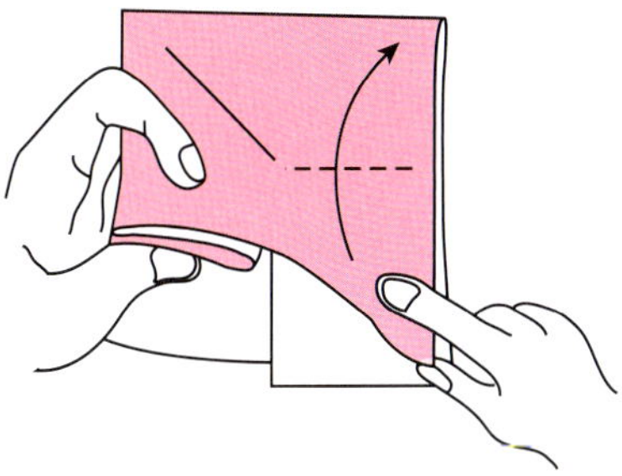

15

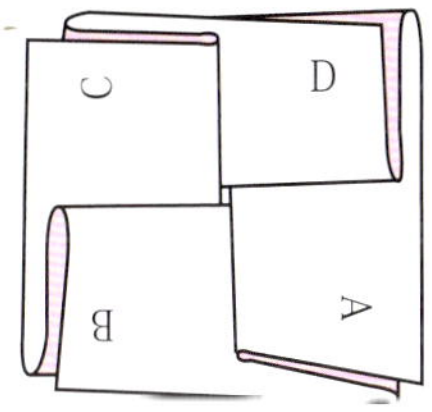

裏返すと
半ひねりの
立体化

16

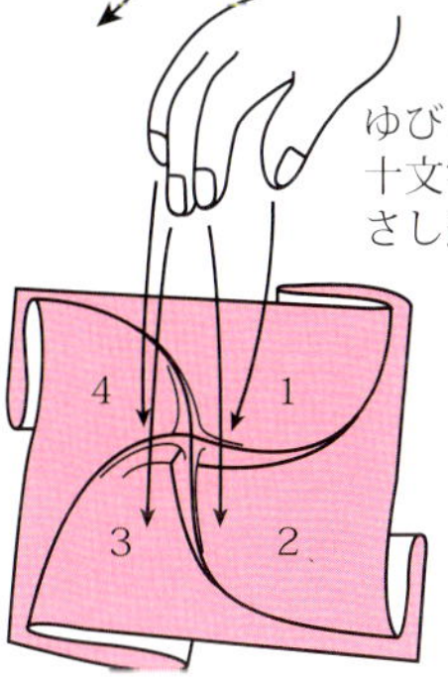

ゆび4本を
十文字に深く
さし込む

折り図16の実図

17

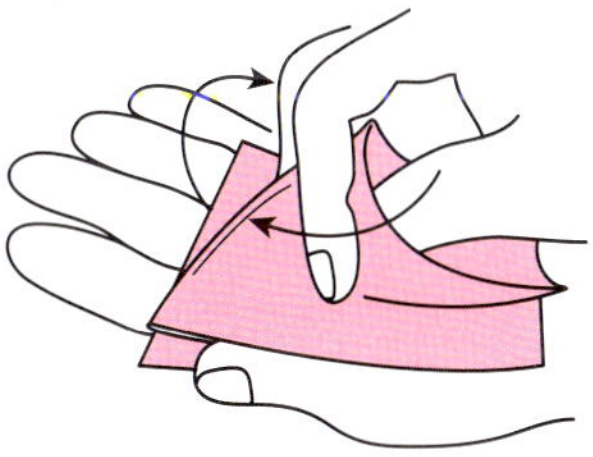

ゆびを十文字に入れてひねる
ゆびをさしかえてくりかえす

18

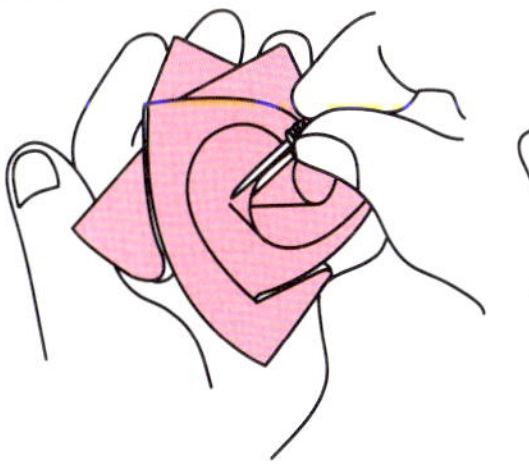

ようじ4本を束ねたものを
十文字に深くさし込む

19

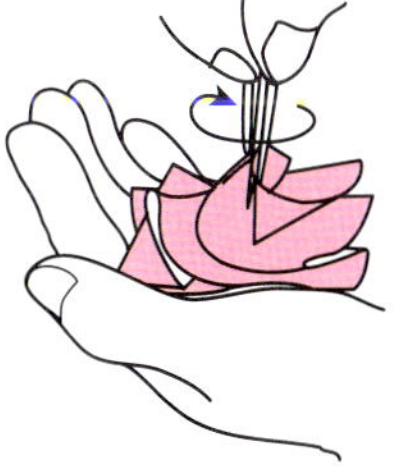

美しく咲かせる為に
（20）（21）は大切なコツ

20

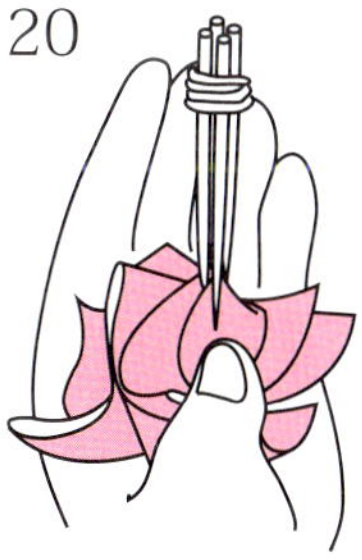

（1）
↻ようじをまわして
（2）
↑1mm 上げる
（3）
↻まわして
（4）
↑1mm 上げる
（5）
1~4 を続けると
ようじが抜けるので
ピンセットに変える

21

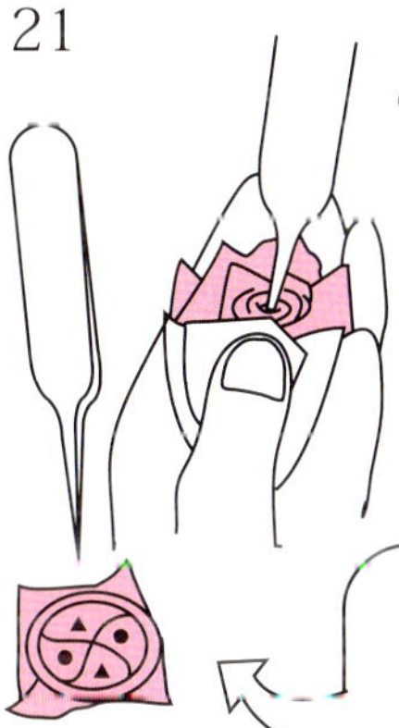

（1）
↻ピンセットをまわして
（2）
↓押し込む
（3）
↻まわして
（4）
↓押し込む

十文字の対角にピンセットを
さし込み（▲と▲）
①ひねって
②押し込む、ピンセットを
（●と●）に差し替え直角に
きつく押し込む
※ピンセットが押し込めない
時は、左手の押さえを少し
離すと巻きがゆるくなり
押し込みやすくなる

22

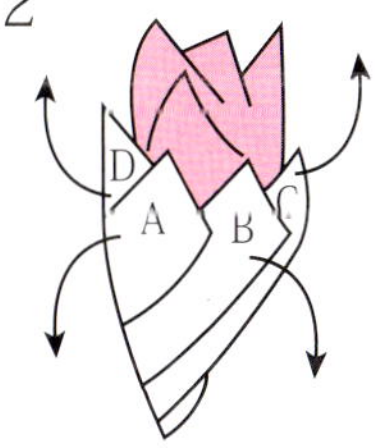

紙の4つの角を広げる

23

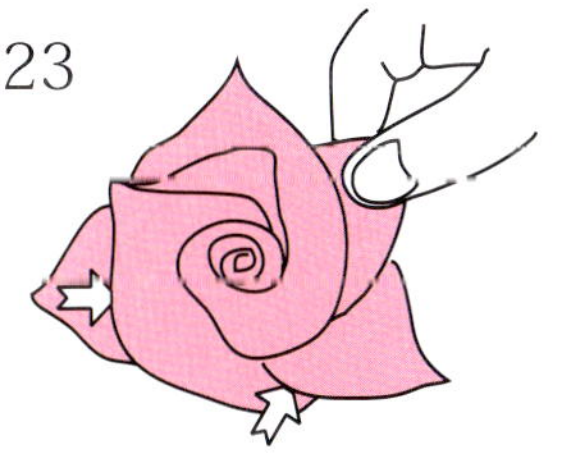

外側4つの花びらの
折りすじを
指でなぞって消す

24

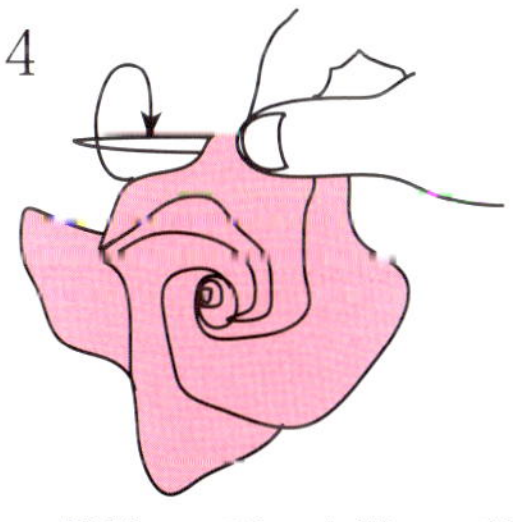

外側4ヶ所、内側4ヶ所
の花びらをつまようじで
軽くカールする

できあがり

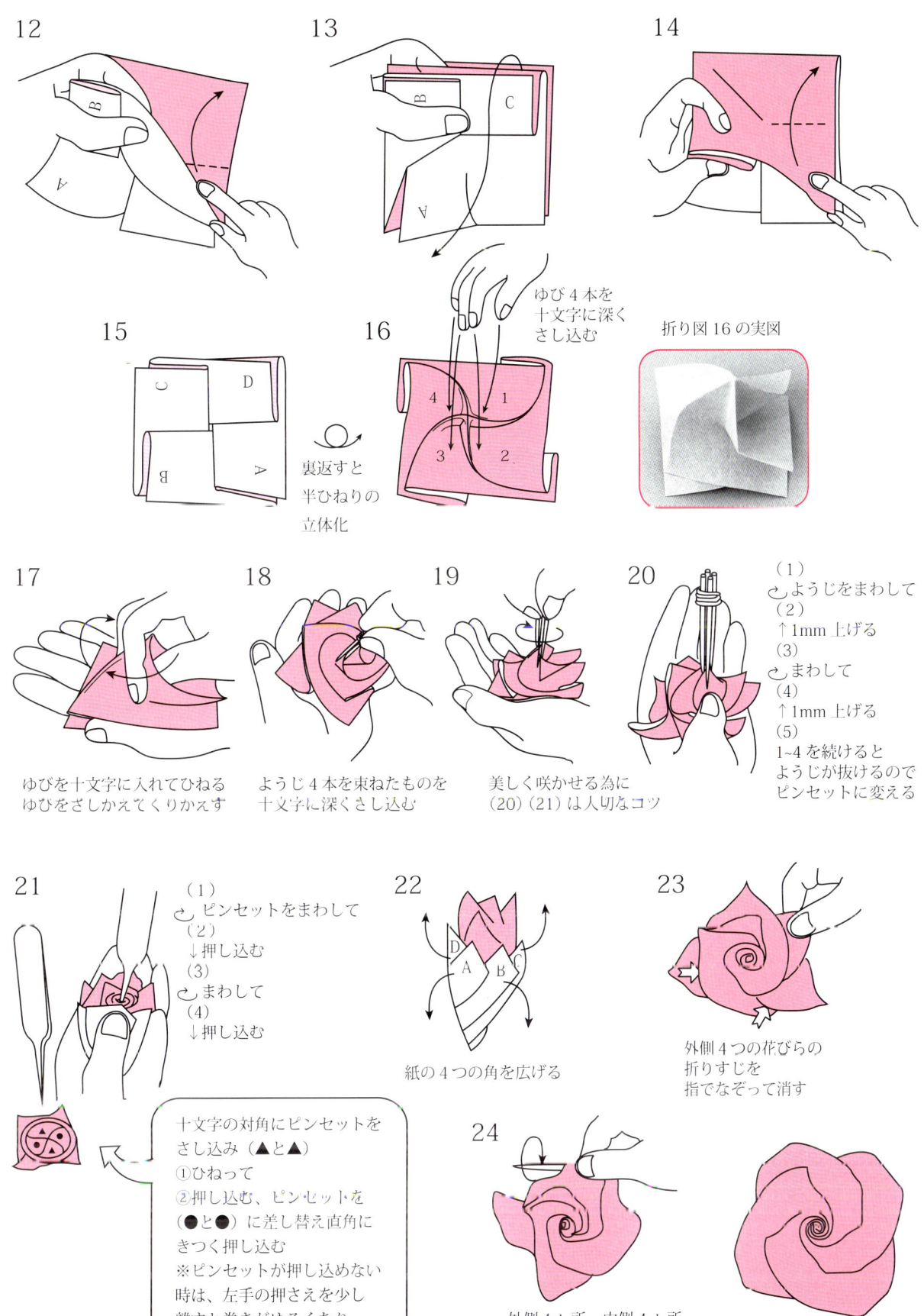

体より大きな紙で...

世界から愛好家が700余名集まるアメリカコンベンションには４回行っていますが、毎回、「Twist rose sold out！」と放送され、教室に入れなかった人から「今年もあなたの教室に入れなかった」と声をかけられます。2010年のアメリカのコンベンションでは「大きな折り紙で折るCompetition」に参加したのも楽しい思い出です。２か月前に来日したスタッフから「1.5ｍ～3.0ｍの大きな紙でツイストローズを折って」と言われても、私の身長より大きい紙で、練習もできませんし、ぶっつけ本番でした。基本折りに戻せばトランクに入り、一緒に帰国できる大きさの紙を選んで、汗だくで花と葉をジョイントさせる「ツイストローズNo.3」を折りました(コンペ作品は「エレガント賞」を受賞)。アメリカはやることも大きい...。

アシスタントをつとめてくれた坂本整子さん（右）と

vs. 世界一小さい？ツイストローズ...

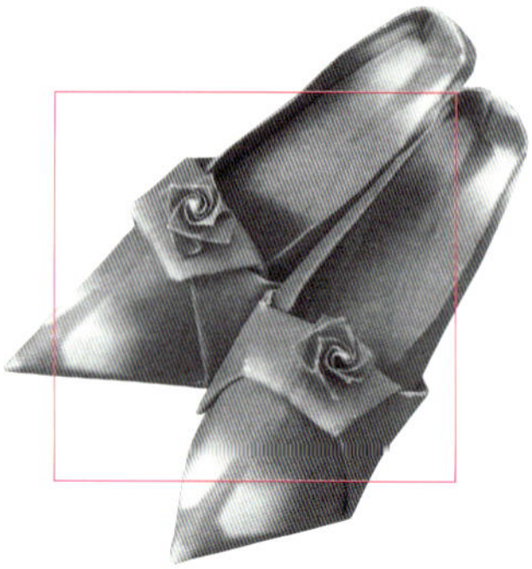

ハイヒール(井上如童創作)の飾りに、1cm角の紙で極小ツイストローズを折りました。ベール、ウエストリボン、スカートにもメッシュで折ったツイストローズをたくさん飾っています。

姪に このお花あげたかった

都内の作品展で「青いツイストローズ」に見とれて、ずーっと立っている杖を持ったご婦人に「お疲れになりませんか？」と声をかけると、「この花から離れられません。姪っ子にこんな花をあげたかった。姪っ子は白血病で入院していましたが、生のお花は病室に持ち込めなくて...。こんなやすらぎをもらえるお花が作れたら、持って行ってあげられたのに...」と涙を浮かべ、亡くなった姪御さんを思い出すように見つめていたのが、今でも脳裏に焼き付いています。

2. ツイストローズNo.2とNo.5（ツイストローズ基本型）

No.2は「19」まで折りを重ね折りをこめていく作品。「ガク折り出しタイプ」や「カーネーション」に発展。

ツイストローズ No.2

ツイストローズ No.5

●ツイストローズ No.1 の折り方をマスターしてから挑戦しましょう。・ガクを折り出す場合は、バラ色と緑色の両面和紙が良いでしょう。●茎仕立てにする時はツイストローズ No.2 を折り（(21)～(28)を省略して）花を作り、ガクは別に作ります（50頁）。

1

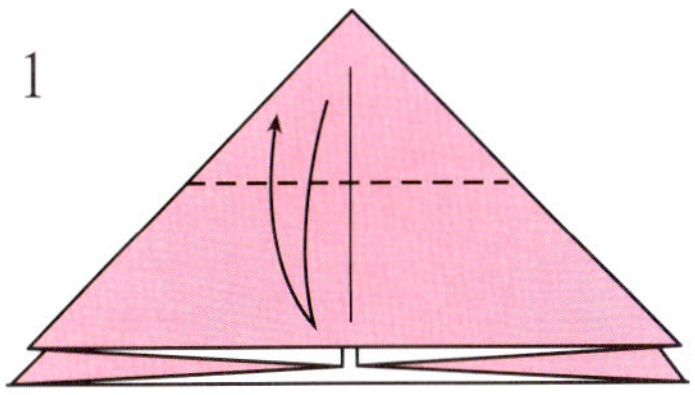

風船の基本形から始める
上のかどを下辺に合わせて折り、
折りすじをつける

2

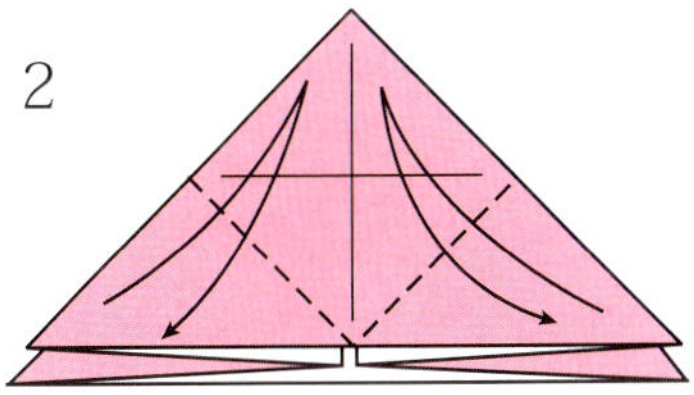

左右のかどを上の一枚だけ図の位置で折り上げ、折りすじをつける

3

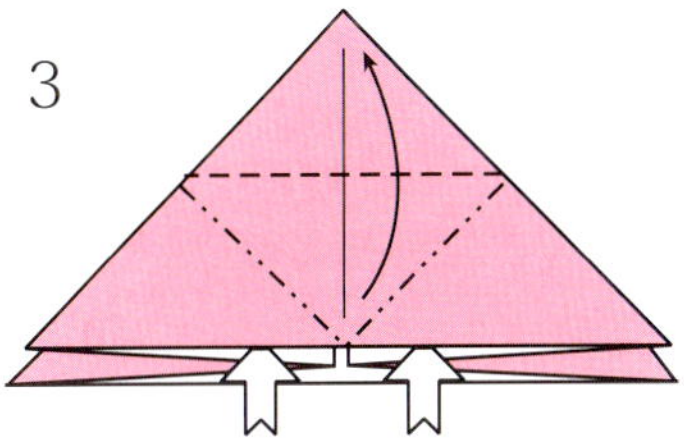

上の一枚のすき間の矢印のところを開き、折り線のとおりに折りたたむ

4

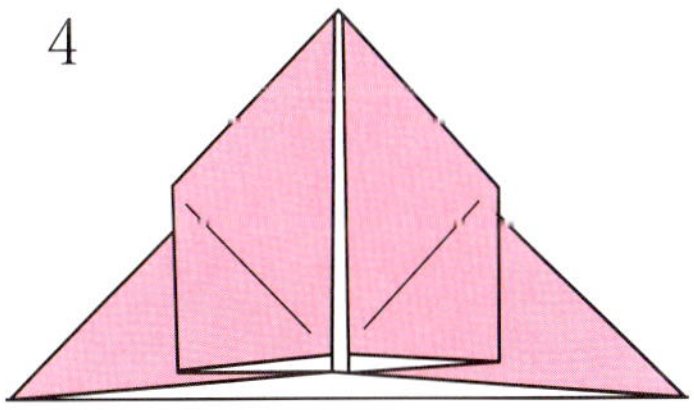

折ったところ。裏側も（2）～（3）と同じように折る

5

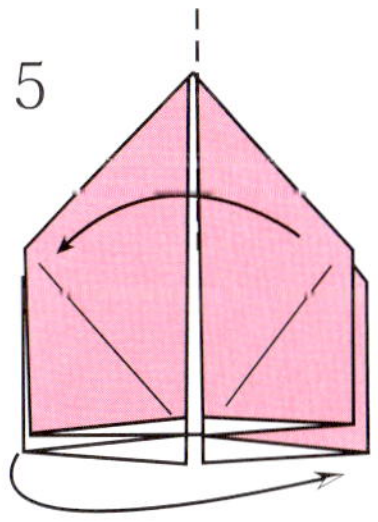

折りかえる

6

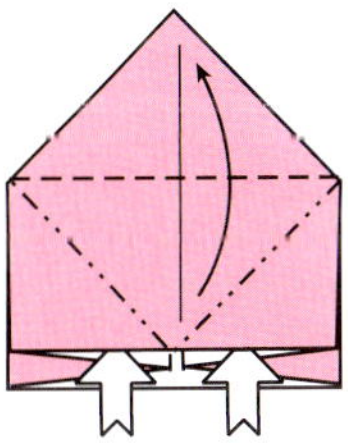

上の一枚のすき間の矢印のところを開き、折り線のとおりに折りたたむ

7

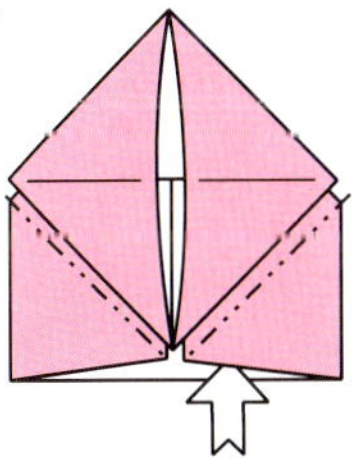

折ったところ。裏側も（6）と同じように折る

8

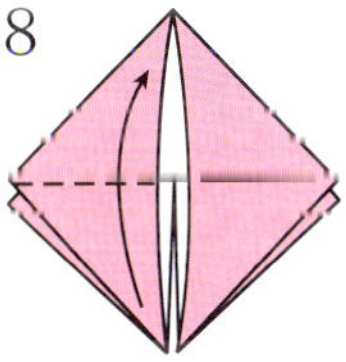

左下のかどを図の位置で折り上げる

9

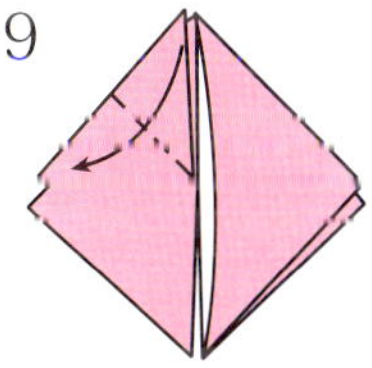

折りあげたかどを図の位置で折り下げる

10

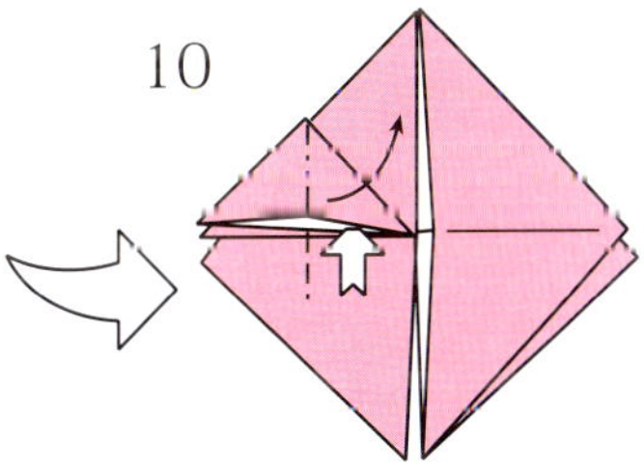

折り下げたすき間を開いて、つぶすように折る

11

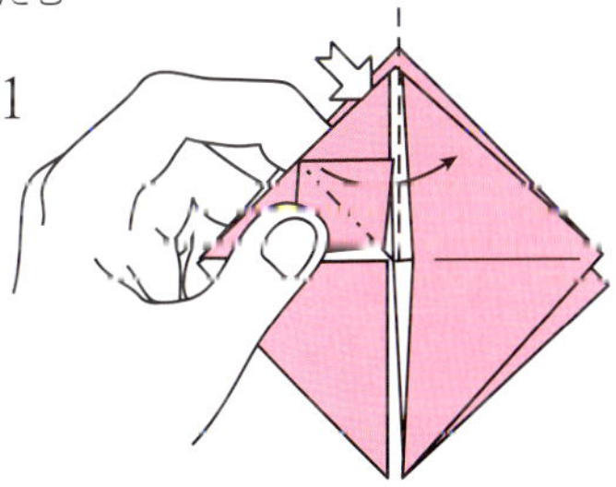

左上のすき間を一枚だけ開き、つぶすように折る

12

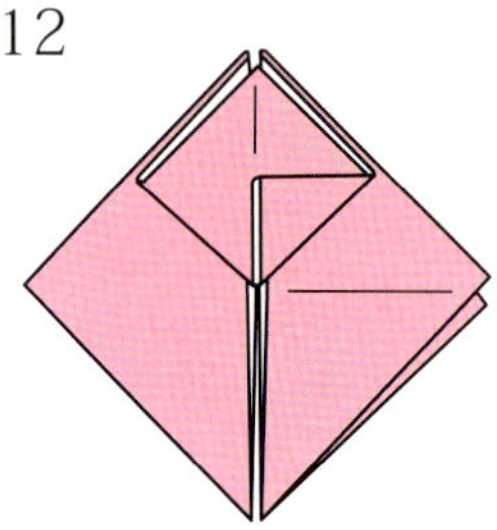

折ったところ。裏側も（8）～（11）と同じように折る

13

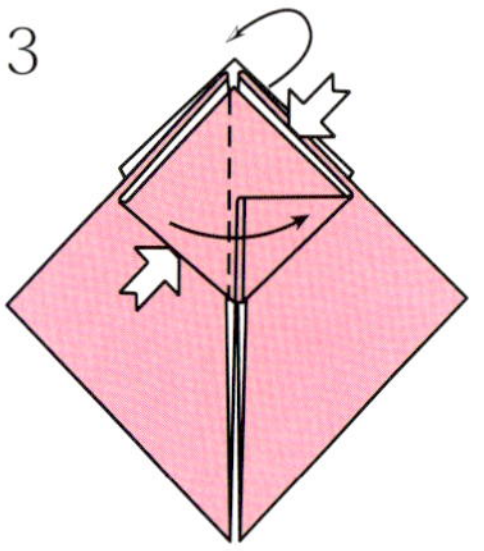

小さな正方形の左かどを反対側に折り返す（裏側も同じ）

14

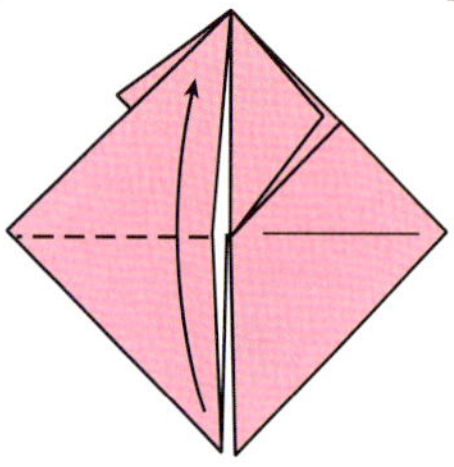

左下のかどを折りあげ、（8）～（11）と同じように折る

15

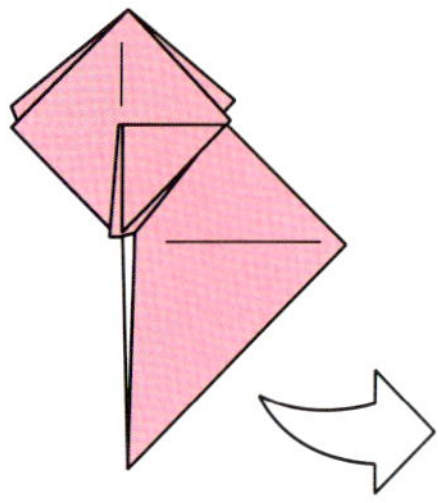

折ったところ。裏側も（8）～（11）と同じように折る

16

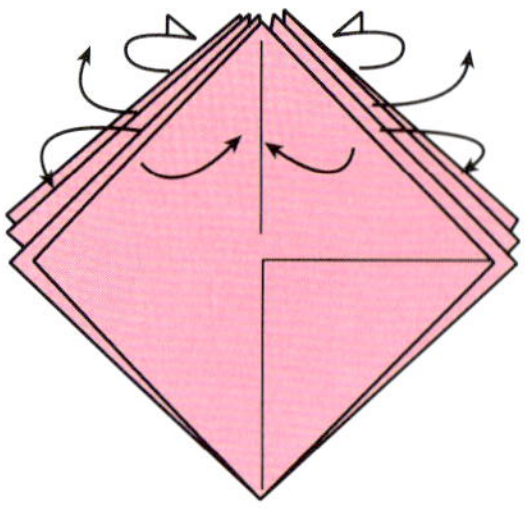

できあがった八枚のかどをそれぞれ等間隔に開く

17

上から見た図。間隔は均等にする

18

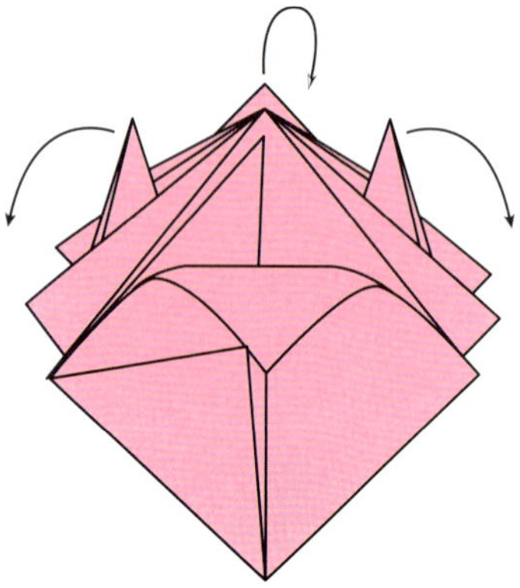

四枚のかどをそれぞれいっぱいに開く（二枚重ねになったかどは開かない）。中心は立体的な十文字になる

19

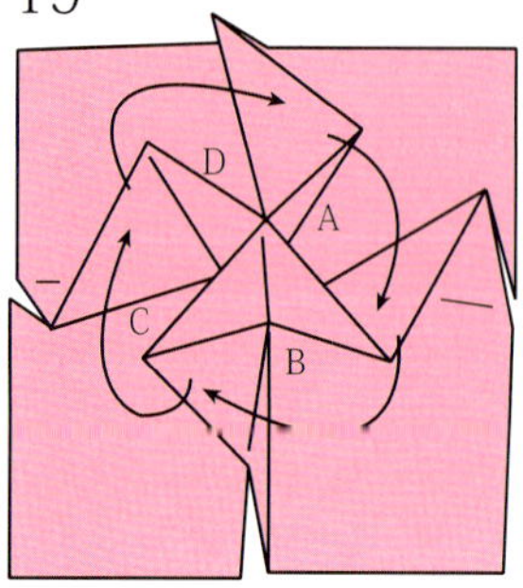

上から見た図。この状態で手のひらにのせ、A~Dの部分に指を入れて軽くねじる

20

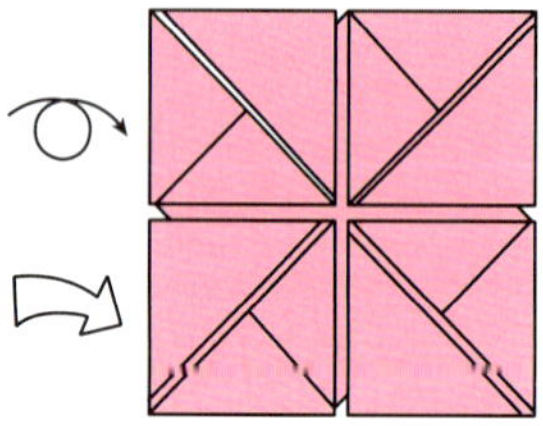

（19）の裏側は図のようになる

21

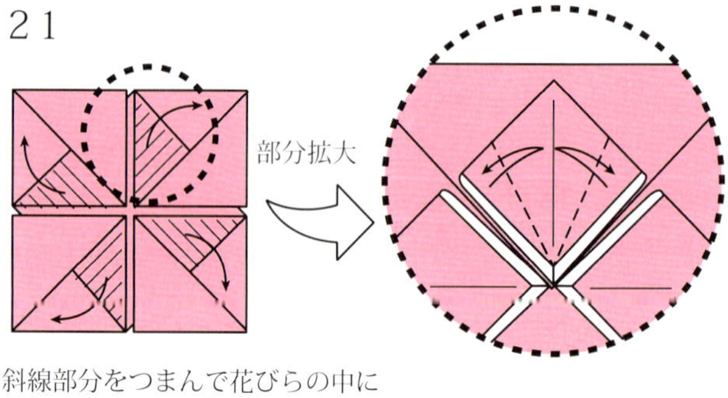

斜線部分をつまんで花びらの中に折りこまれている部分を引き出す

22

しっかり強くすじをつけてもどす

23

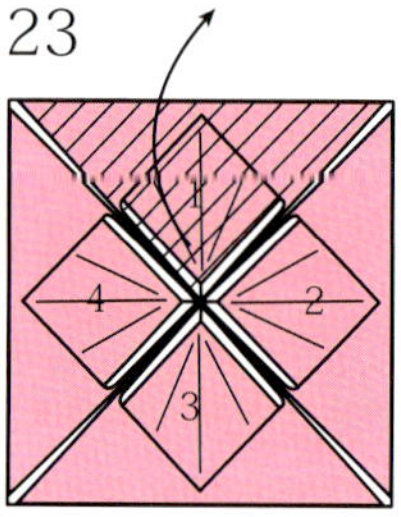

1をつまむように引き上げ、斜線部分を大きくひらく

24

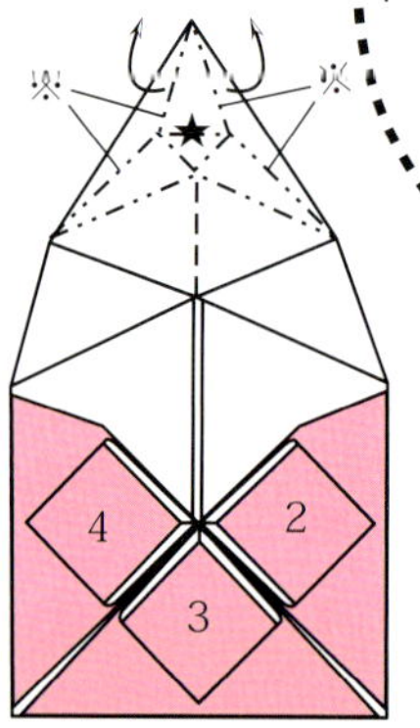

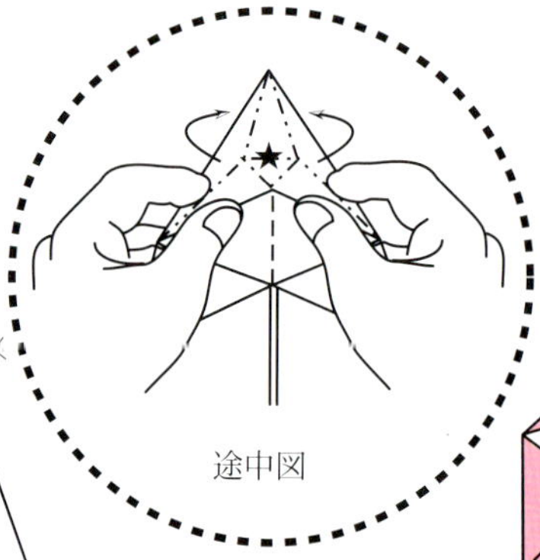

先端部分※の谷折りと山折りを折りかえ★の横線をあらたに作り引き寄せるようにまとめる（鶴の羽の裏返し）

25

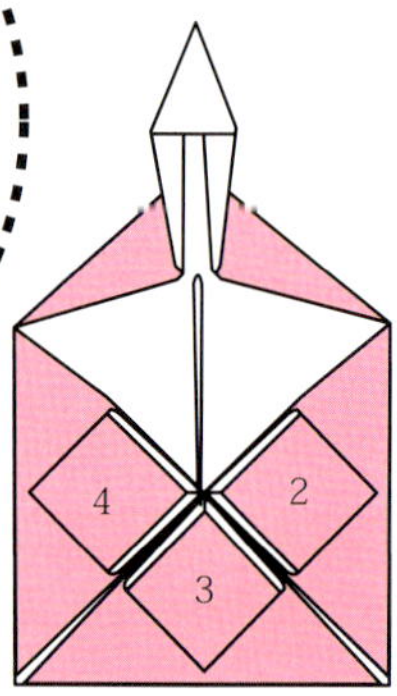

裏返しした鶴の羽を押し込んでもとにおさめる
2・3・4も同じように折る

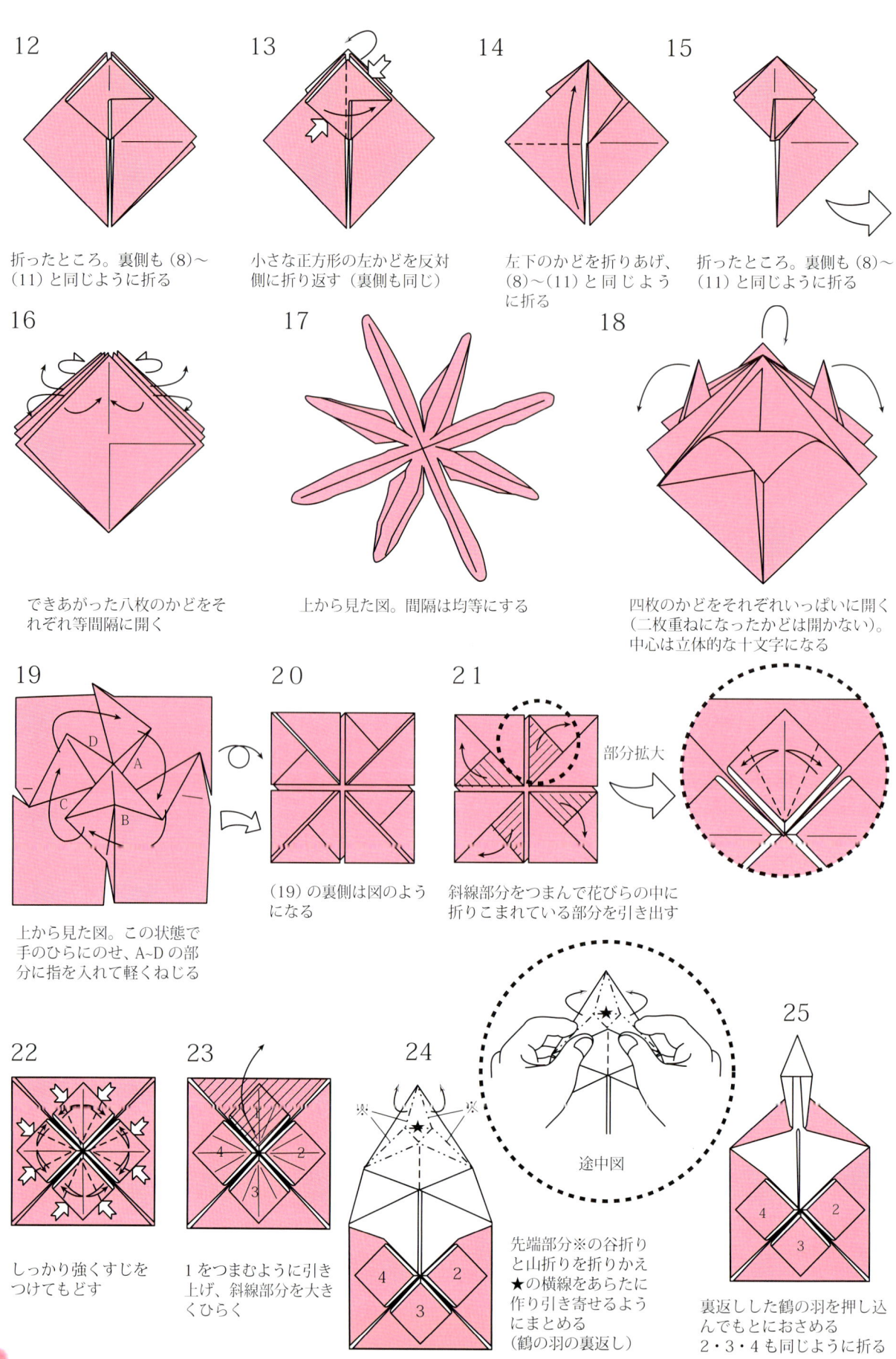

26

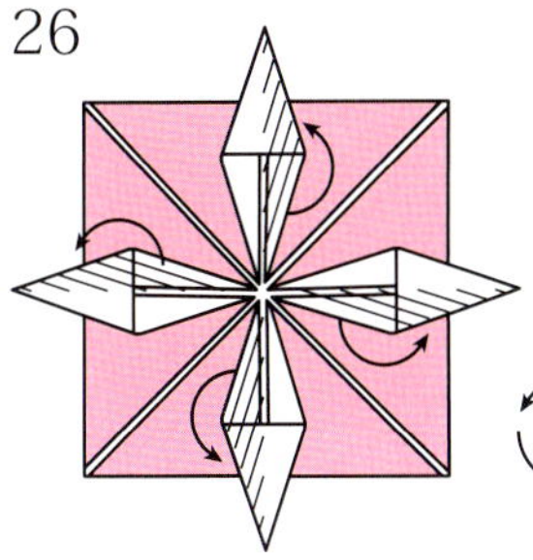

斜線部分を花びらの中にまわすようにして入れる（戻らないように軽くのり付け）

27

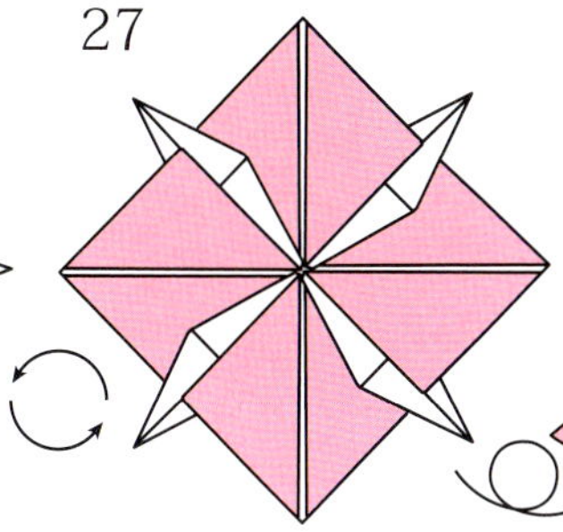

中にいれたところ
裏返して花びらの形を整える

28

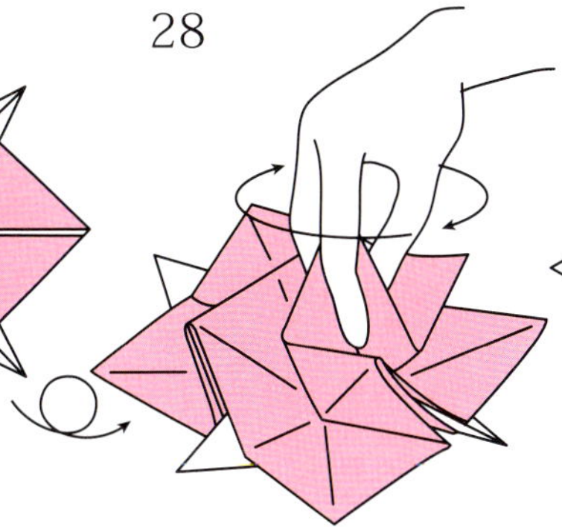

（19）の状態から、指を入れたままさらにねじる

29

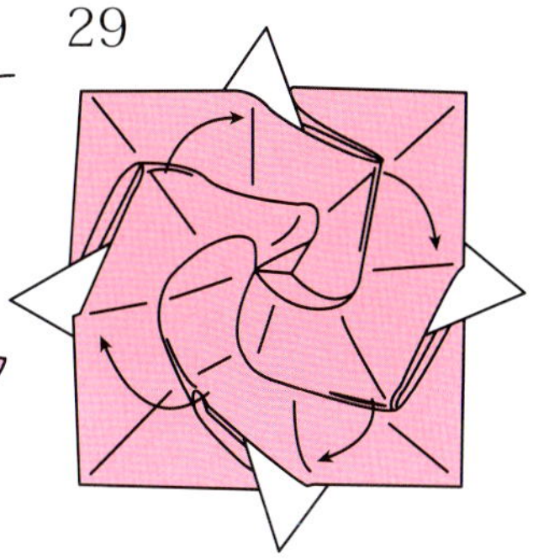

花びらがたがいちがいに出るように、さらにねじっていく

30

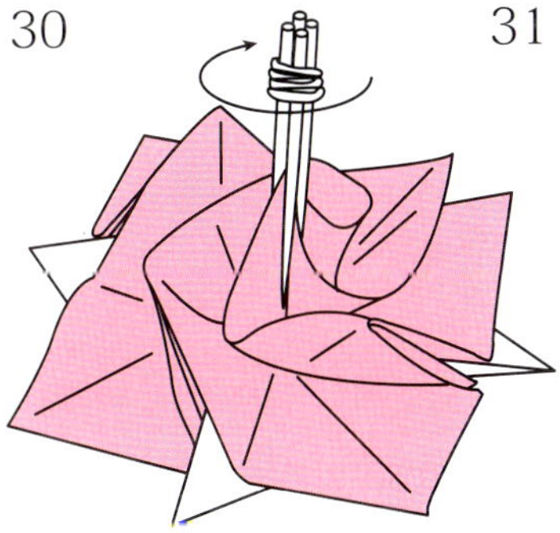

〈ツイストローズ No.1〉参照

31

ピンセットで押し込んだところ
ツイストローズ No.2 は何回も折り重ねていくので、きちんと折ると普通の折紙では折りカドが色が抜けて、白くなってしまうことがある。

できあがり

外側 4 ヶ所、内側 4 ヶ所の花びらの先をつまようじなどで軽くカールさせれば完成。花びらのねじり加減は、お好みで調整する

メッシュツイストローズに癒されて

今はママになっているＮちゃんとお母さんから、お礼のお手紙を頂いたのは彼女が中学生の頃でした。一時的に目が見えなくなったＮちゃんは、お母さんが買って来たメッシュ折り紙でツイストローズをたくさん折って、とても気持ちが癒されたそうです。その作品写真とお手紙は今でも私の宝物です。

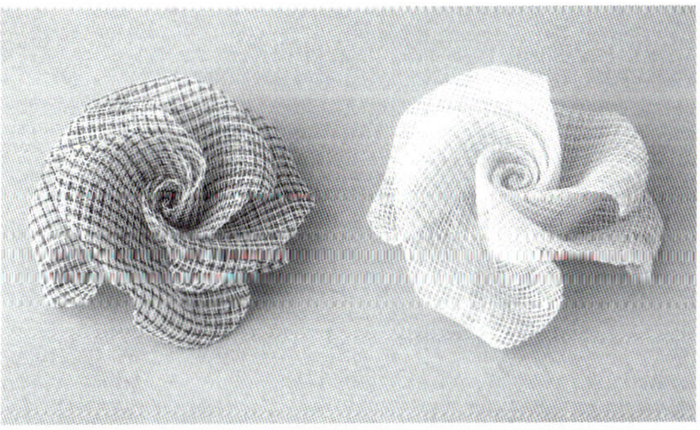

ツイストローズ No.2　　ツイストローズ No.11

3. ツイストローズ No.3（葉ジョイント式ツイストローズ）

のり無しで葉とツイストローズをジョイントさせる作品。ブローチやバレッタ、マグネット飾りに。

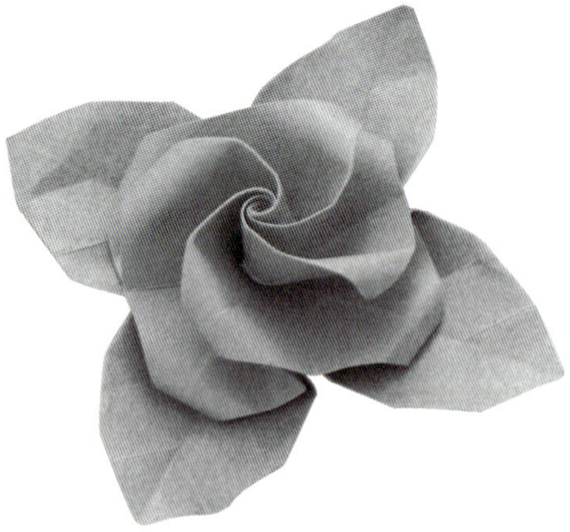

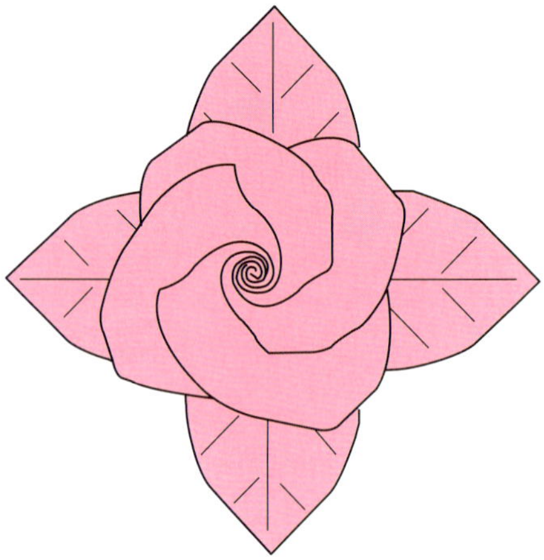

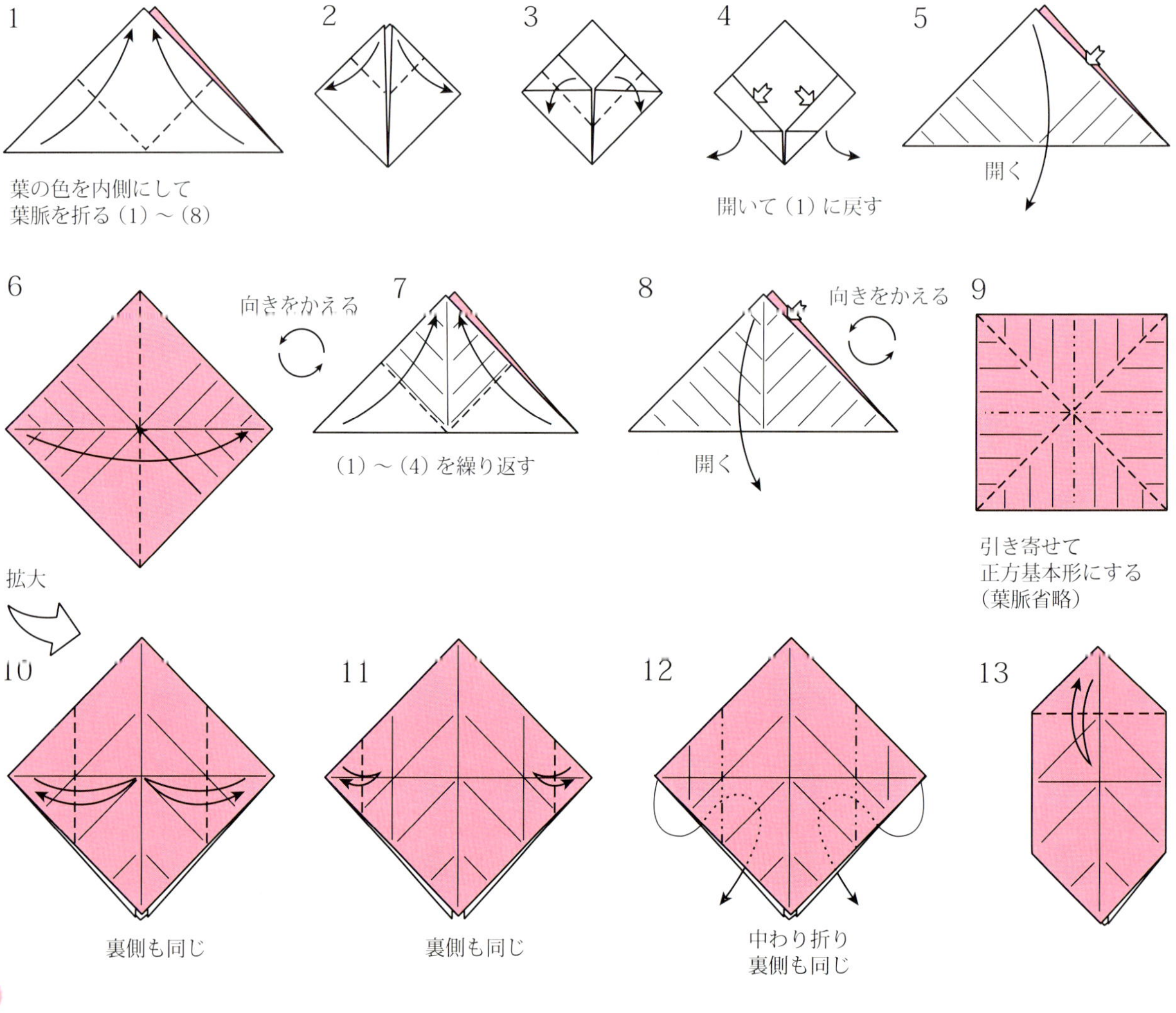

1
葉の色を内側にして
葉脈を折る（1）～（8）
2
3
4
開いて（1）に戻す
5
開く
6
向きをかえる
7
（1）～（4）を繰り返す
8
開く
向きをかえる
9
引き寄せて
正方基本形にする
（葉脈省略）
拡大
10
裏側も同じ
11
裏側も同じ
12
中わり折り
裏側も同じ
13

14

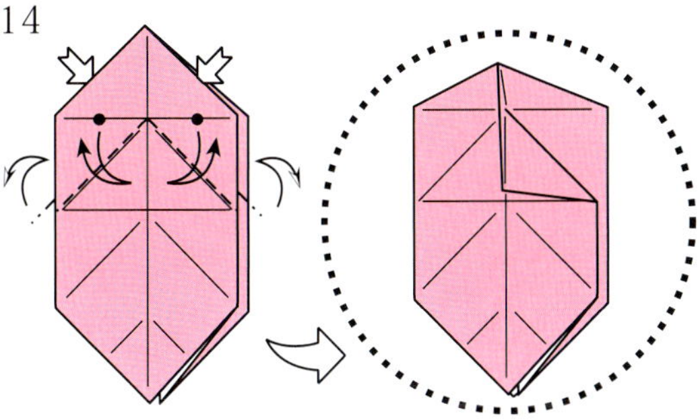

●印を中心の折りすじに
合わせるように折り、
折りすじをつける
裏側も同じように折る

途中図

向きを
かえる

15

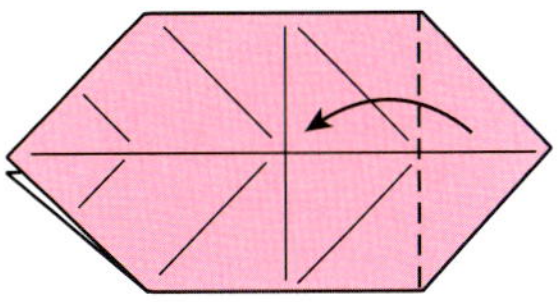

16

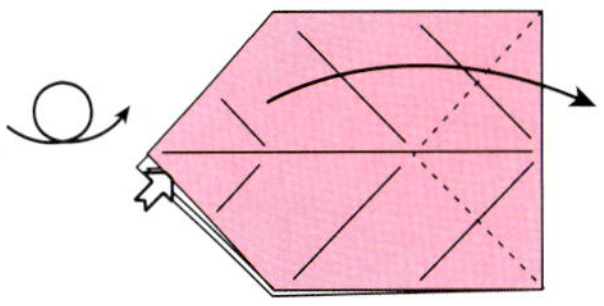

（15）で谷折りしたところを下にして上側一枚だけをゆっくりひらく

17

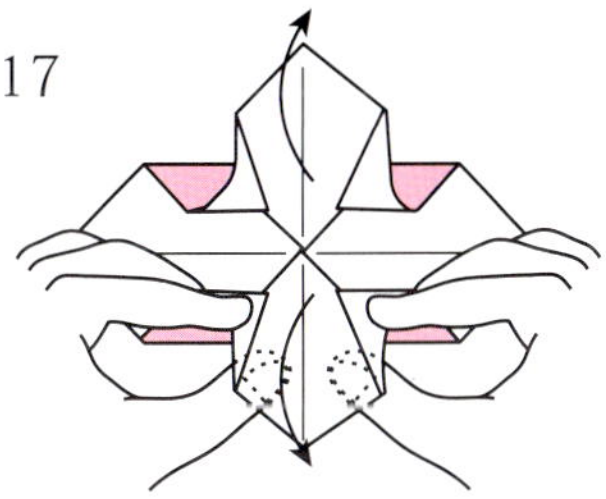

（11）～（14）でつけた折りすじにそって手前をひらく（※折りすじがしっかりついていると自然とひらく）
反対側も同じようにひらく

18

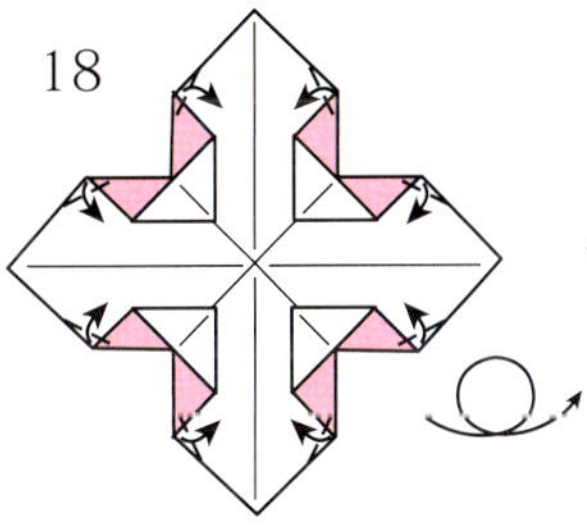

カドを折って丸みをつける
（のりをつける）

19

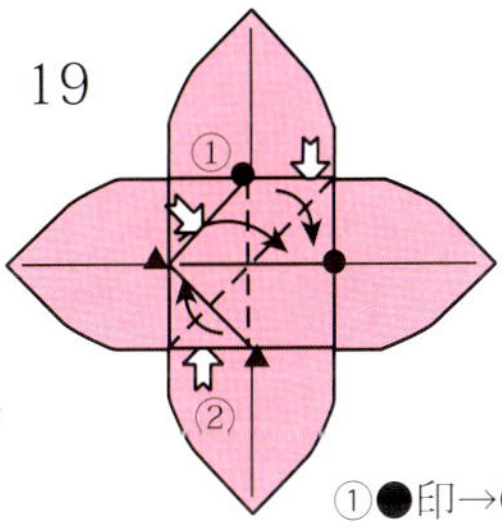

①●印→●印に
②▲印→▲印に

20

4 枚葉のできあがり

21

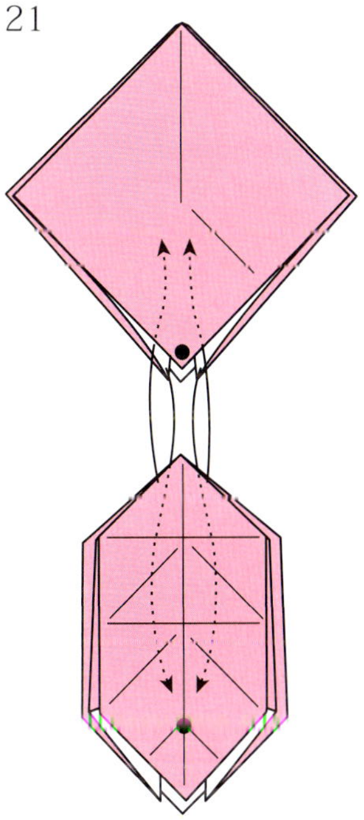

ツイストローズ No.1 の（16）まで折ったものを（6）までもどし、葉（20）まで折ったものを（13）までもどし、ツイストローズと「葉」をお互いにくいこませてジョイントさせる

22

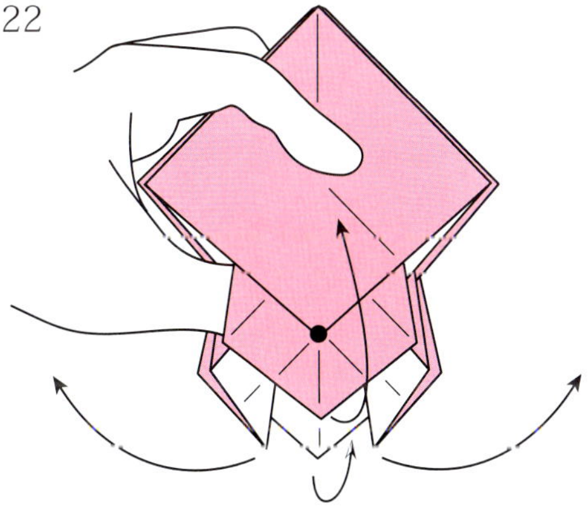

元の（18）のようにひらく

上の十文字にゆび 4 本をさしこみ、花と葉を一緒に（23）のように半ひねり状態にする

23

花の半分の高さに葉の山（とんがり）が入っている

24

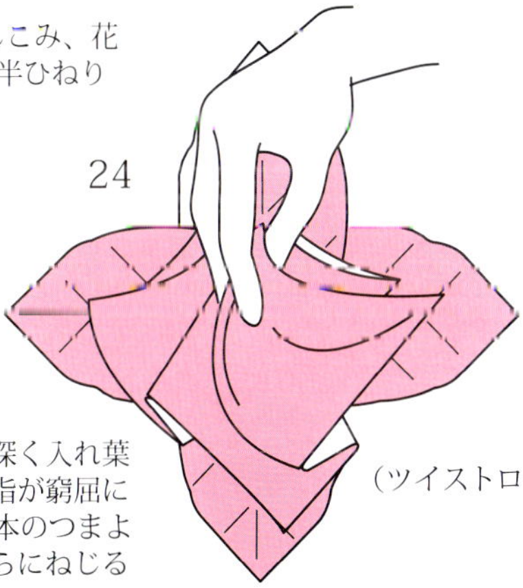

花がはずれないように、指を深く入れ葉と花を一緒にねじる。次第に指が窮屈になったら輪ゴムでしばった 4 本のつまようじやピンセットにかえてさらにねじる

（ツイストローズ No.1 参照）

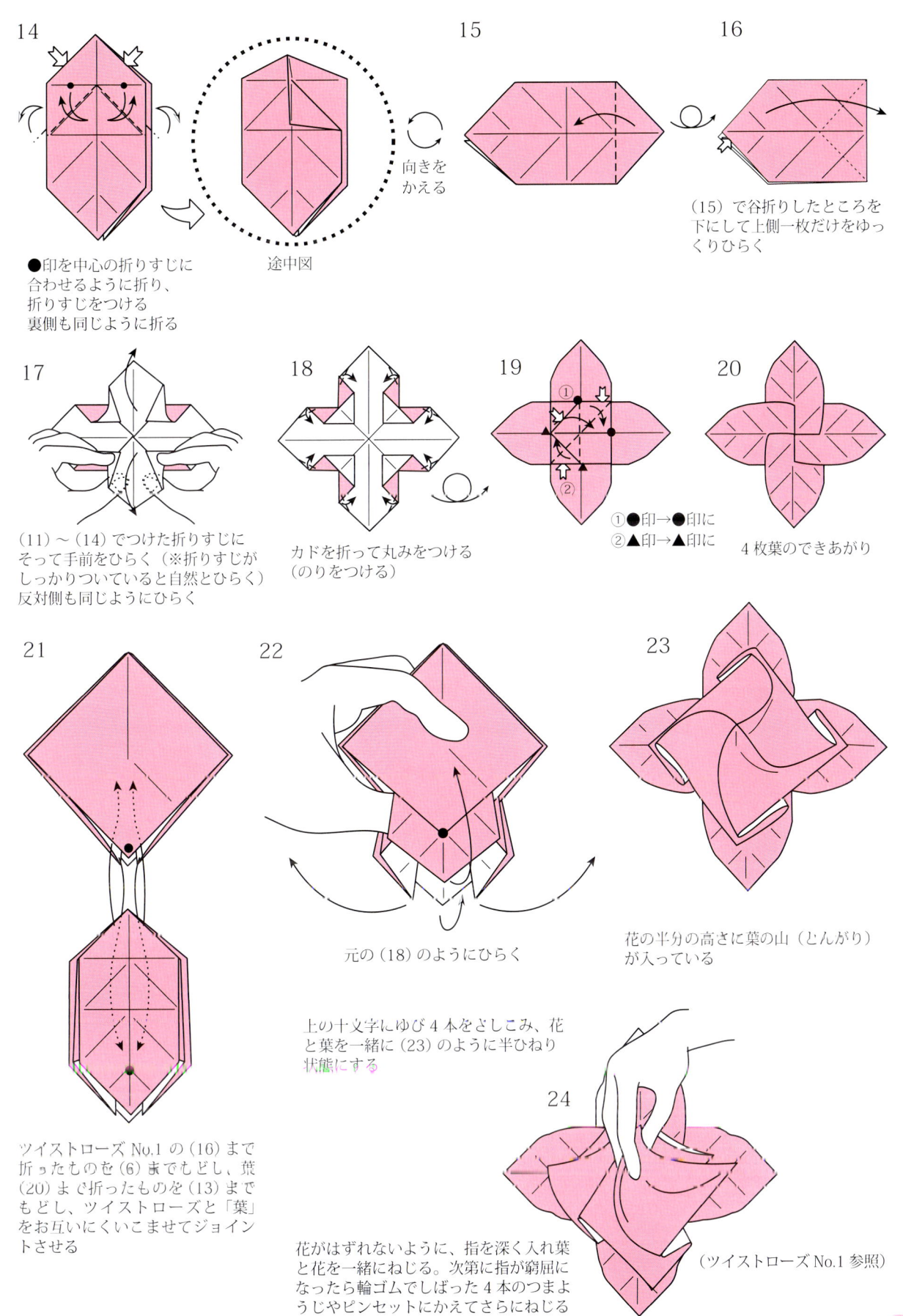

25

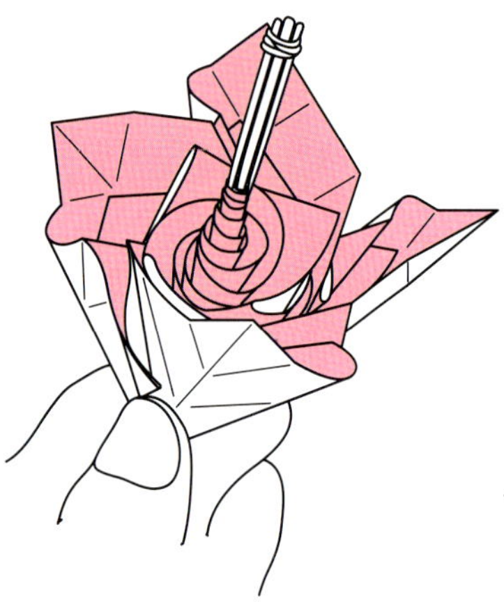

ツイストローズ No.1 の折り方を参照。
深く入れたつまようじを少しずつ引き上げながら葉と花を一緒にねじる

26

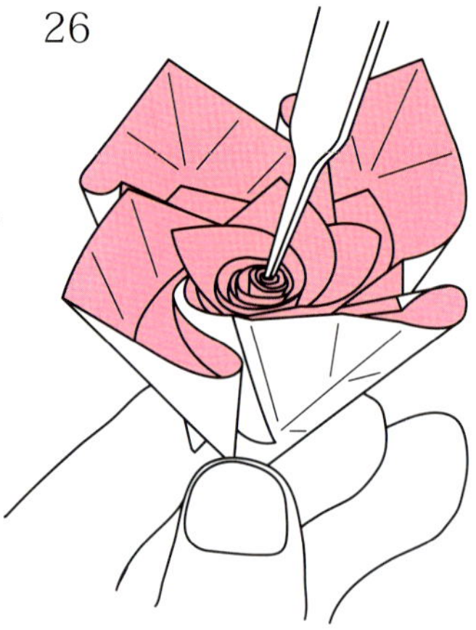

①ピンセットにかえて回しながら押しこむ
②うらを返し葉の裏側が（18）になるように整える

できあがり

花びらを外側に軽くカールさせる

海外折り紙雑誌の表紙にツイストローズが

「ツイストローズNo.2のがく折り出しタイプ」(これを便宜上No.5としています)が、アメリカの折り紙雑誌(Origami USA)の「the PAPER」の表紙に載った時は驚きました。今だったらそれこそ「じぇじぇ！」と言ったでしょう。2007年のUSAコンベンションで、この作品を教えましたが、その時の受講生 ドリス・アサノさん(アリゾナ州在住)は私の講習をすべて受けて下さって、展示も長く観て下さった....。その方が表紙を飾っていたのです。とても良い表情の写真。撮影者は毎年コンベンションの記録をとっている女性のカメラマン。帽子にいくつもの折り紙バッチをつけていて、前回プレゼントした作品を「ここにつけている」と得意げに指さして見せてくれました。そして、翌年この写真を表紙にしてミニブックを折って持参し、ドリス・アサノさんにプレゼントした時は表紙と同じ笑顔で大喜び！　作者冥利に尽きるスマイルをもらいました。

4. ツイストローズNo.4（ツイストローズ台座付き）

別折りの台座にツイストローズをつけます。フラワーボールやタペストリー、キューブに発展。バラ色と緑のリバーシブル（両面）和紙で折ると、八重咲きタイプに（下記）。口絵のNo.4の葉は両面同色で折ったもの。仕上がりが違います。

八重咲きとは、この部分も花びらに見えるから。

八重咲きタイプ

●すべての折りすじを強くつけると、(7)，(8)，(9) が自然にまとまる（バラ色と緑の両面紙を使用）

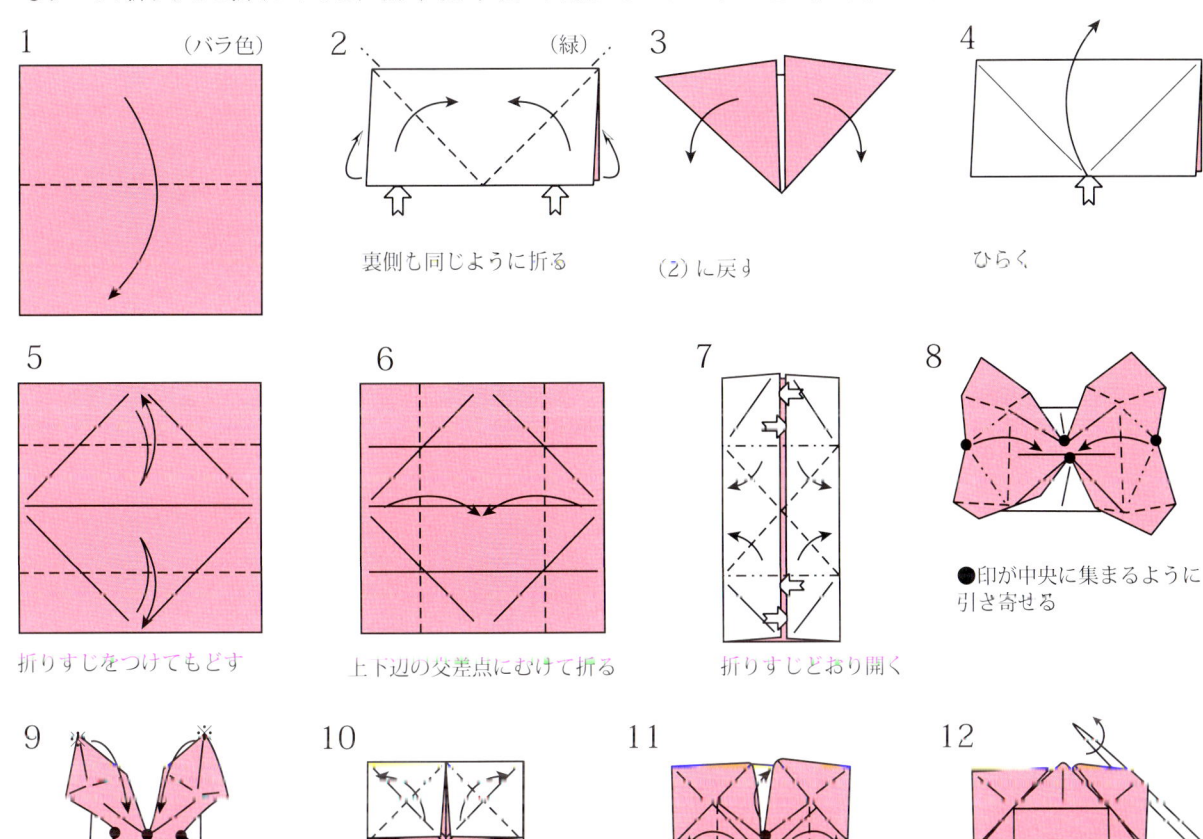

1

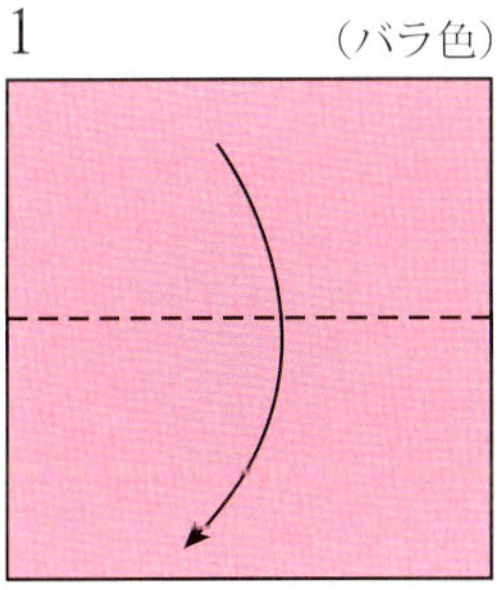

2

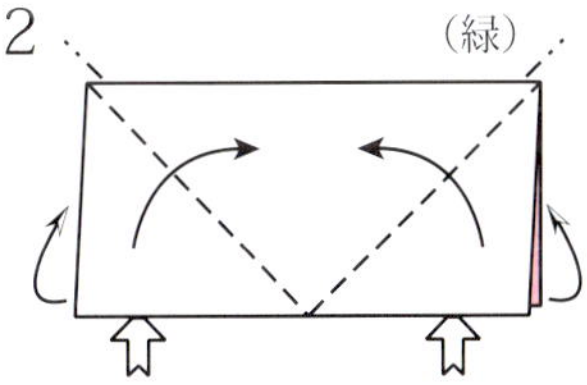

裏側も同じように折る

3

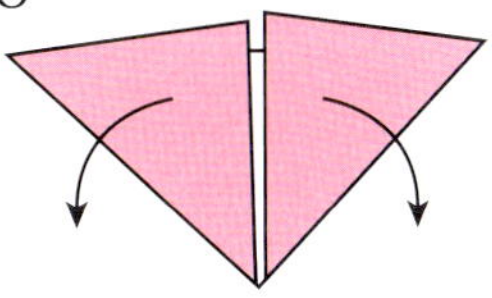

(2) に戻す

4

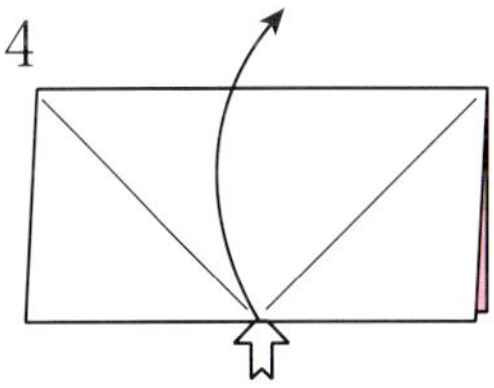

ひらく

5

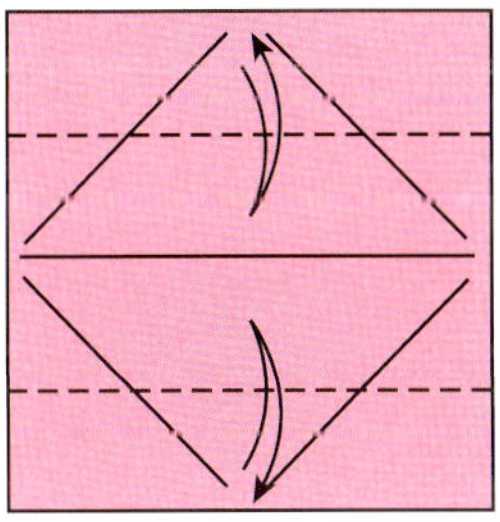

折りすじをつけてもどす

6

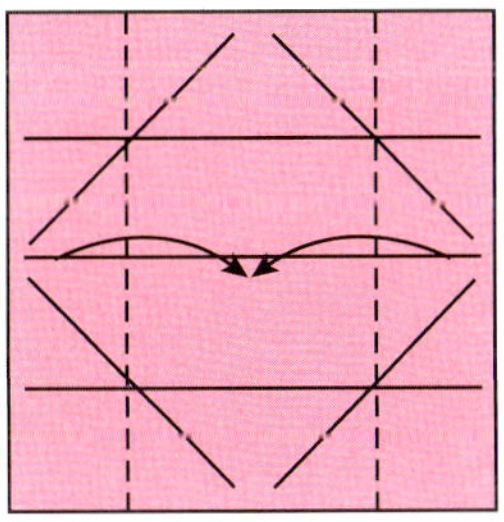

上下辺の交差点にむけて折る

7

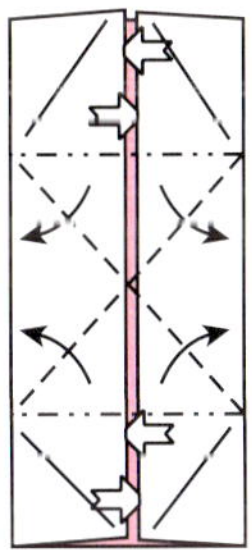

折りすじどおり開く

8

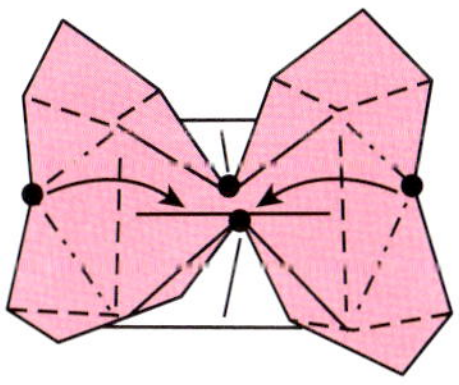

●印が中央に集まるように引き寄せる

9

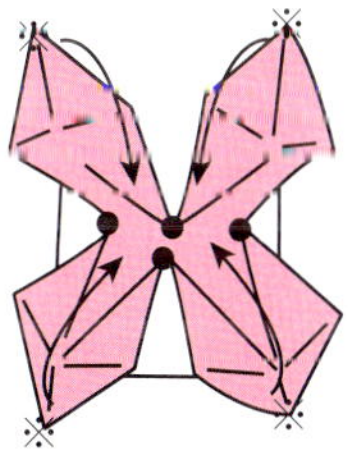

紙の4つのカド（※印）も中央に集める

10

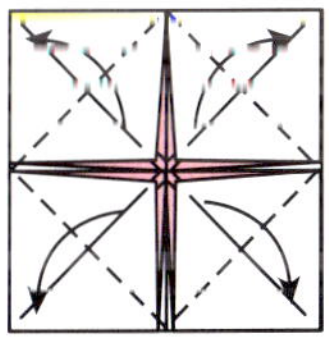

真ん中から外側のカドに折る

11

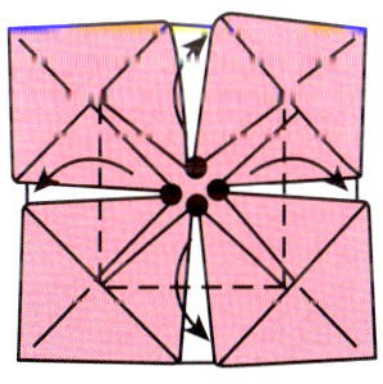

さらに真ん中から●印を外側のカドに折る

12

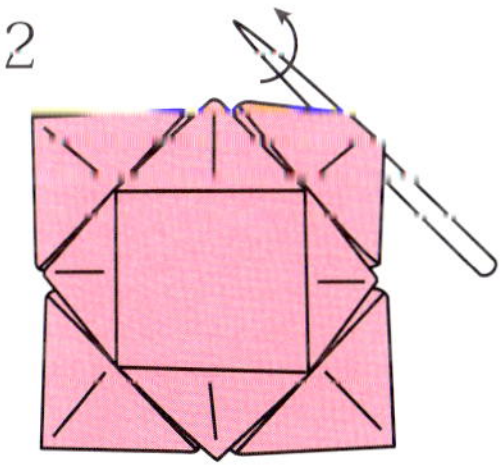

四隅の花びらを軽くカール

13

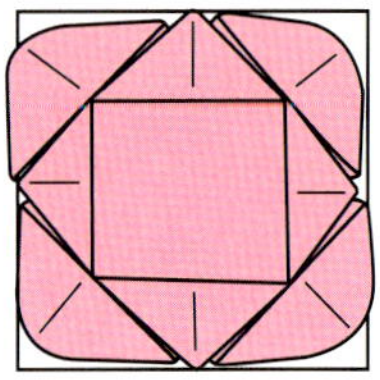

台のできあがり

14

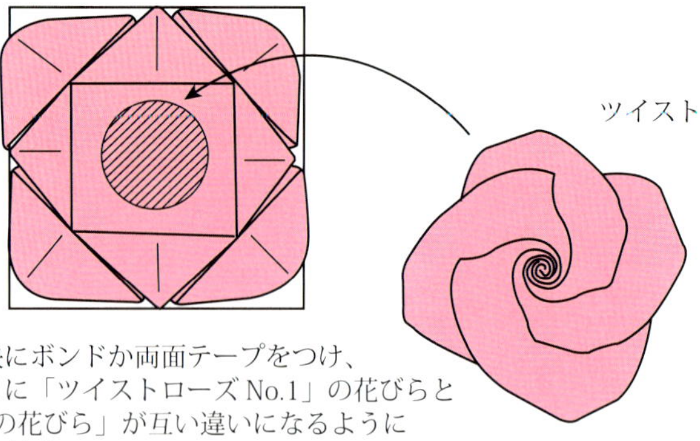

ツイストローズ No.1 参照

中央にボンドか両面テープをつけ、
そこに「ツイストローズ No.1」の花びらと
「台の花びら」が互い違いになるように
貼り付ける

できあがり

ブローチの向きはお好みで（うらにピンをつける時は半分より上に）

参考

5. ツイストローズ No.5　6. ツイストローズ No.6

ツイストローズ No.2 の「ガク折り出し」タイプ。
ブローチ、フレーム飾り、壁面飾りに。（茎仕立て<花束>のタイプは別折りの「がく」を No.2 につける。50 頁参照）

ツイストローズ No.4 の台座部分をアレンジして「葉」や「がく」を作る。

第2章

ツイストローズを楽しむ

より多彩なツイストローズ作品へ

7. ツイストローズ No.7（フラワーボール）

ツイストローズ No.4 の台座をつなげて、フラワーボールにします。三角錐の飾り台にさし込んで飾ったり、バナナスタンドなどに下げます。

●ツイストローズ No.1、No.4 をマスターしてから、挑戦しましょう。
（「バラ色と緑の両面和紙折り紙」を使用。15cm 角 9 枚を 7.5cm 角にカット。18 枚を葉の飾り台、18 枚を花に。三角錐台は 15cm 角 1 枚を使用。）

1

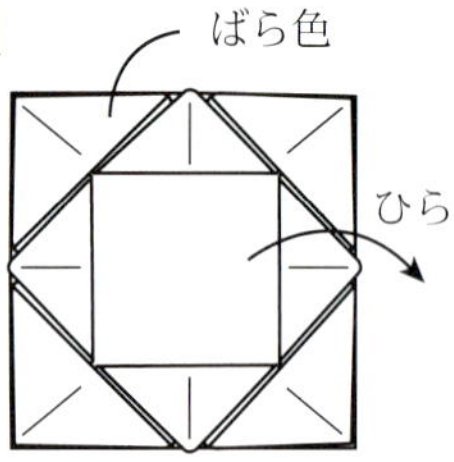

2

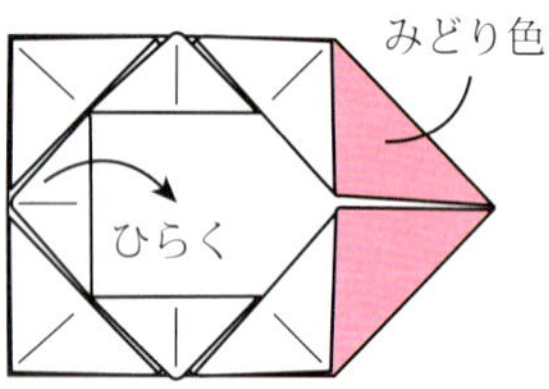

ツイストローズ No.4 の（12）まで折ったものを18 個用意し、パーツの 1 箇所の折りを開いて折りかえる

3

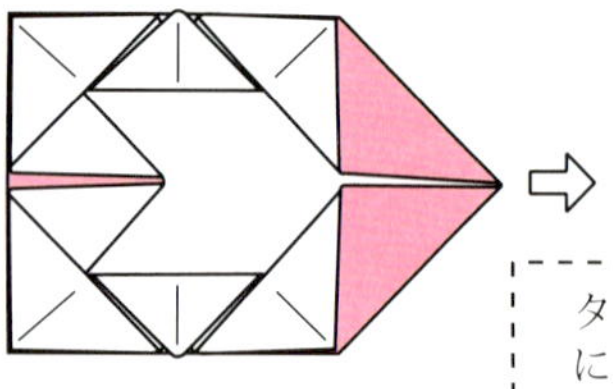

折りかえたところ

4

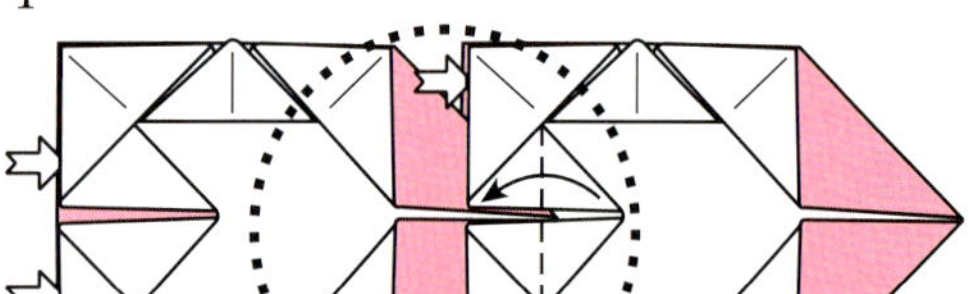

5

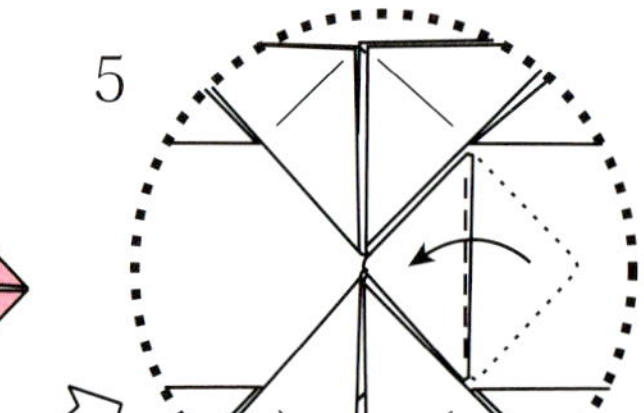

次のパーツに差し込み合わせて止め折りをする

6

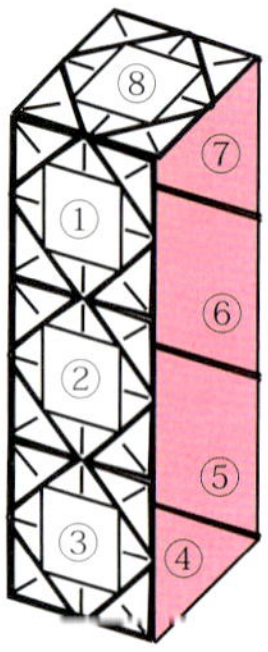

タテに 8 個輪になるようにつなげる

7

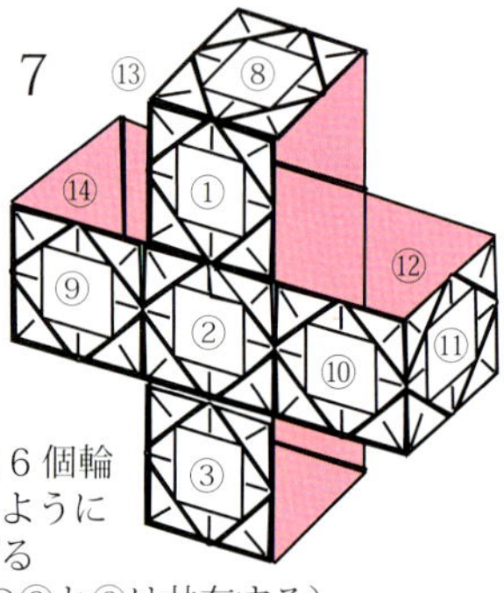

ヨコに 6 個輪になるようにつなげる
（タテの②と⑥は共有する）

夜の演出にもなって

フラワーボールの三角錐台の上部を切って、下から 100 円ショップの LED ライトのキーホルダーの金具を外して入れると、ベッドルームランプになります。鶴島賦子さんは「私はコンセントランプに取り付け楽しんでいます」と教えてくれました。

8

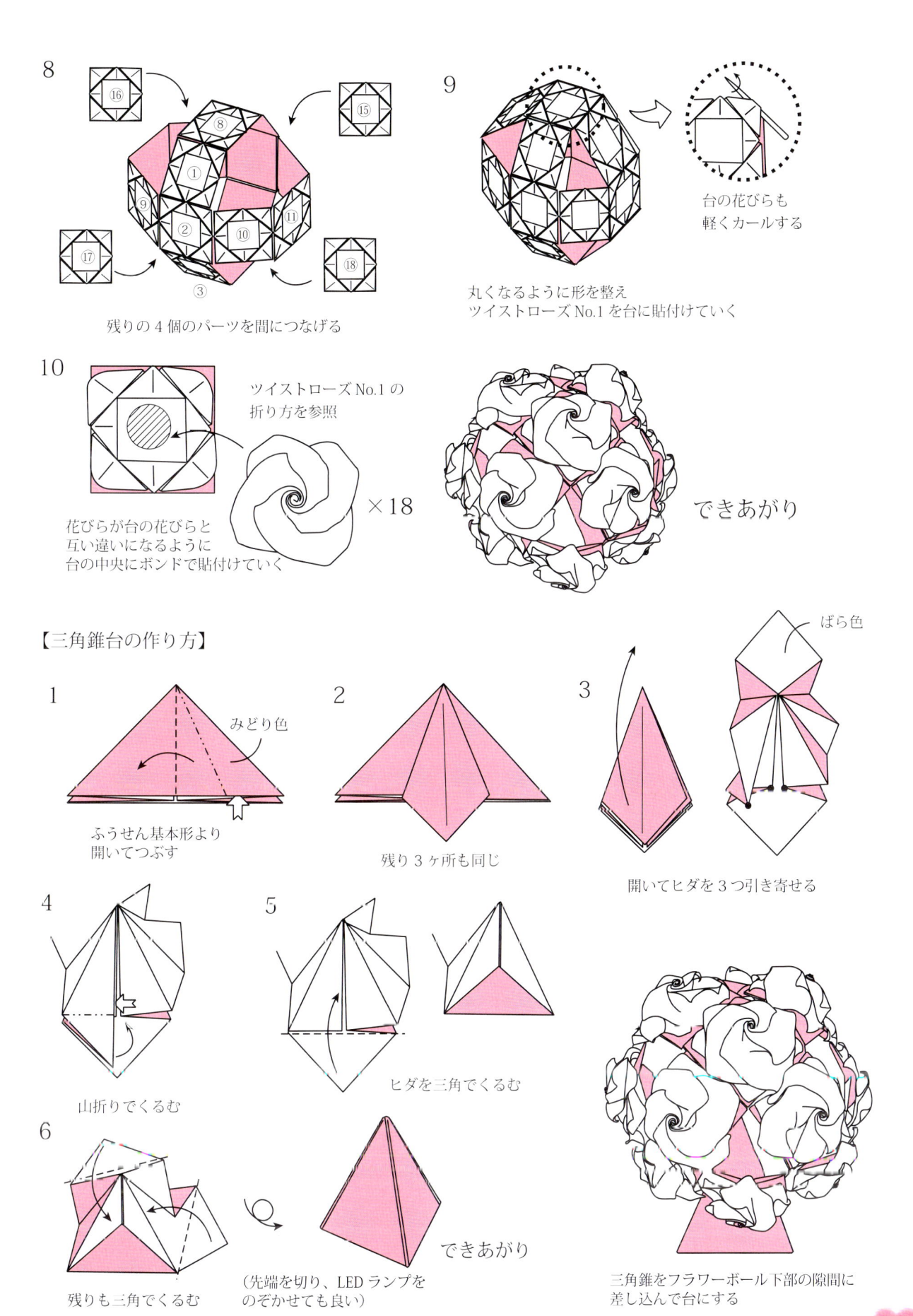

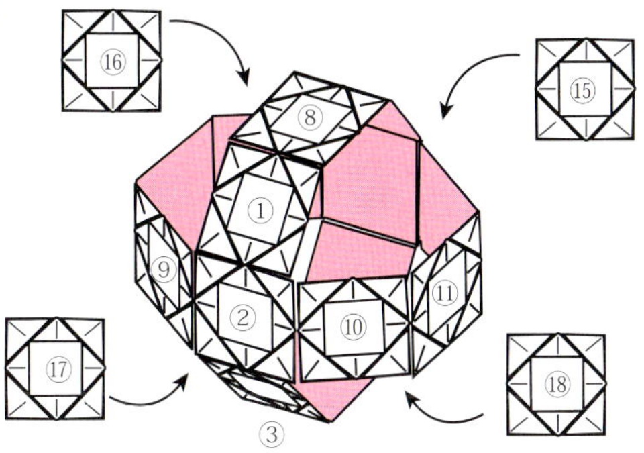

残りの４個のパーツを間につなげる

9

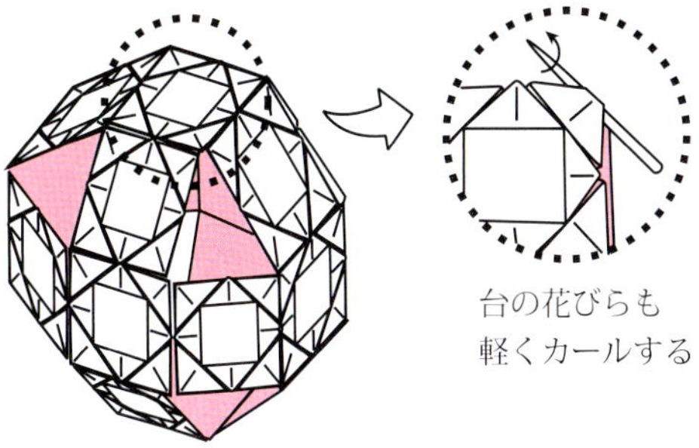

台の花びらも
軽くカールする

丸くなるように形を整え
ツイストローズ No.1 を台に貼付けていく

10

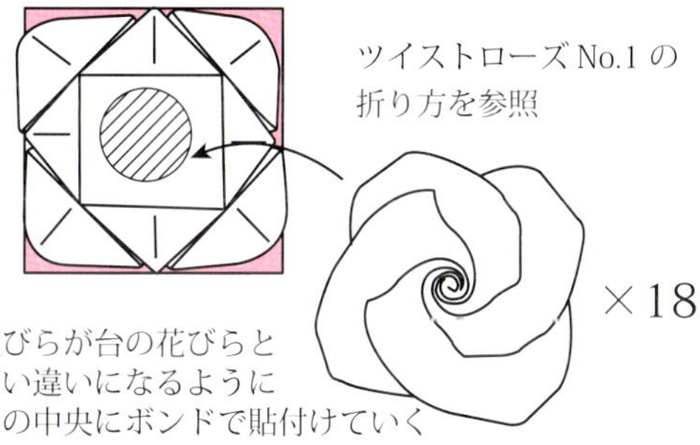

花びらが台の花びらと
互い違いになるように
台の中央にボンドで貼付けていく

できあがり

【三角錐台の作り方】

1

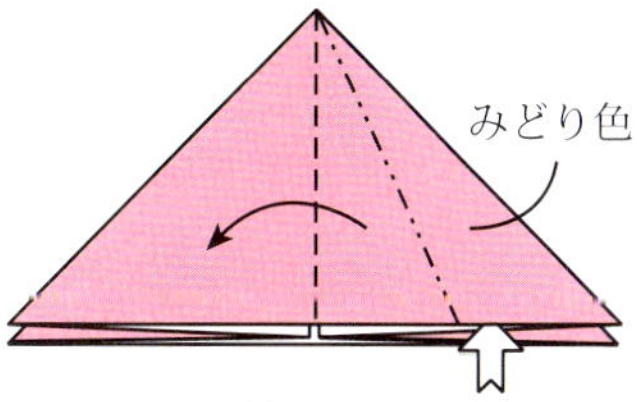

ふうせん基本形より
開いてつぶす

2

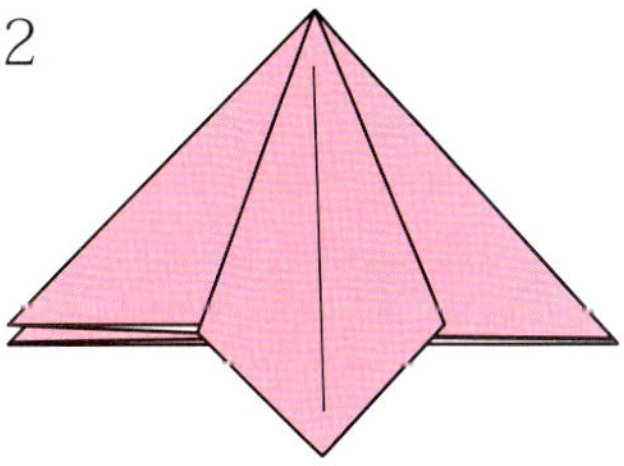

残り３ヶ所も同じ

3

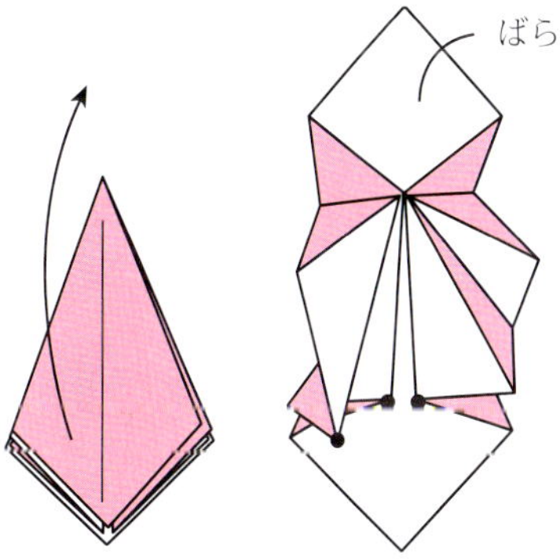

開いてヒダを３つ引き寄せる

4

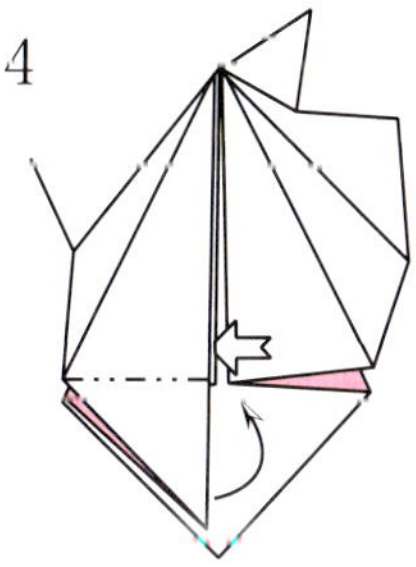

山折りでくるむ

5

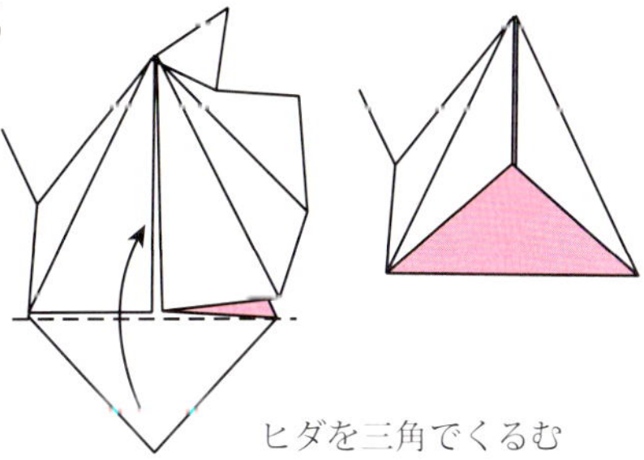

ヒダを三角でくるむ

6

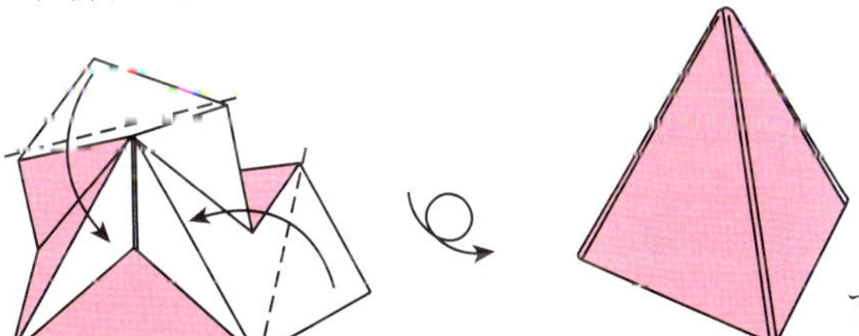

残りも三角でくるむ

できあがり

（先端を切り、LED ランプを
のぞかせても良い）

三角錐をフラワーボール下部の隙間に
差し込んで台にする

8. ツイストローズ No.8（つなぎツイストローズ）

「秘伝千羽鶴折形：青海波」を参考。壁面飾り、和紙ドレスに。

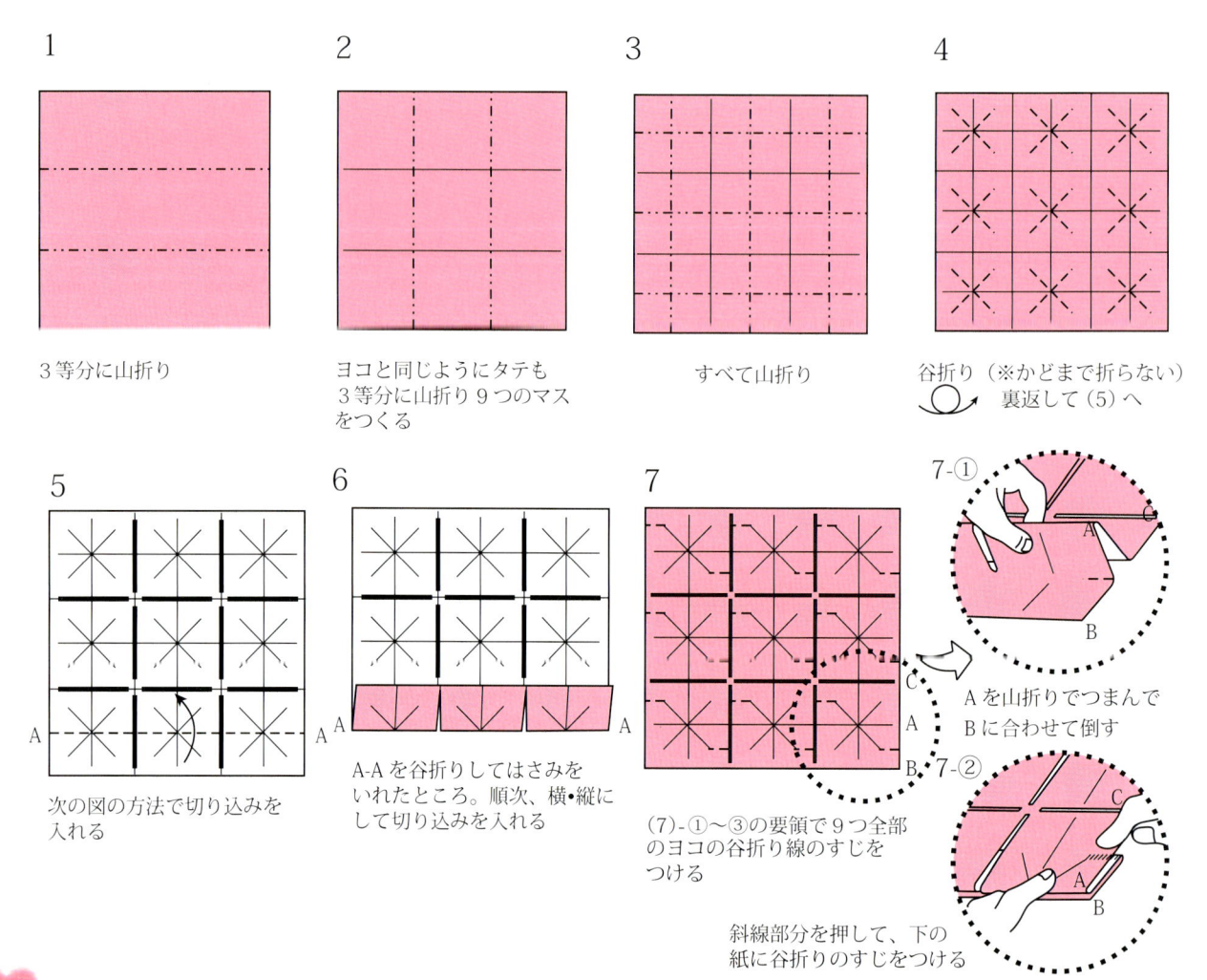

1

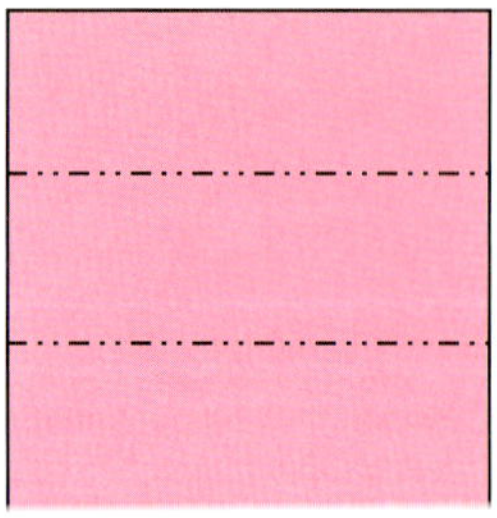

3等分に山折り

2

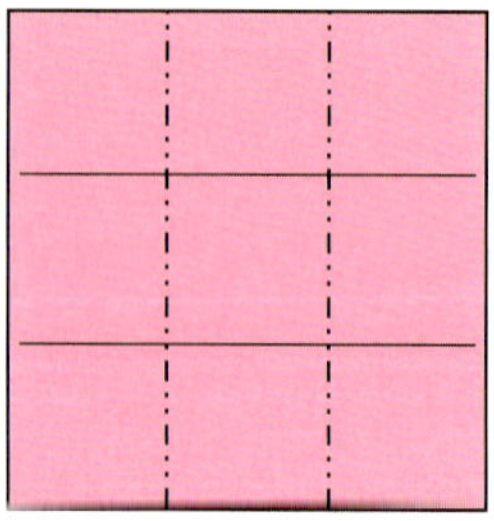

ヨコと同じようにタテも
3等分に山折り９つのマス
をつくる

3

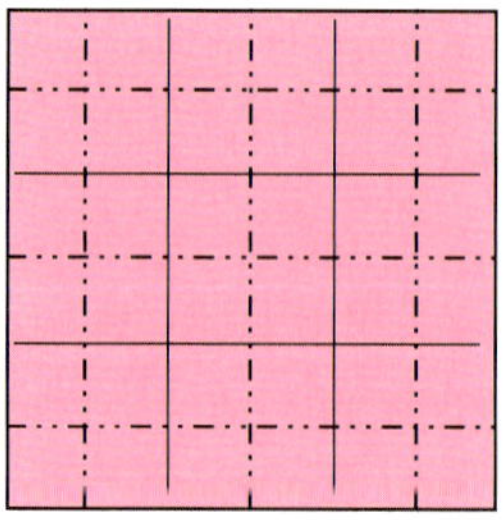

すべて山折り

4

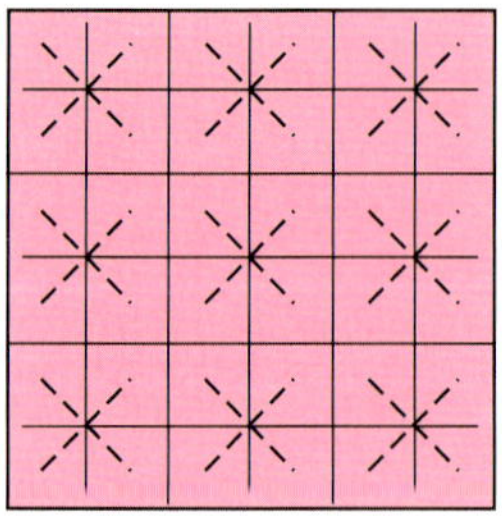

谷折り（※かどまで折らない）
裏返して（5）へ

5

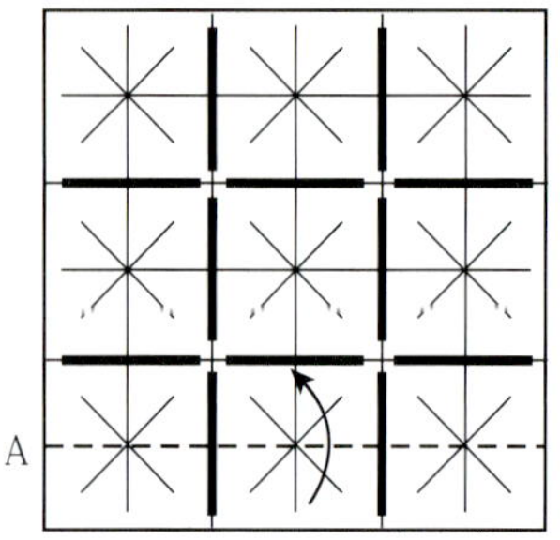

次の図の方法で切り込みを
入れる

6

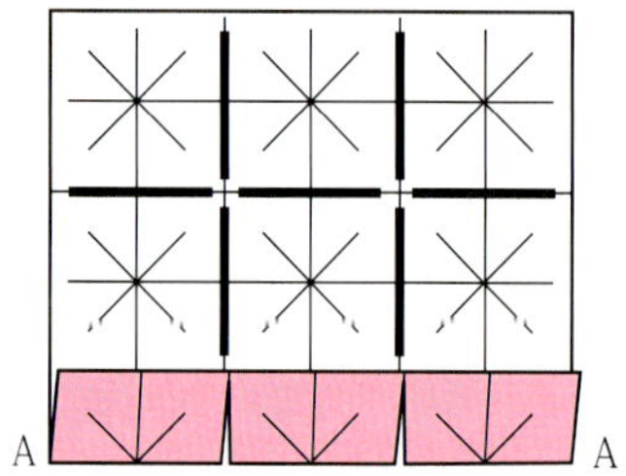

A-A を谷折りしてはさみを
いれたところ。順次、横•縦に
して切り込みを入れる

7

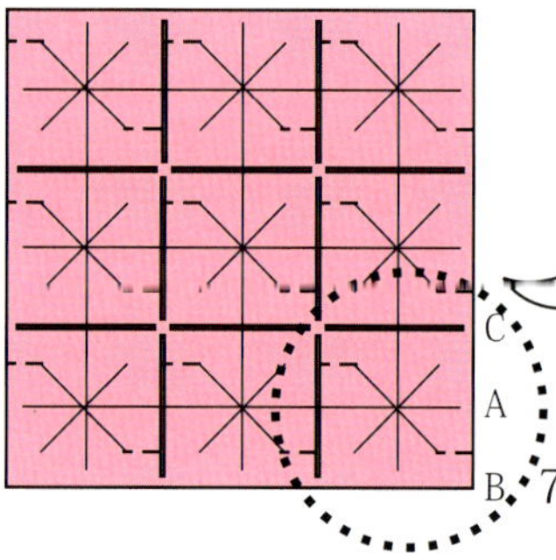

(7)-①～③の要領で９つ全部
のヨコの谷折り線のすじを
つける

7-①

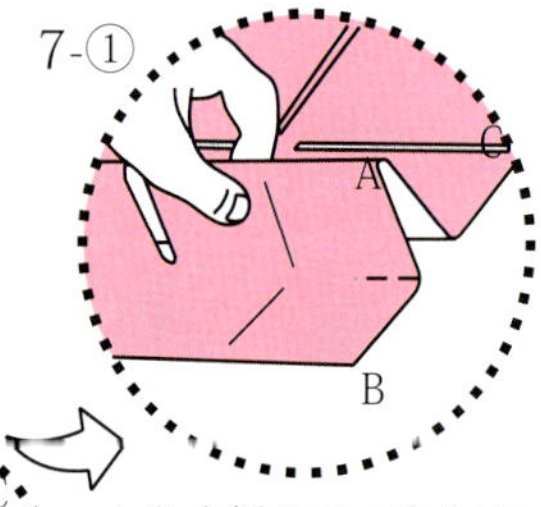

A を山折りでつまんで
B に合わせて倒す

7-②

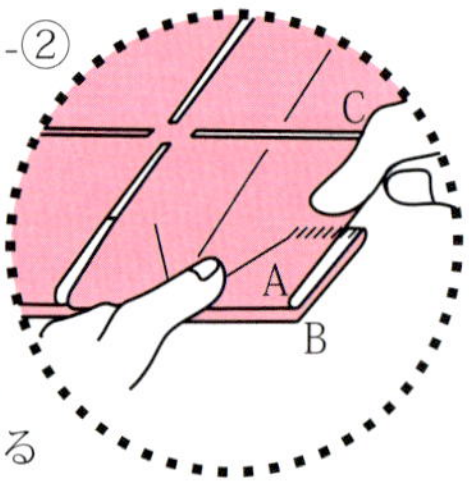

斜線部分を押して、下の
紙に谷折りのすじをつける

8

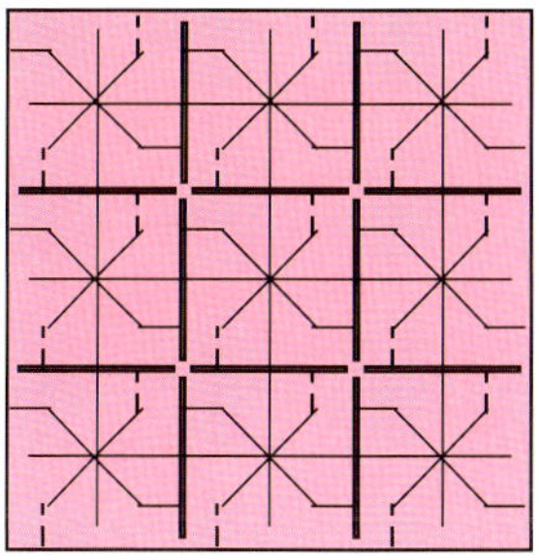

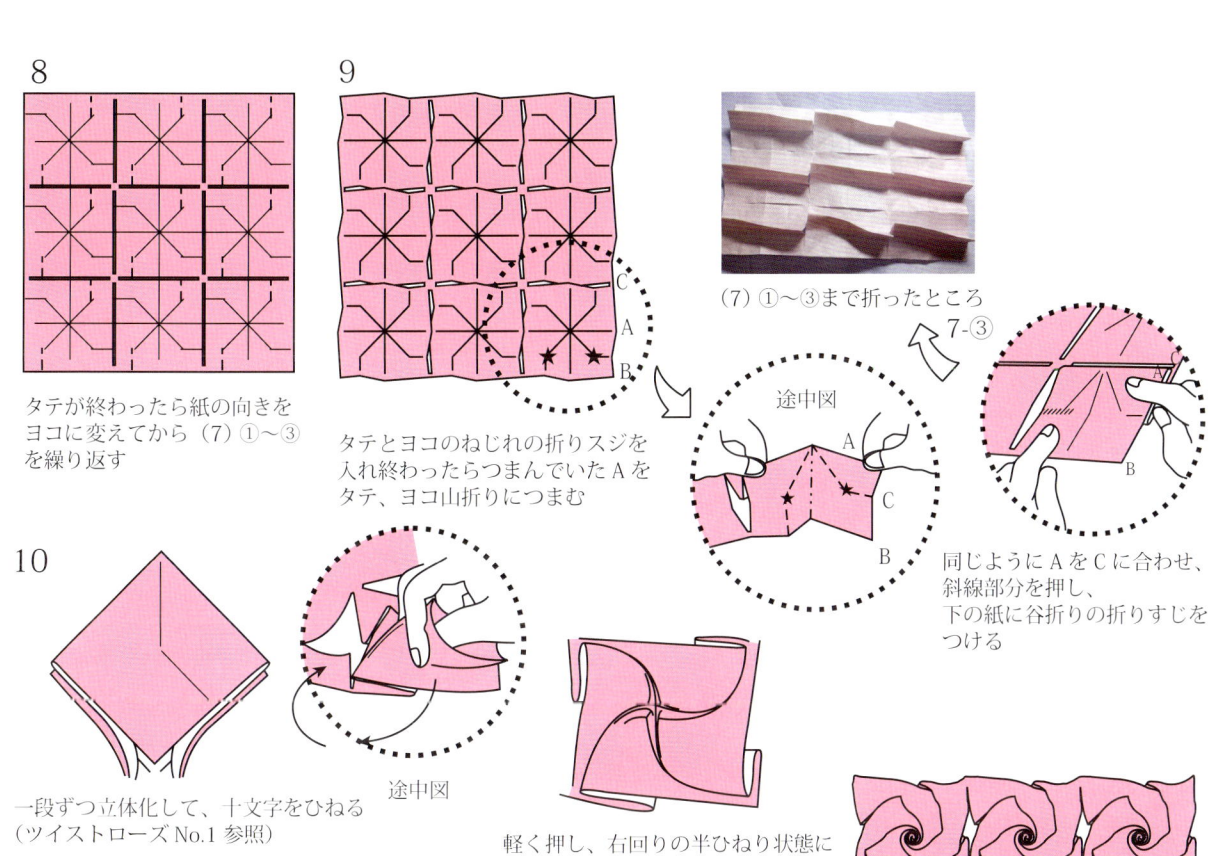

タテが終わったら紙の向きを
ヨコに変えてから（7）①～③
を繰り返す

9

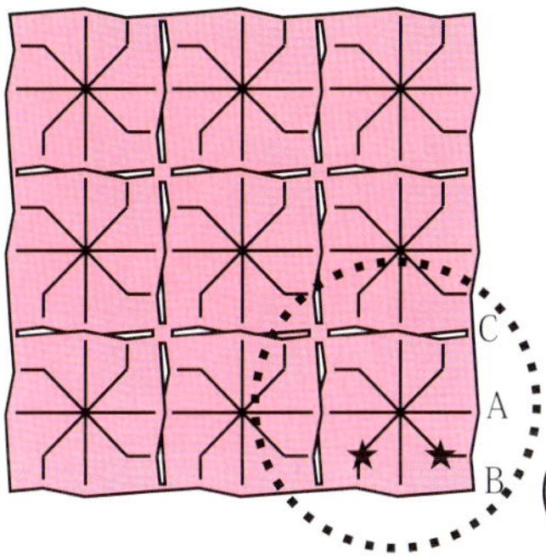

タテとヨコのねじれの折りスジを
入れ終わったらつまんでいたAを
タテ、ヨコ山折りにつまむ

（7）①～③まで折ったところ

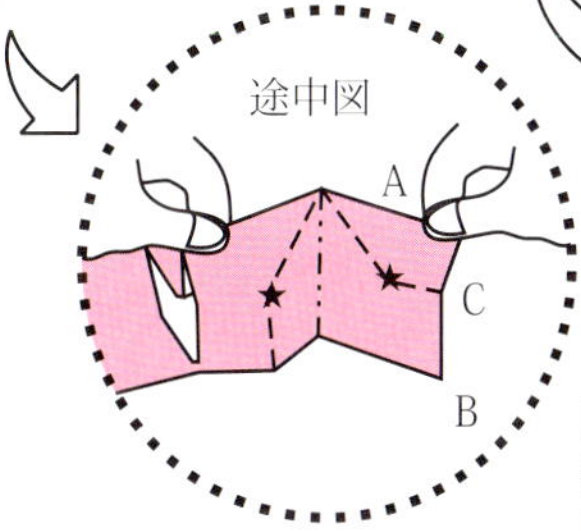

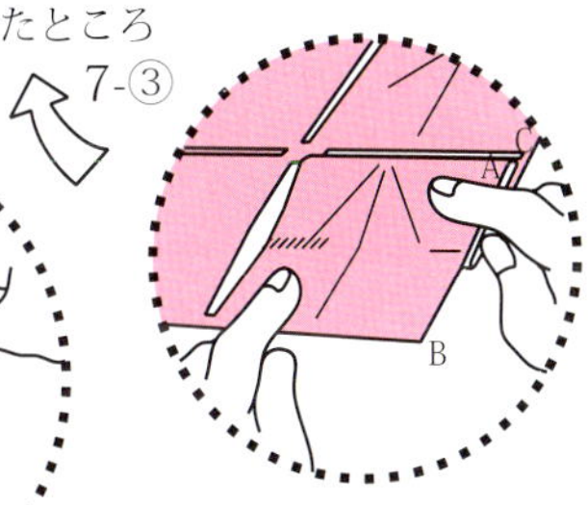

同じようにAをCに合わせ、
斜線部分を押し、
下の紙に谷折りの折りすじを
つける

10

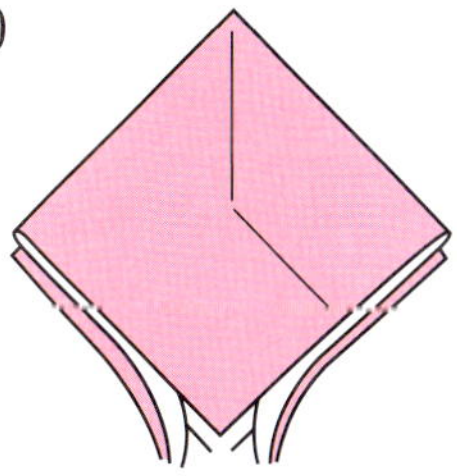

一段ずつ立体化して、十文字をひねる
（ツイストローズNo.1参照）

途中図

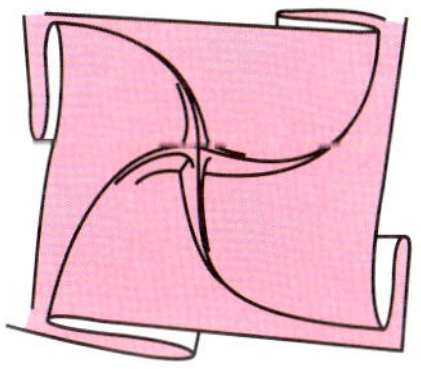

軽く押し、右回りの半ひねり状態に

できあがり

9連すべての花のつまようじ作業、ツイスト
ローズNo.1の（18）～（20）の工程をやり終え、
ピンセットに替え右下の1つ目の花を巻き終え
たところ

11

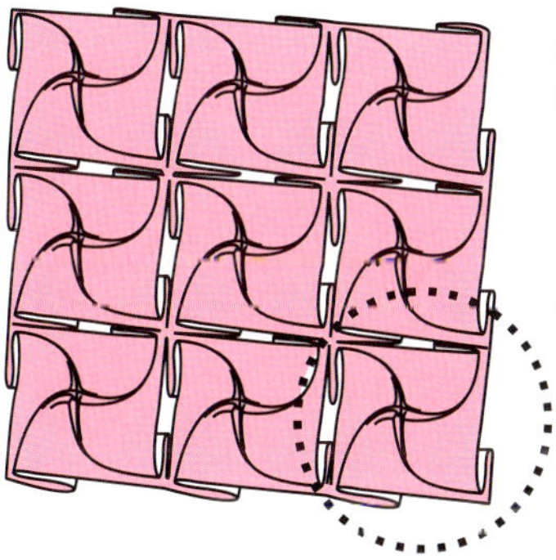

〈ツイストローズNo.1の折り方を参照〉

花を1つずつ完成させず、一工程ずつ、
9連すべてを済ませてから次の工程に進む

ミニボディに着せたベスト

「つなぎツイストローズ」は使い道がたくさんあります。ランプシェード、スティックシュガーボックスカバー、ブラウス・ベスト（大人用、子供用、お人形用）など、遊び心で楽しみましょう。

9. ツイストローズNo.9（葉ジョイント式つなぎツイストローズ）

「ツイストローズ No.8」の要領で切り込みを入れて、四つ葉をつないでいきます。その後、「葉ジョイント式ツイストローズ No.3」を参考にして完成させます。壁面飾り、和紙ドレスに。

●「葉ジョイント式ツイストローズ No.3」をマスターしてから挑戦しましょう（ツイストローズと葉の紙は同サイズ）。

1　「つなぎ葉」をつくる。
切り込み線は「ツイストローズ No.8」参照

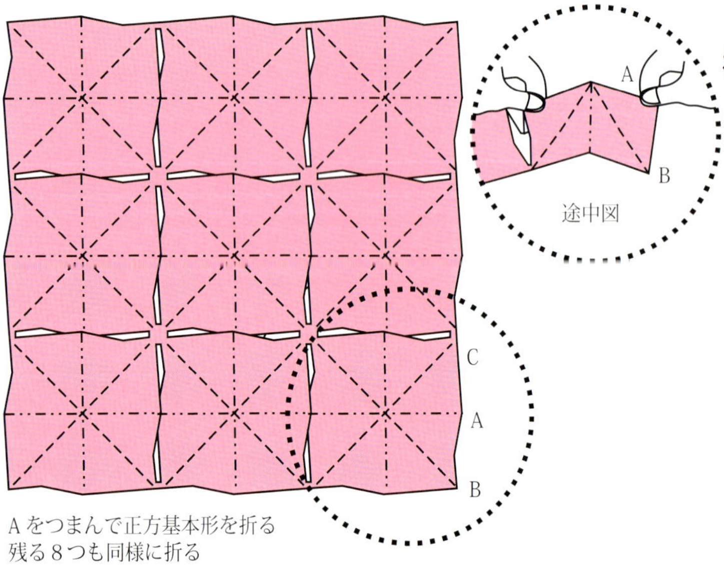

A をつまんで正方基本形を折る
残る 8 つも同様に折る

2

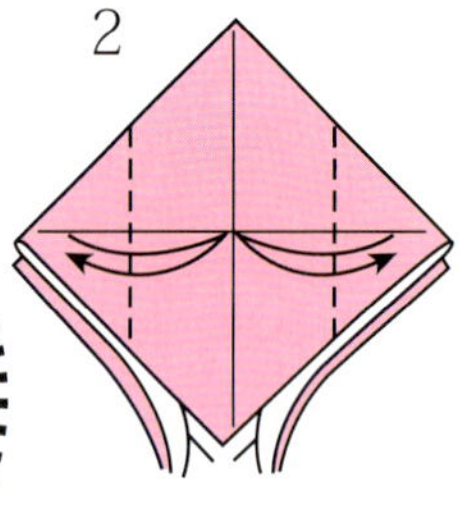

折りスジをしっかり
つける（裏側も同様）

3

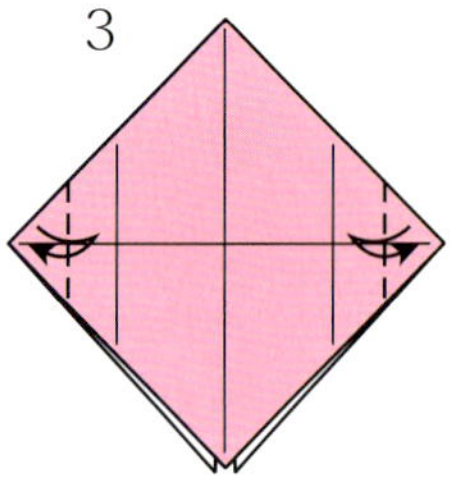

折りスジをしっかりつける
（裏側も同様）（3）～つながり部分省略

4

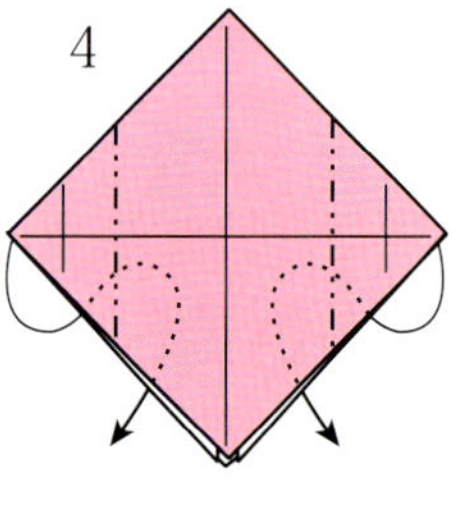

中割折り、裏側も同じ

5

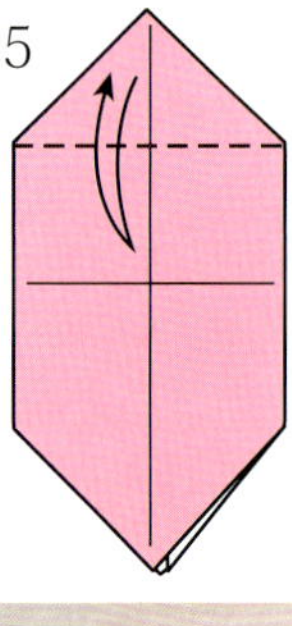

6

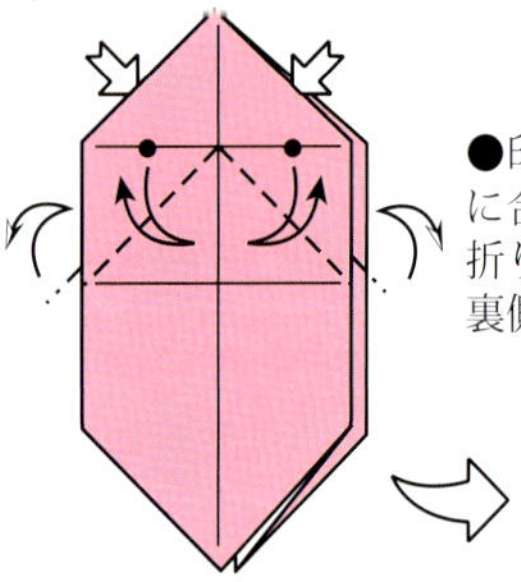

●印を中心の折りすじに合わせるように折り、折りすじをつける
裏側も同じように折る

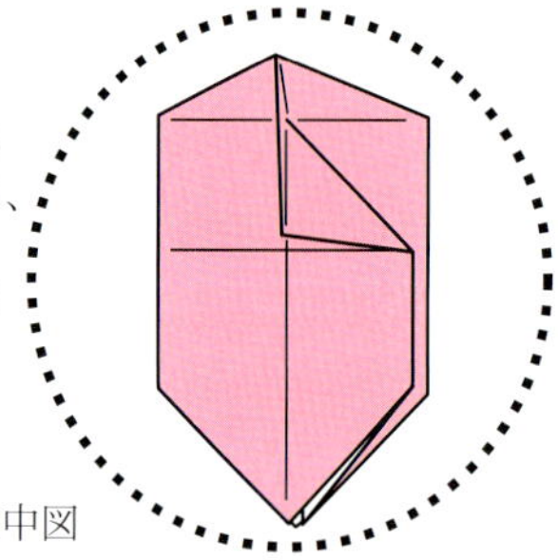

途中図

7

すべての正方基本形を（2）～（7）まで折ったところ

8

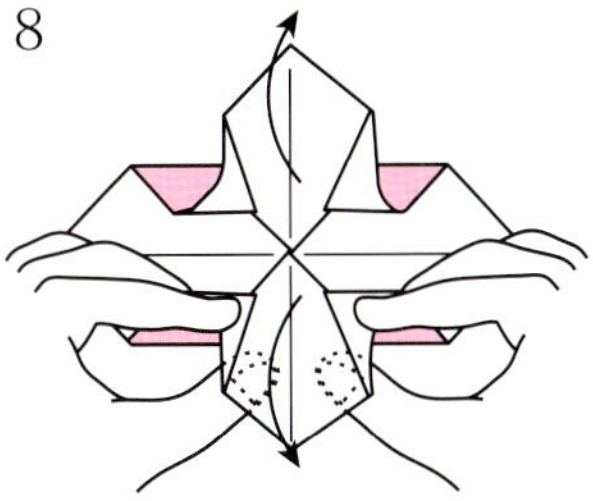

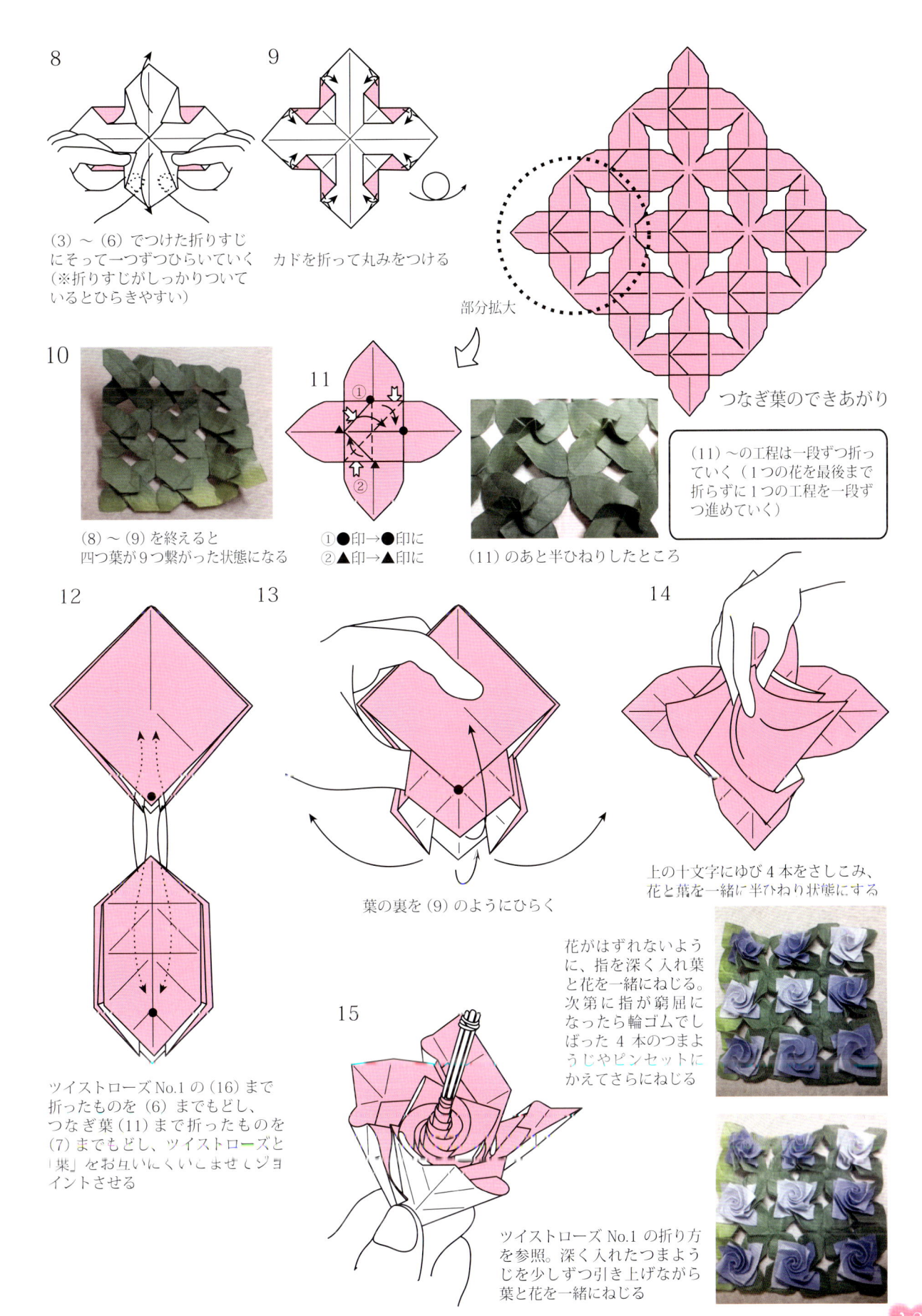

(3) ～ (6) でつけた折りすじにそって一つずつひらいていく(※折りすじがしっかりついているとひらきやすい)

9

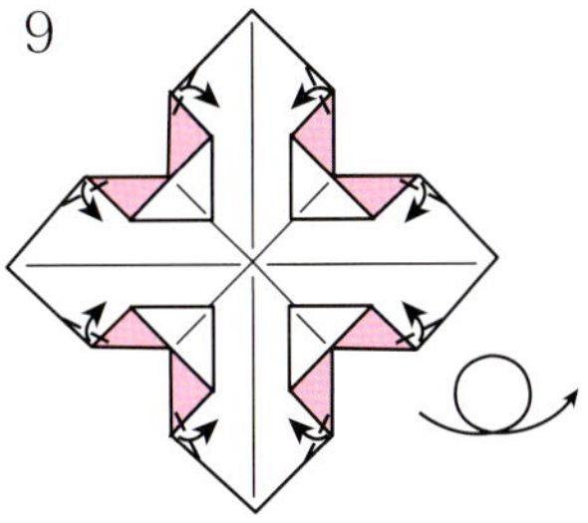

カドを折って丸みをつける

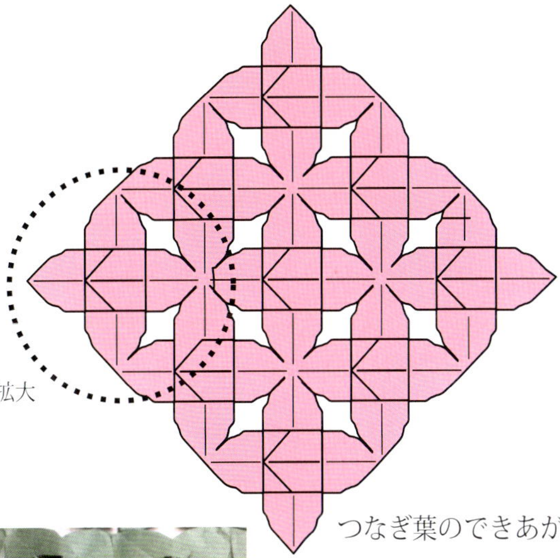

部分拡大

つなぎ葉のできあがり

10

(8) ～ (9) を終えると
四つ葉が 9 つ繋がった状態になる

11

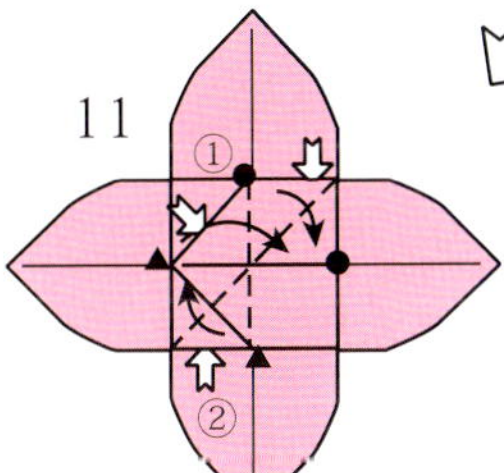

①●印→●印に
②▲印→▲印に

(11) のあと半ひねりしたところ

(11) ～の工程は一段ずつ折っていく(1 つの花を最後まで折らずに 1 つの工程を一段ずつ進めていく)

12

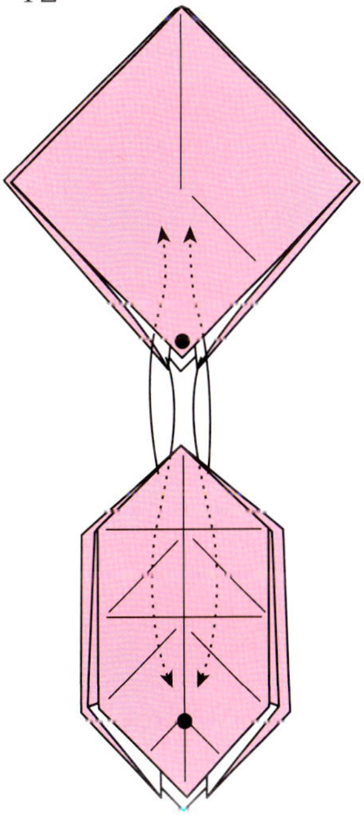

ツイストローズ No.1 の (16) まで折ったものを (6) までもどし、つなぎ葉 (11) まで折ったものを (7) までもどし、ツイストローズと「葉」をお互いにくいこませてジョイントさせる

13

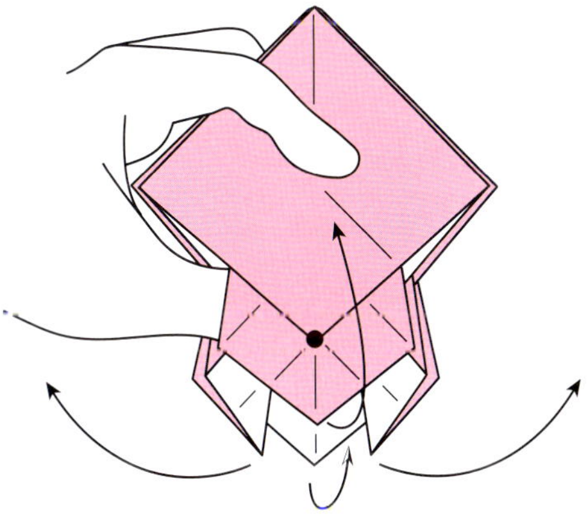

葉の裏を (9) のようにひらく

14

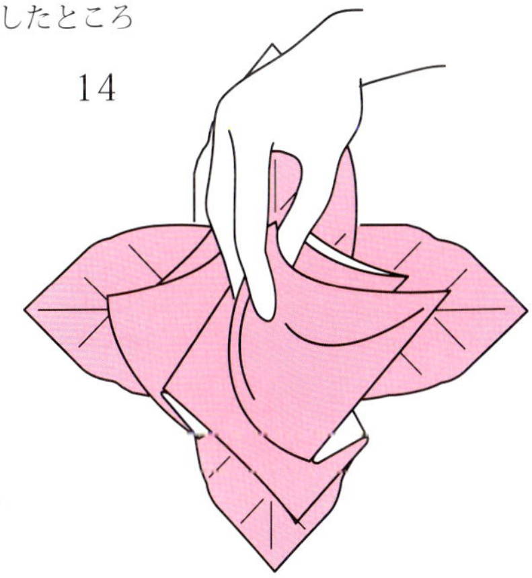

上の十文字にゆび 4 本をさしこみ、
花と葉を一緒に半ひねり状態にする

花がはずれないように、指を深く入れ葉と花を一緒にねじる。次第に指が窮屈になったら輪ゴムでしばった 4 本のつまようじやピンセットにかえてさらにねじる

15

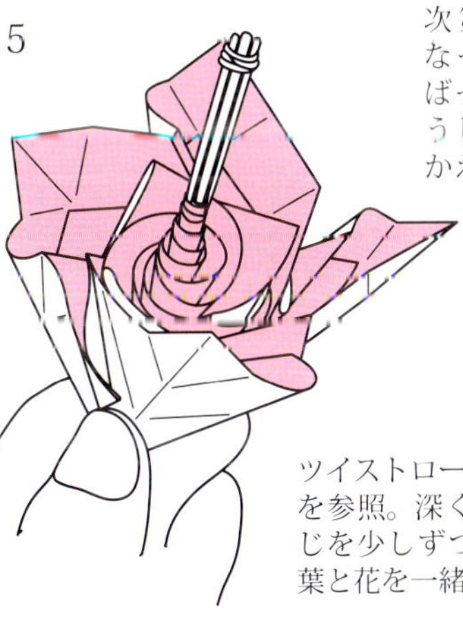

ツイストローズ No.1 の折り方を参照。深く入れたつまようじを少しずつ引き上げながら葉と花を一緒にねじる

16

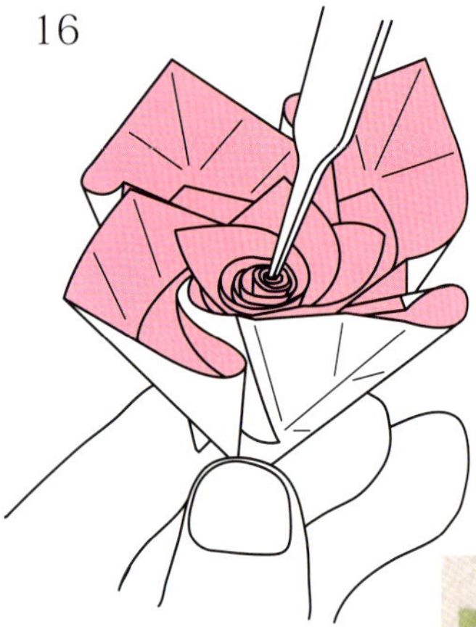

①ピンセットにかえて回しながら押しこむ
②うらを返し葉の裏側が（9）になるように整える

できあがり

ツイストローズNo.1を参考にバラを仕上げる

薬より折り紙？

私のイベントを毎回お手伝いしてくれる折り紙仲間の杉山美穂さんは、2011年5月9日 胃を摘出する手術を受けました。私は祈りを込めて手術日の前夜、「96連のつなぎツイストローズ」(病室にじゃまにならないようにハガキ大)を折りました。96連にしたのは「苦(96)しいことがあっても、皆でつながって頑張っていればきっと良いことが来る(96)！」という「願かけ折り紙」にしたかったからです。これには賛同者があらわれました。たまたま、その夜電話があった沖縄の古堅幸江さんに「今から、美穂さんに96連を折るの」と言うと、「私もやります！」と…。茨城と沖縄で…、夜の10時にスタートしました。深夜、一人では眠気と戦っていたかも知れませんが、相棒がいてくれたことは励みになりました。手術日の朝、美穂さんに携帯メールを打ちました。

「今頃、黒いネコが一生懸命走って病院に向かっています」と、作品の写真を添えて送信しました。感激の返信がすぐに来ました。後日、聞いたことですが手術が終わり、麻酔からさめた美穂さんは「私に何か届いていませんか？」と、意識朦朧としながら看護婦さんに聞いたそうです。「来てますよ。私が開けていいんですか」と言って、看護婦さんが開けて見せてくれたそうです。退院した美穂さんは2カ月後に開催の折り紙シンポジウムに参加しました。食事を一口食べるごとに苦しそうでしたが、今では手術前と変わらぬ行動をとっています。そして「折り紙があったから、こんなに元気になれたと思います。辛い時でも集中できる折り紙があって本当に良かったです」と、しみじみ言いました。作品を見て慰められ、今度は自ら折ることによって力が湧いてくる…。「折り紙の力」はすごい！

10. ツイストローズ No.10 （愛の翼にツイストローズ）

「秘伝千羽鶴折形：早乙女（さおとめ）」を参考。張りがあり、薄くて強い裏打ち和紙で折ると美しく仕上がります。

●ツイストローズ No.1 を、2 枚重ねるタイプで練習してから折ってください。
●折り慣れたら、裏金友禅和紙などで挑戦してみましょう。

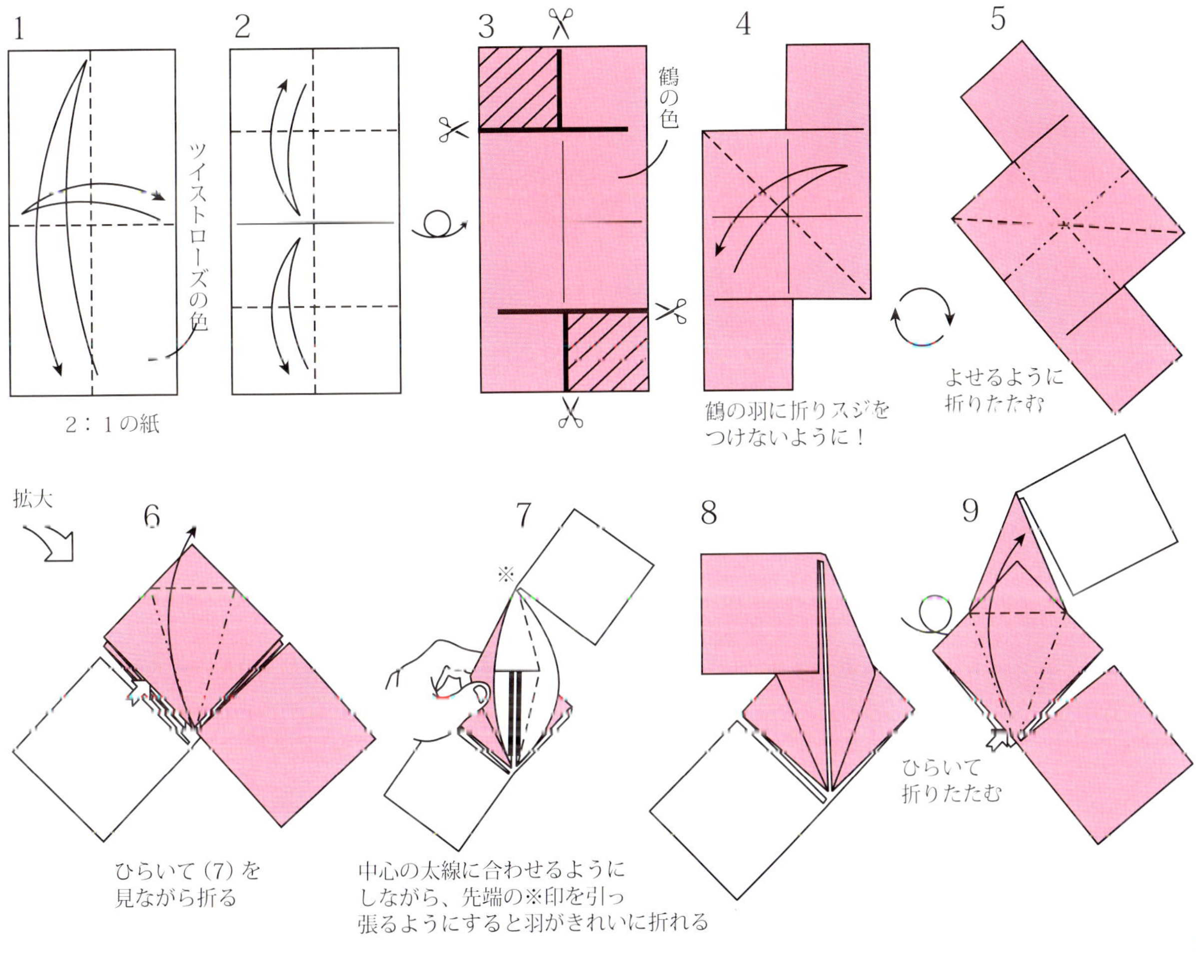

1
ツイストローズの色
2：1の紙
2
3
鶴の色
4
鶴の羽に折りスジをつけないように！
5
よせるように折りたたむ
拡大
6
ひらいて（7）を見ながら折る
7
※
中心の太線に合わせるようにしながら、先端の※印を引っ張るようにすると羽がきれいに折れる
8
9
ひらいて折りたたむ

10

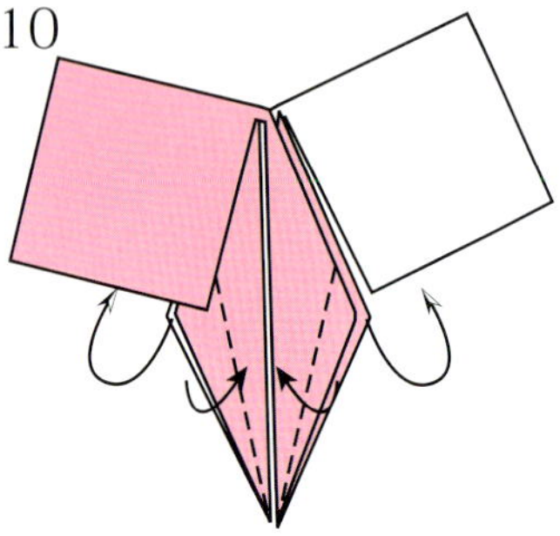

11

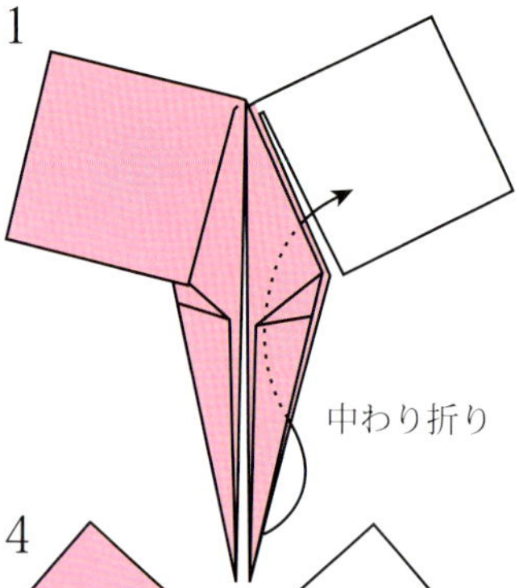
中わり折り

12

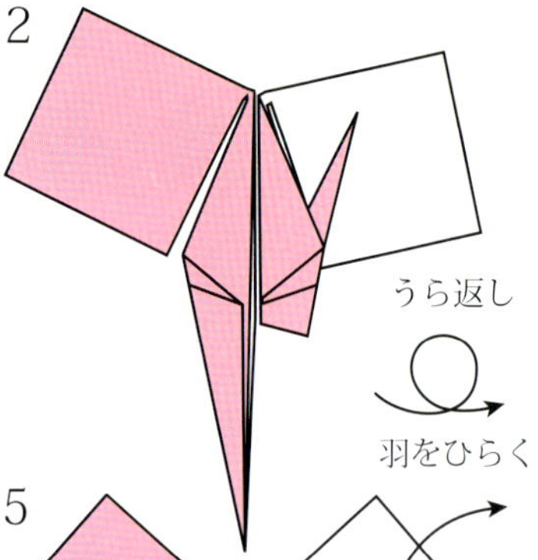
うら返し
羽をひらく

13

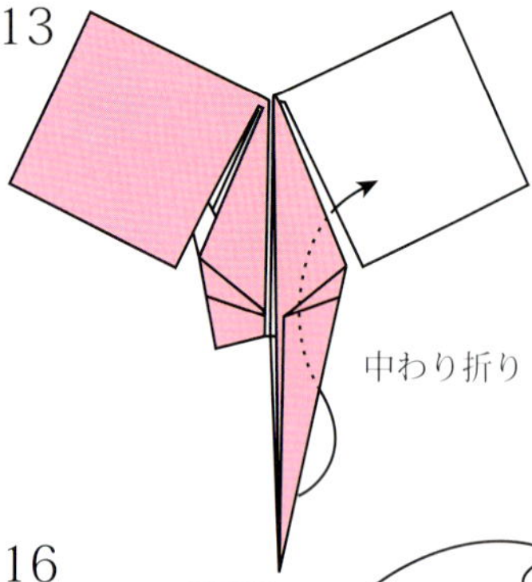
中わり折り

14

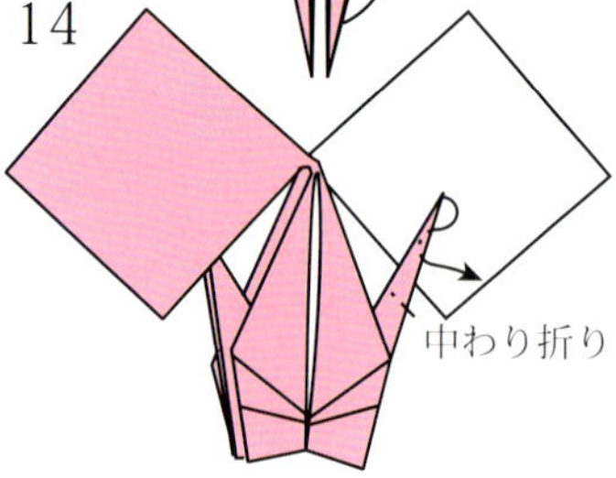
中わり折り

15

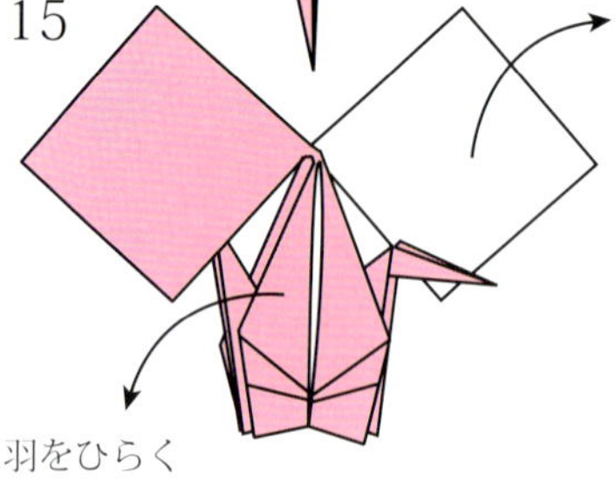
羽をひらく

16

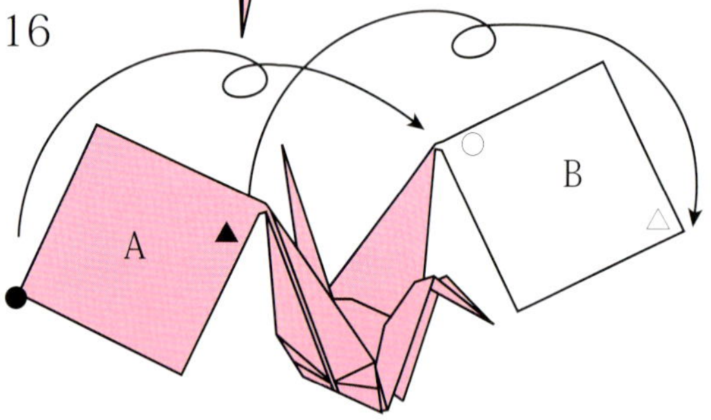
A
B

①Aの●を裏返しながら、半円を描くようにBの○に。
②Bの▲も同じようにAの△に。

17

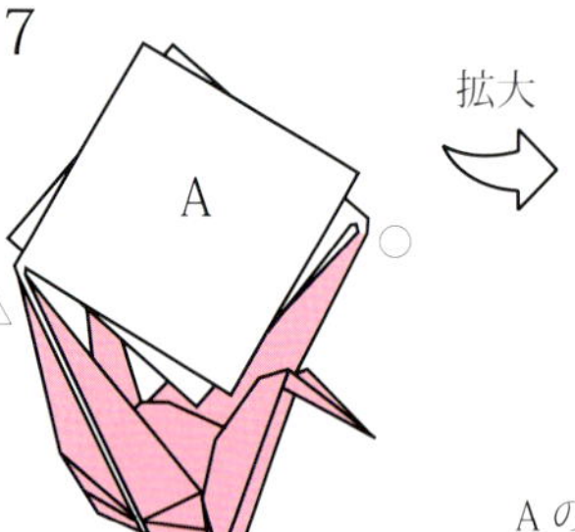
A
拡大

18

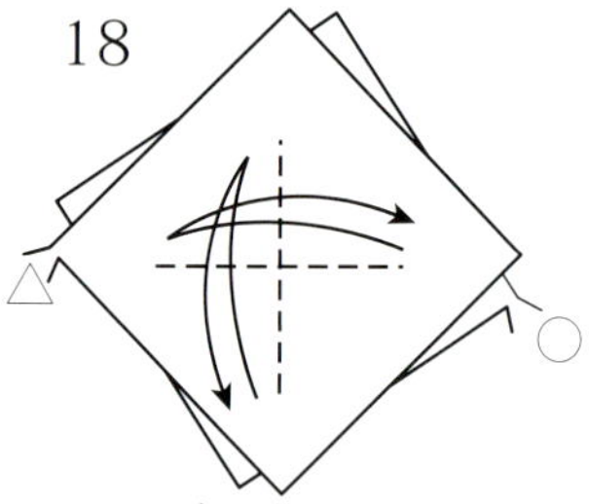

Aの下にBを重ね
ずらしたまま2枚いっしょに
折りすじをつける。
△と○はつなぎ部分

ツイストローズNo.1の折り方を参照。ツイストローズNo.1をマスターしてから、八重咲きタイプ（2枚ずらし）を！

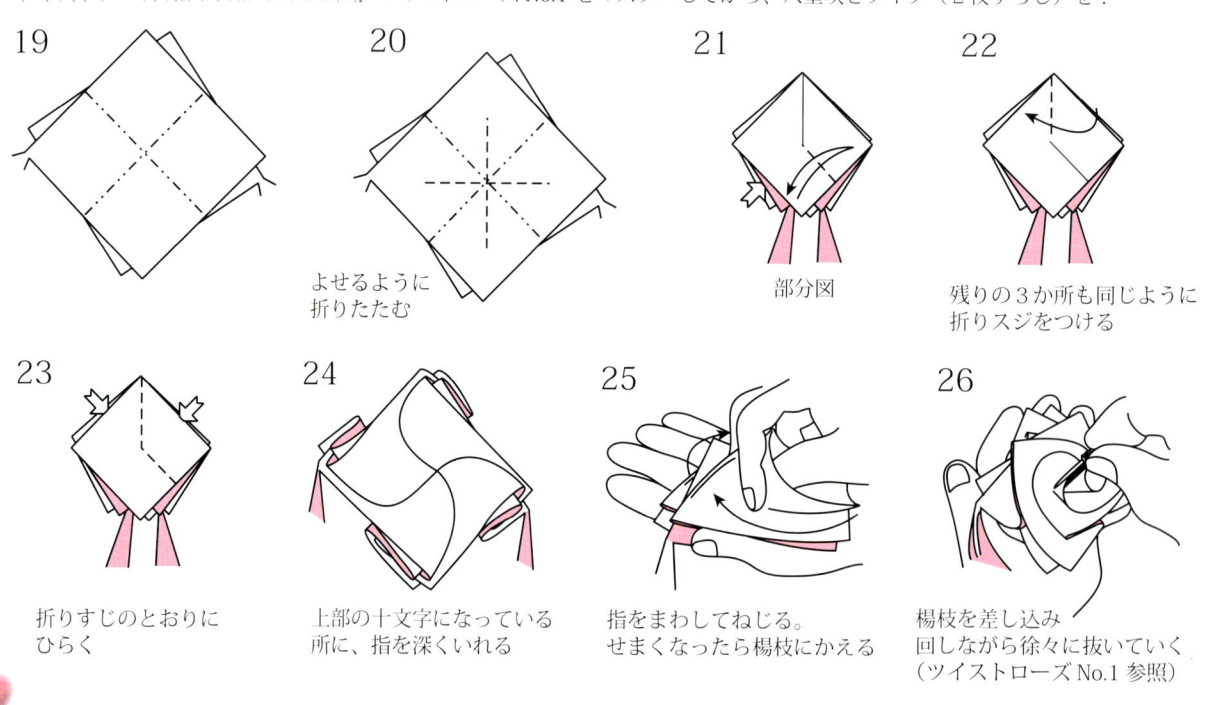

19

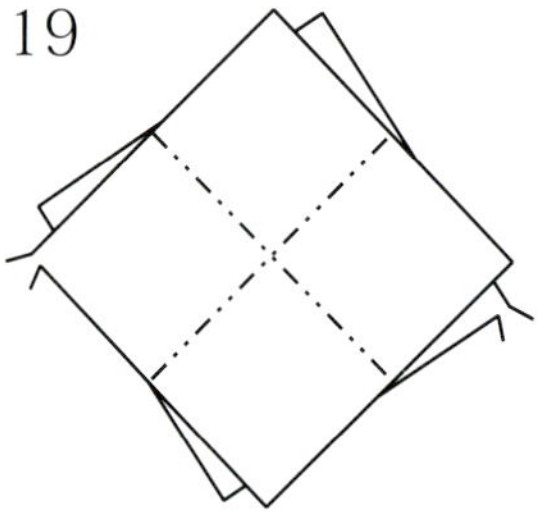

20

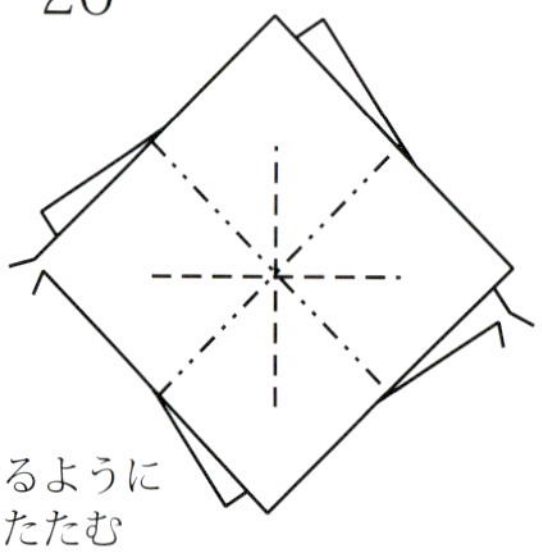

よせるように
折りたたむ

21

部分図

22

残りの3か所も同じように
折りスジをつける

23

折りすじのとおりに
ひらく

24

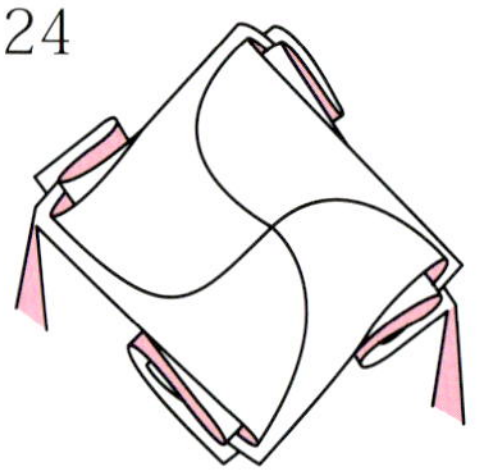

上部の十文字になっている
所に、指を深くいれる

25

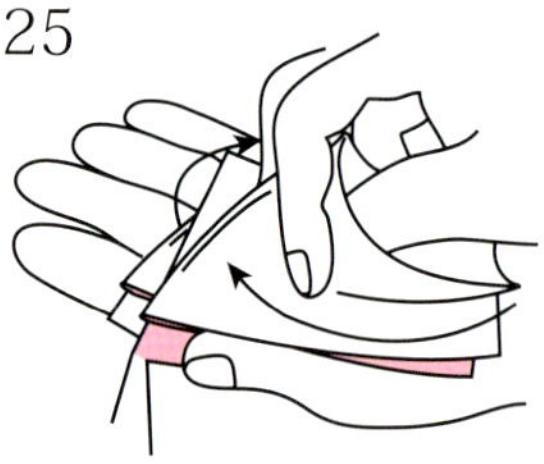

指をまわしてねじる。
せまくなったら楊枝にかえる

26

楊枝を差し込み
回しながら徐々に抜いていく
（ツイストローズNo.1参照）

27

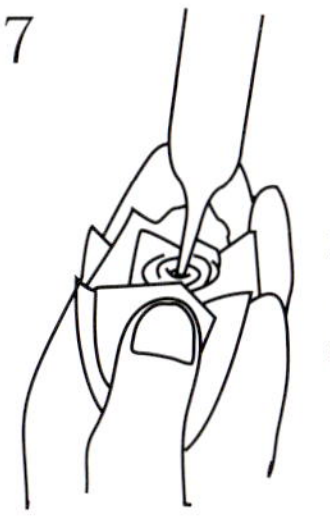

楊枝が抜けたら
ピンセットに持ち替え
ねじりながら押し込む
（ツイストローズ No.1 参照）

28

ゆっくりと
外側の花びらをひらき
折りすじを指でのばす

29

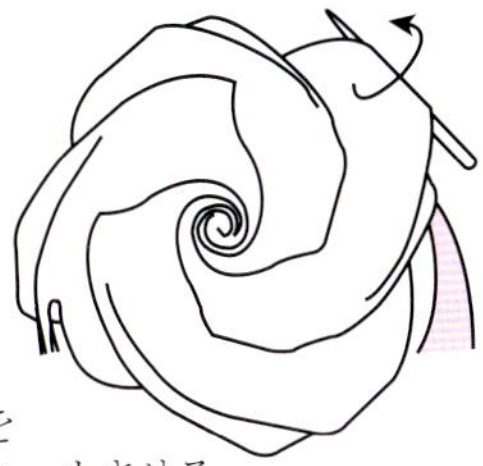

最後に花びらを
一枚ずつ軽くカールさせる

できあがり

台に刺す楊枝は箱の深さと、
鶴の背中までを合わせた長さに切る

切り取った２枚の紙の利用法
①飾り台（伝承の「重ね箱」参照）
②ツイストローズのブローチ等

作品台のできあがり

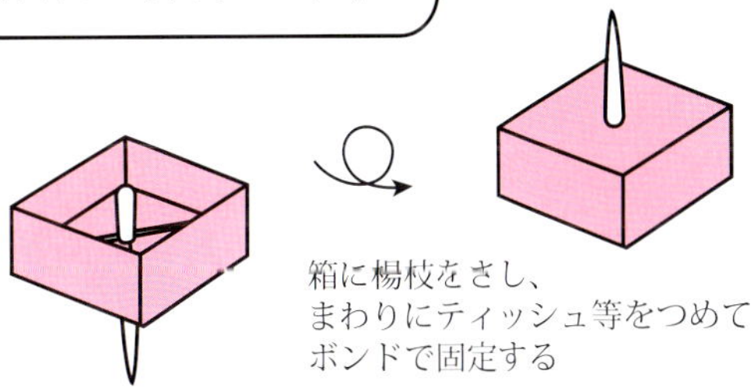

箱に楊枝をさし、
まわりにティッシュ等をつめて
ボンドで固定する

JALの機内ビデオに

日本折紙協会を通して、「日本のワザ」というタイトルのJALの期間限定の機内ビデオに折り紙も含まれることになって、折紙歴史研究家の岡村昌夫先生制作の「秘伝千羽鶴折形：早乙女」の小鶴の部分をツイストローズに変えた作品が採用され、とても光栄でした。JALは独身の頃から乗っていて「鶴の翼のマーク」が好きでしたので、マーク復活がうれしくて「愛の翼にツイストローズ」のネーミングにしました。その時の作品を先生は記念にプレゼントして下さいました。

11. ツイストローズ No.11 （座ぶとん折りからのスタート）

薄い和紙、メッシュ折り紙などを使いたい時、ひとまわり小さいサイズや茎仕立てにしたい時、側面もバラ色を見せたい時に。（薄い素材以外はざぶとん折りを中心までしないで、控えて折るとピンセットで押し込む時、沈めやすい）

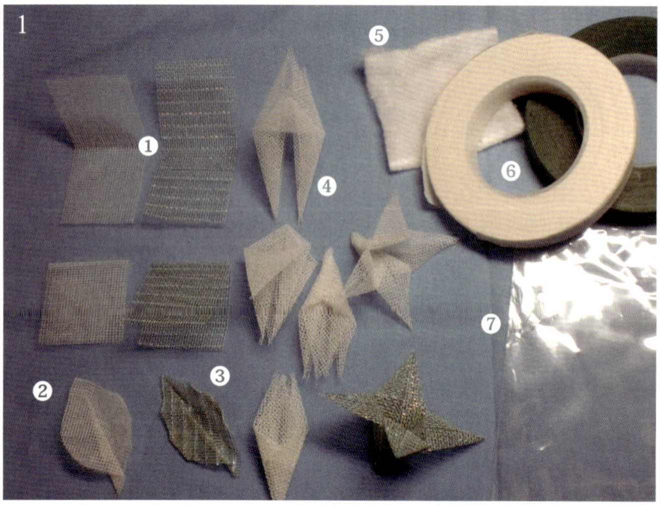

❶「葉」はメッシュ長方形（1：2）を半分に折り「伝承の葉」を折る。
❷「白いメッシュ」は葉の形にカットしている。
❸「みどり色」は葉の形に折り込んでいる。
❹「がく」は鶴の基本形Ⅱの開いていない方を三つ折りし、４枚を開く。
❺「綿」、❻「フローラテープ」、
❼「ビニール袋」はメッシュにボンドをつけ押さえる時、手がベタつくので手袋代わりに使う。

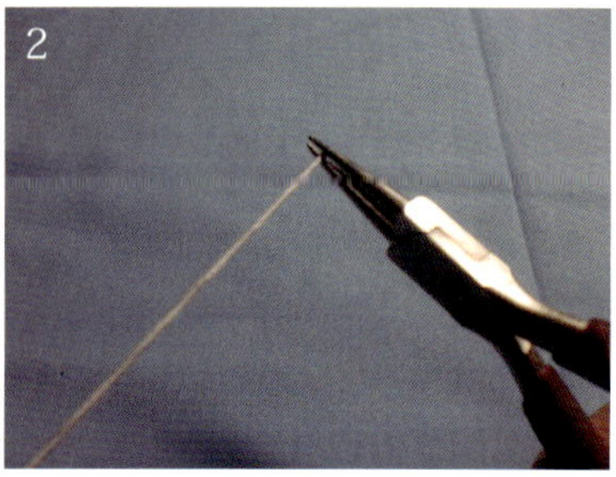

ワイヤーの先端をペンチで小さい輪（花の底から入る大きさ）を作る

ツイストローズの形を良くととのえ、要所にボンドをつけ、花がひらかないように、ロールペーパーの芯等に入れ、ボンドを乾かす。○印は②のペンチで先端を丸めたところ。

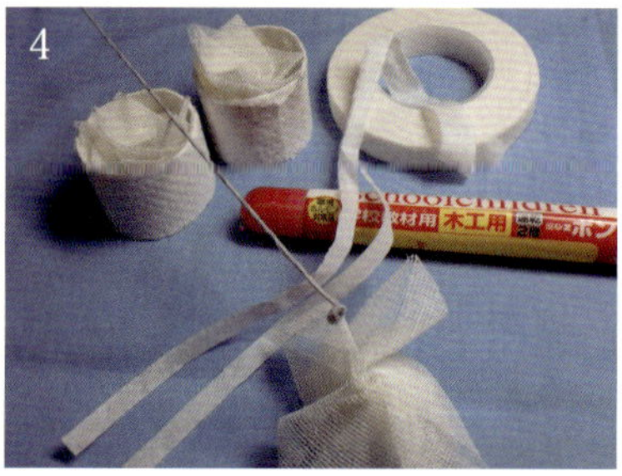

フローラテープはがくの色に合わせる（がくと同じ色のテープが無い時は極薄の和紙を代用）

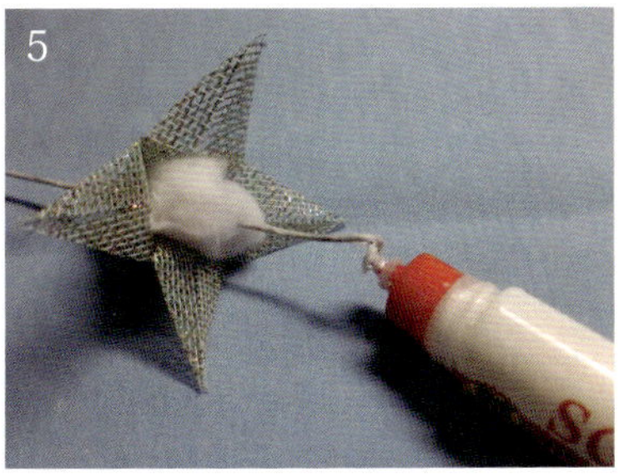

がくの上からワイヤーをさし込み、綿を入れ先端の丸いところにボンドをつける

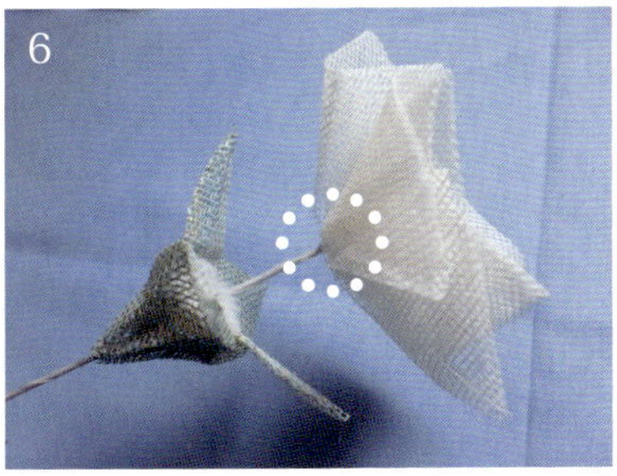

ワイヤーをツイストローズの下から花の中心までさし込む

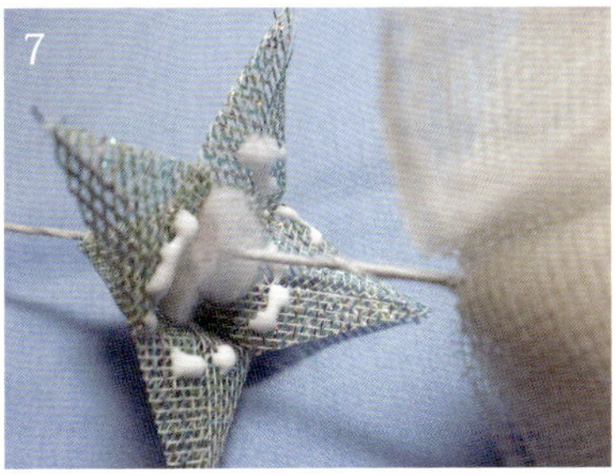

がくのまわりにボンドを塗る

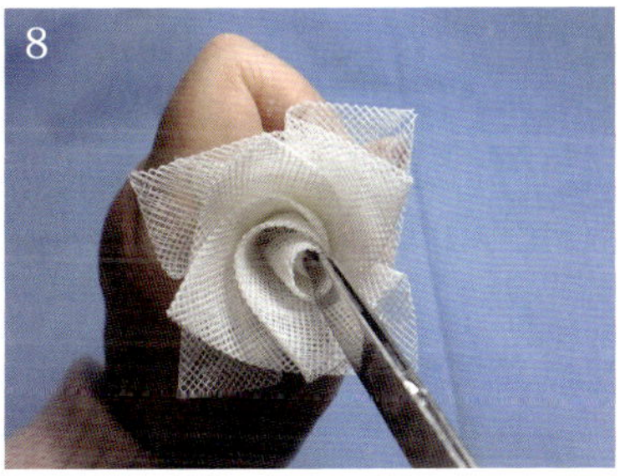

がくを手で軽く持ち、花をつけ、ピンセットで中心をねじりながら、下からのワイヤーと合わせる

がくと花びらを、指でおさえて落ちつかせる

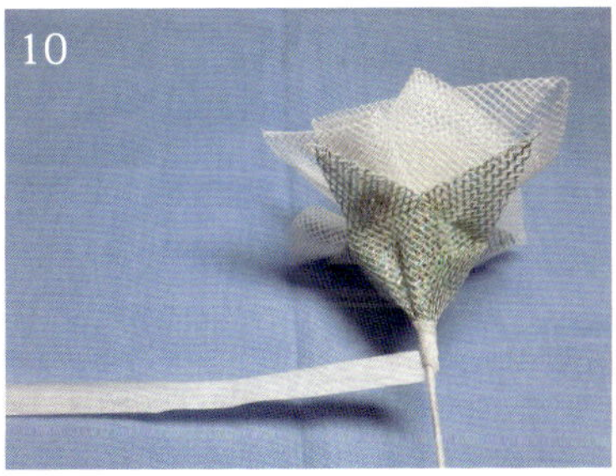

フローラテープは横に引っ張って、2～3回まわしたら、(11) へ（見やすいようにように白で巻いているが実際はがくの色に合わせる）

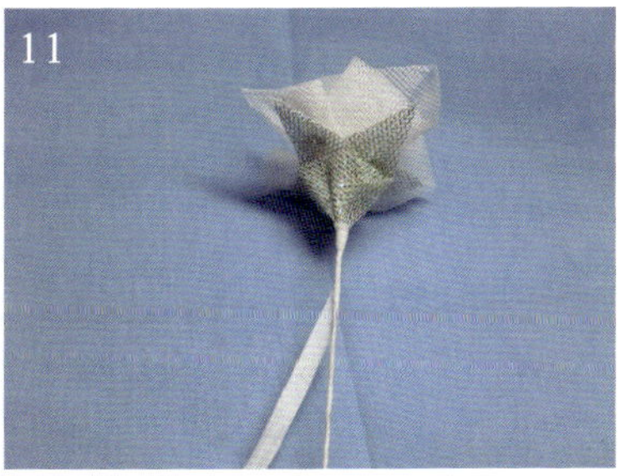

フローラテープを斜め下に引っ張りながら巻いていく（実際はがくの色に合わせる）

葉3本を細いワイヤーを使い、フローラテープで巻いて、一つにまとめて巻く

葉をひろげる

花に葉をつけて
できあがり

茎仕立ての「葉」と「がく」（ざぶとん折りからのツイストローズ No.1）

メッシュや薄い和紙などで折る時、また、イヤリング、指輪用にしっかりさせたい時、そして、茎仕立ての花束にしたい時に（側面から見た時、花びらの裏側も同色に見えるようにしたい時に）この方法で折ります。メッシュや薄い和紙以外の紙を使用する時は、中心にすきまをあけますがピンセットで押し込みやすくするためです

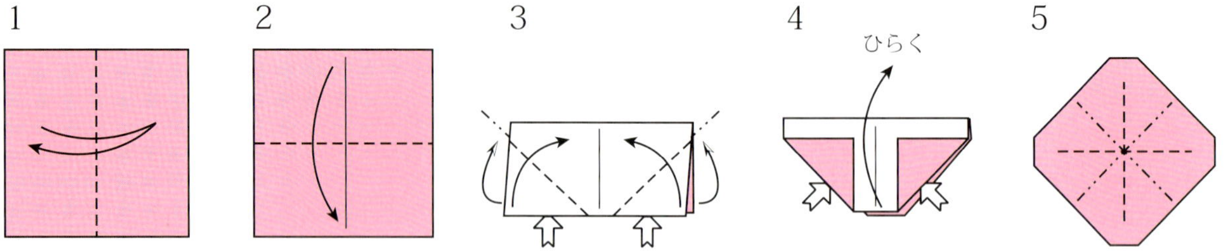

中心から少しスキマをあける。うらも同じ（メッシュや薄い和紙はすきまをあけない）

ツイストローズ No.1 を折る

「葉」（伝承）

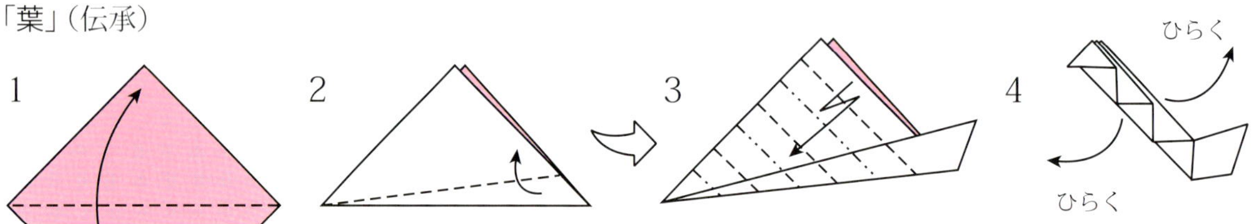

段折り

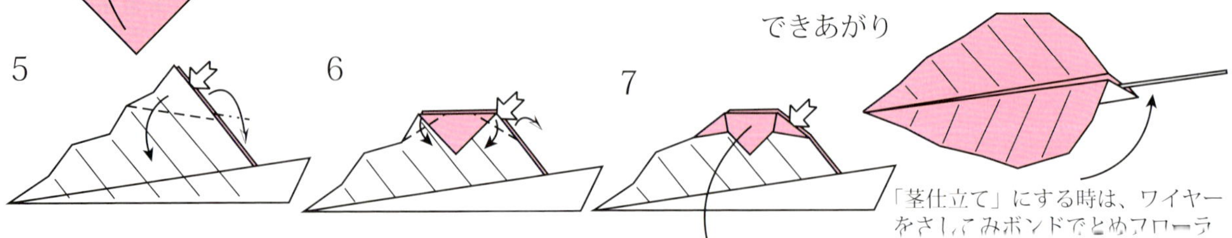

うら側も同じ

うら側も同じ

ひらく

「茎仕立て」にする時は、ワイヤーをさしこみボンドでとめフローラテープを巻いて固定する

「花のがく」（5 弁の花には正五角形から作る）

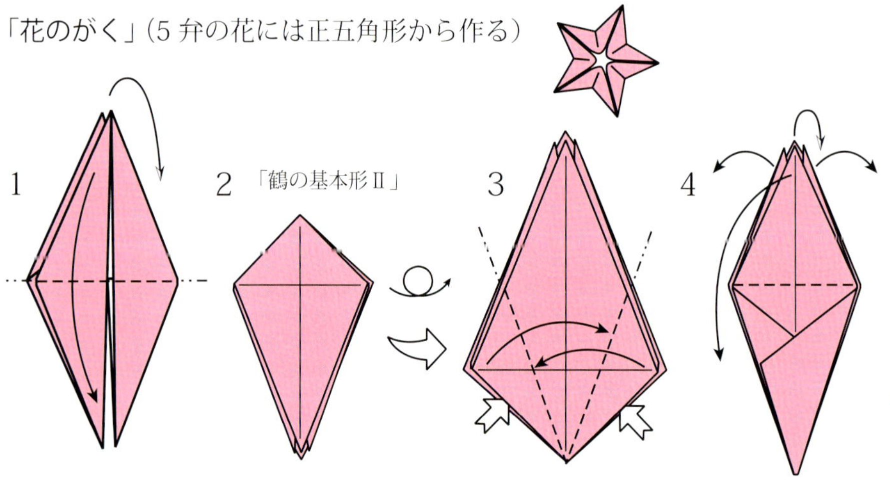

「鶴の基本形 I」より羽をさげる裏側も同じ

三つ折りしてノリづけ（満開の花の場合は、中心線につきあわせる）。裏側も同じ

4 ヶ所をひらく

上からワイヤーをさしこむ

12. 伝承の箱（No.10「愛の翼にツイストローズ」の台）

平面から立体になる簡単な作品。折りすじを強くつけて仕上げると美しさが際立ちます。

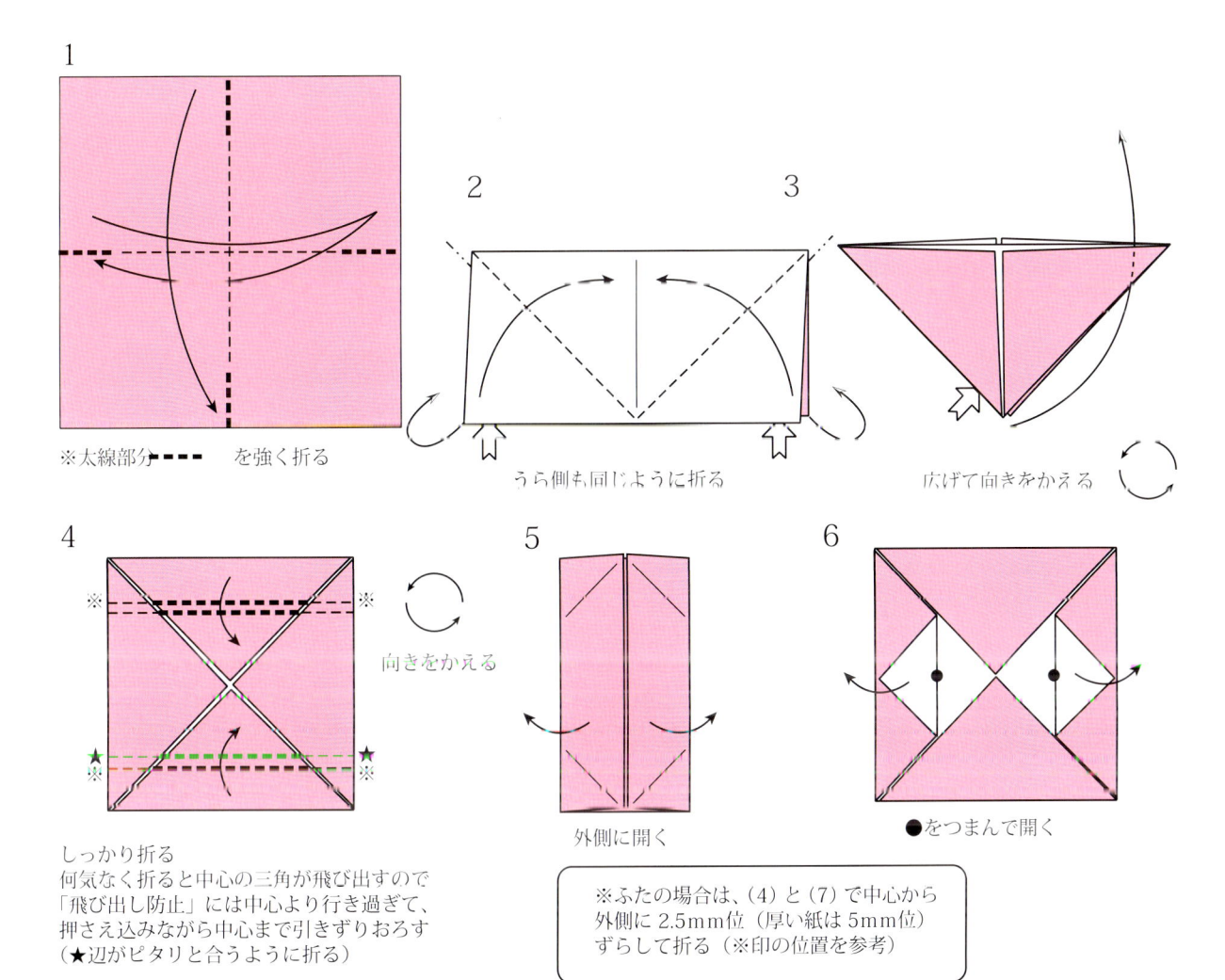

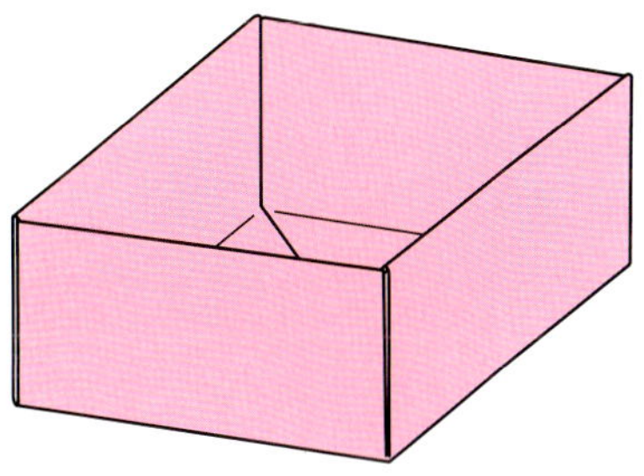

1

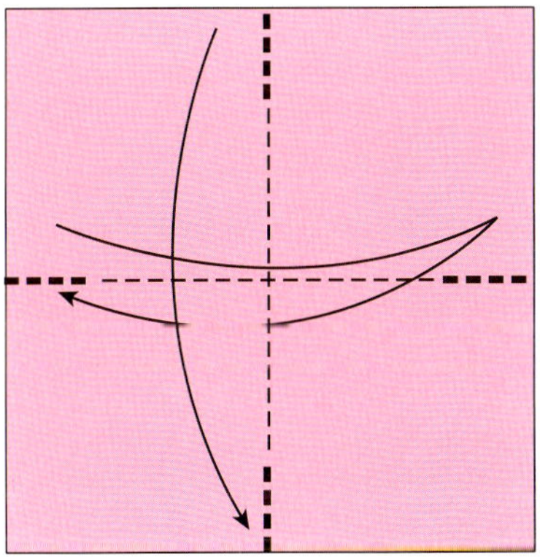

※太線部分 - - - を強く折る

2

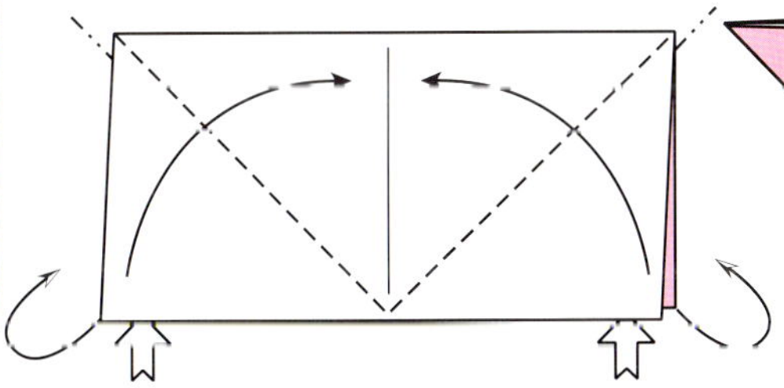

うら側も同じように折る

3

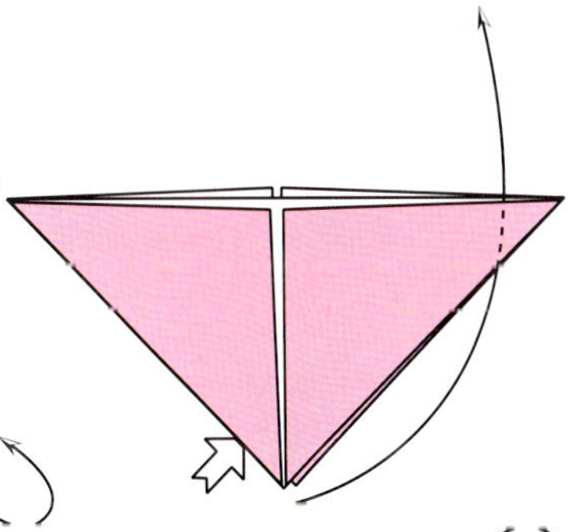

広げて向きをかえる

4

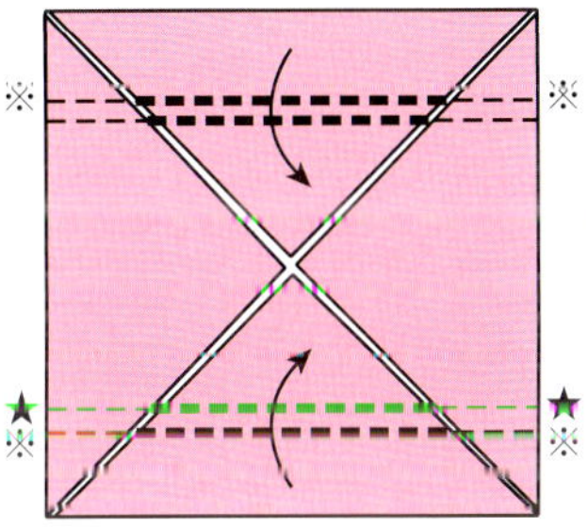

向きをかえる

しっかり折る
何気なく折ると中心の三角が飛び出すので
「飛び出し防止」には中心より行き過ぎて、
押さえ込みながら中心まで引きずりおろす
（★辺がピタリと合うように折る）

5

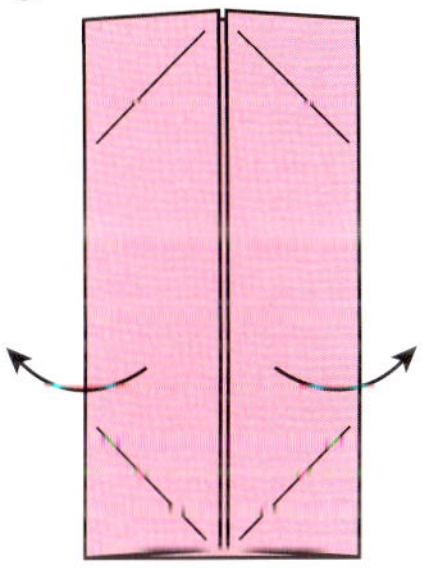

外側に開く

6

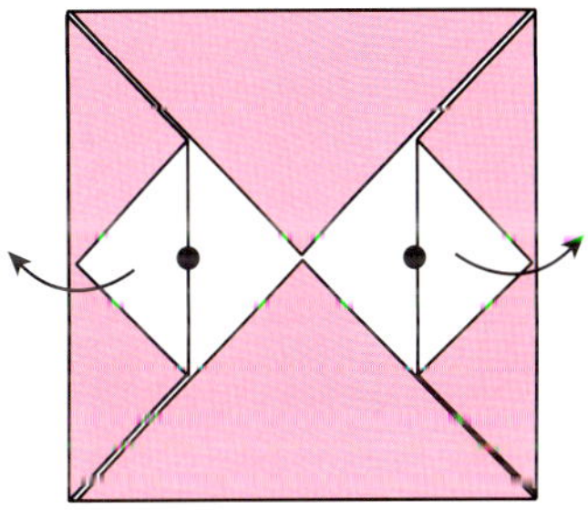

●をつまんで開く

※ふたの場合は、（4）と（7）で中心から
外側に 2.5mm位（厚い紙は 5mm位）
ずらして折る（※印の位置を参考）

7

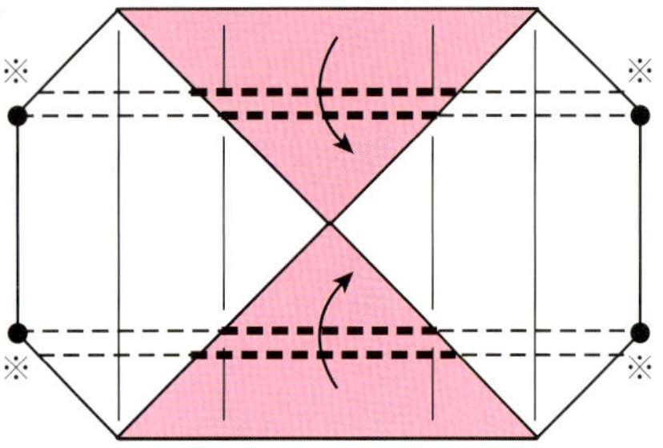

●印を目安に三角「飛び出し防止折り」をしながら、４本のタテ線がピッタリ合うように折る（平行になる）

※「ふた」の場合は、(4) で外側にずらしているので、ここは当然「かど」になる。

8

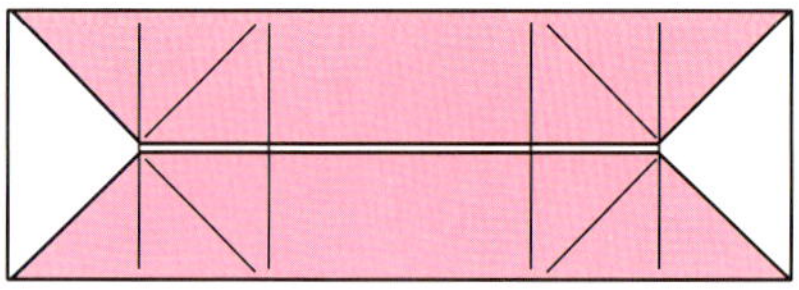

9

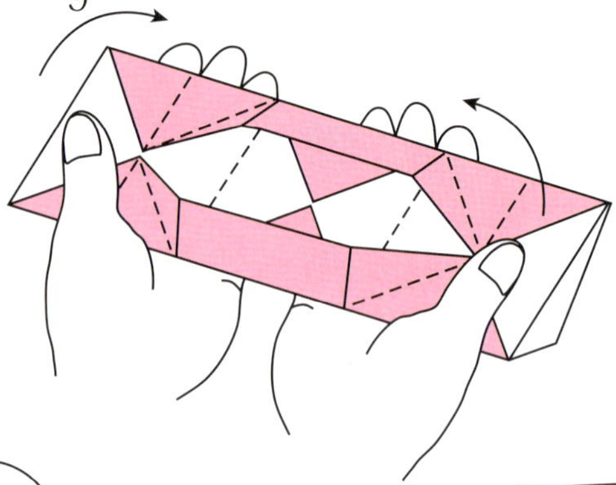

親指をたてる感じで、そーっと持ち、左右の親指を近づけると、（強く折っていれば）自然に立体になるように立ち上がってくる

10

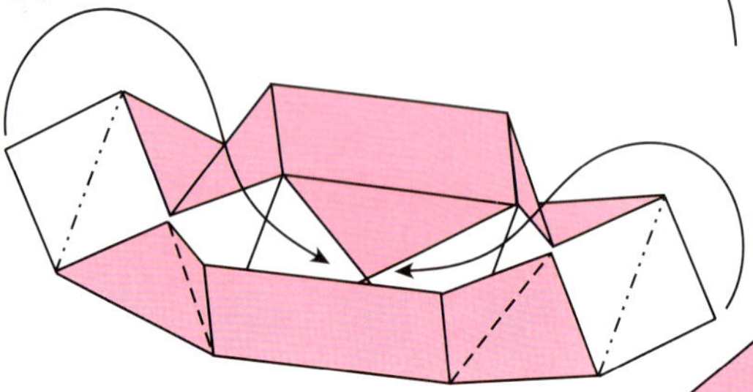

両端かどを箱の内側の中心に合わせるように折りこむ

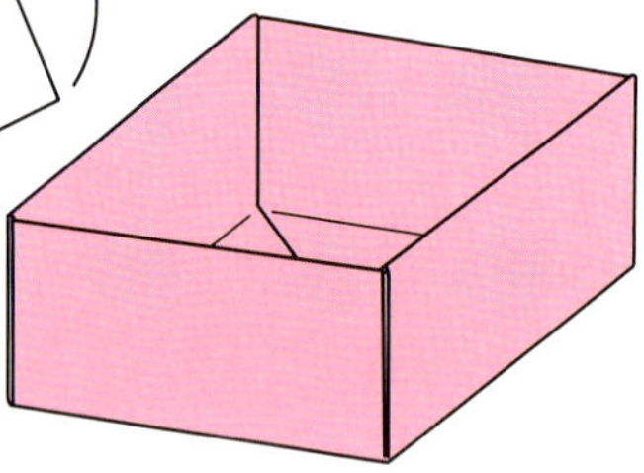

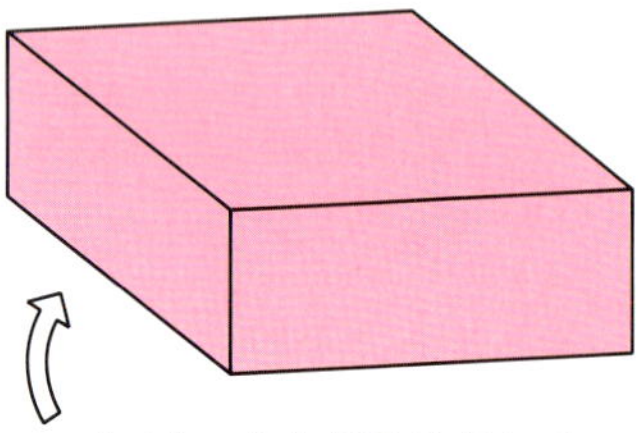

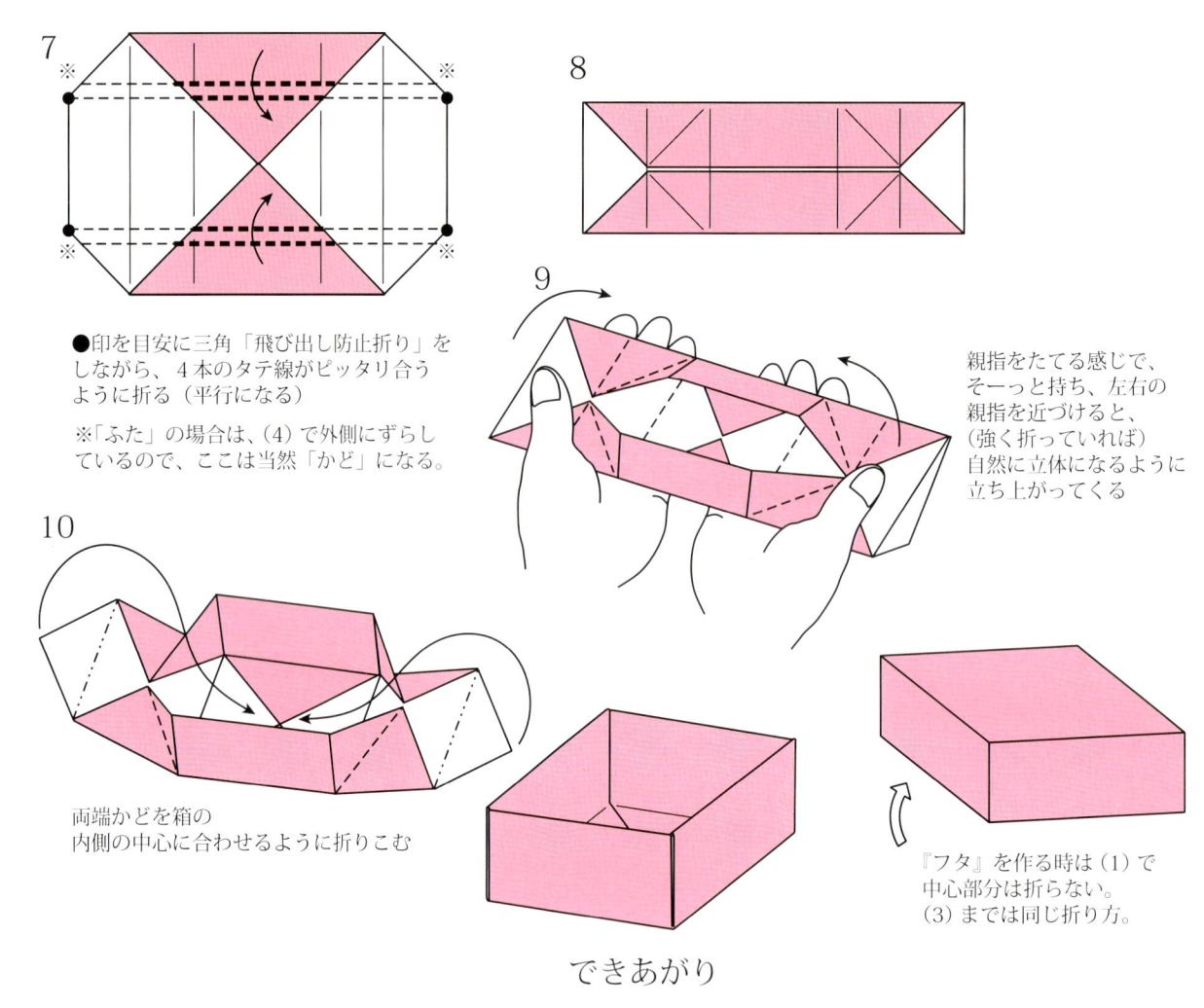

『フタ』を作る時は (1) で中心部分は折らない。(3) までは同じ折り方。

できあがり

この折り方は20年程前に、阿部恒先生に教わりましたが、視覚障害の方への講習の時、また、メッシュを折る時に (6) で全部を広げないほうが (7) で「かど」を目安に折れるので、この図で紹介しています。

いつもと違う重ね箱

伝承の重ね箱は「折り紙体験教室」で講習メニューに入れると喜ばれます。「知ってる！簡単よ！」と言う人でも、「今日は特別きれいにできた！」「材質をかえるとステキ！」という感想が。重ね箱をどんどん小さくして、1cm角で折った極小のツイストローズを飾ったり、入れたりすると喜ばれます。（10頁参照）

13. カーネーション（ツイストローズ No.2 からの応用）

ツイストローズ No.2 の途中から発展の作品。カード仕立て、わんわんカーネーション、花束など用途は多彩。

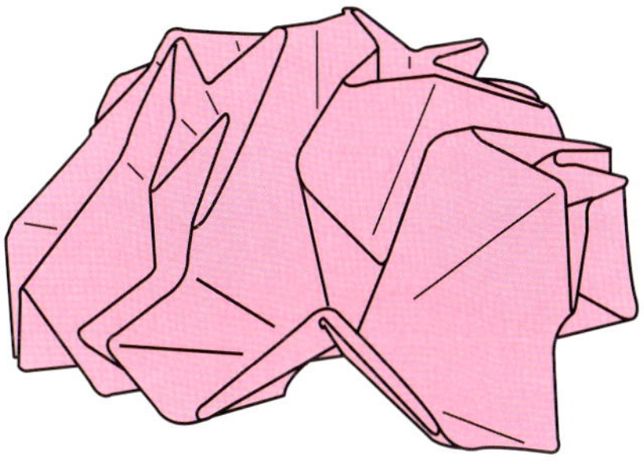

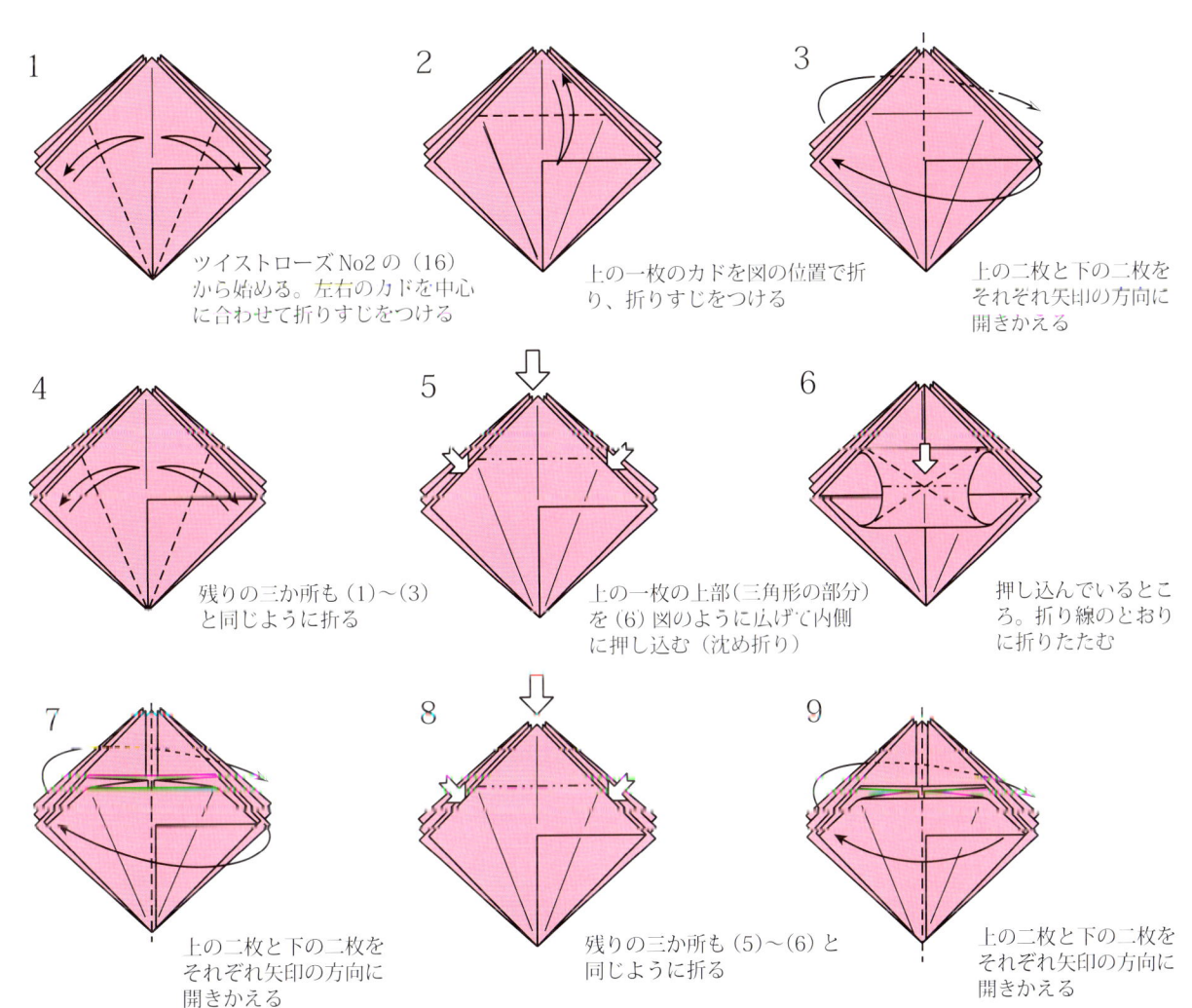

1

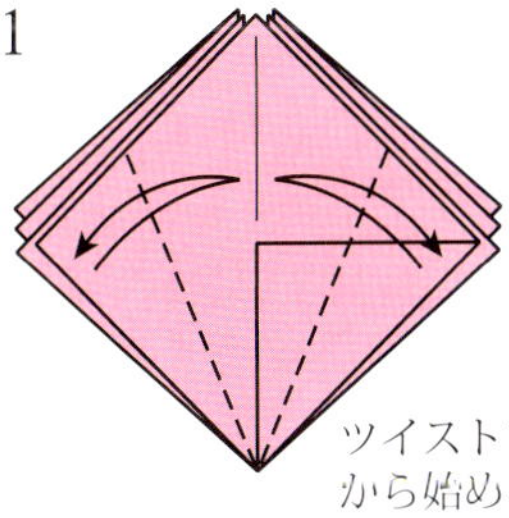

ツイストローズ No2 の（16）から始める。左右のカドを中心に合わせて折りすじをつける

2

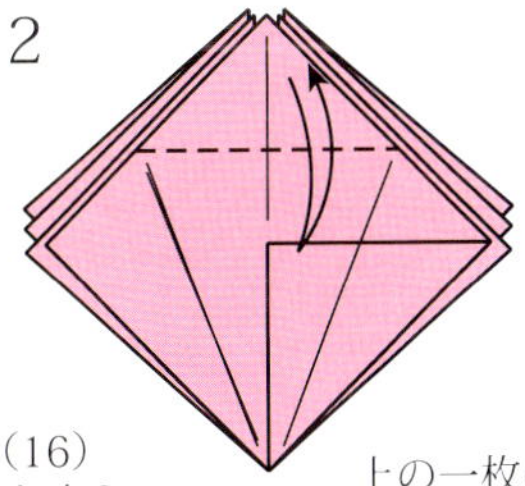

上の一枚のカドを図の位置で折り、折りすじをつける

3

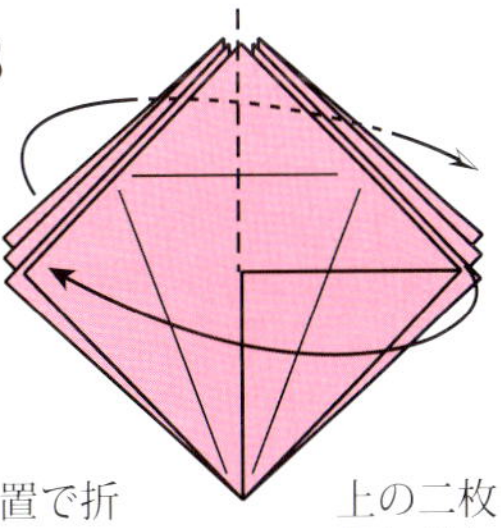

上の二枚と下の二枚をそれぞれ矢印の方向に開きかえる

4

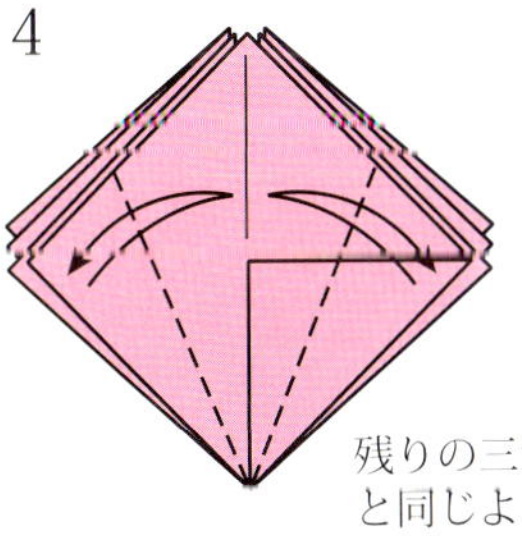

残りの三か所も（1）～（3）と同じように折る

5

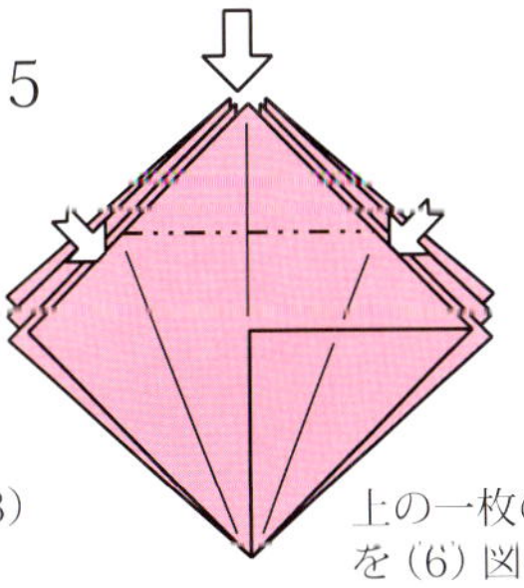

上の一枚の上部（三角形の部分）を（6）図のように広げて内側に押し込む（沈め折り）

6

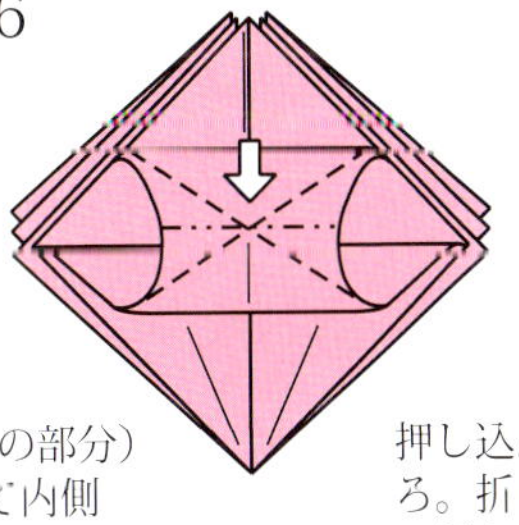

押し込んでいるところ。折り線のとおりに折りたたむ

7

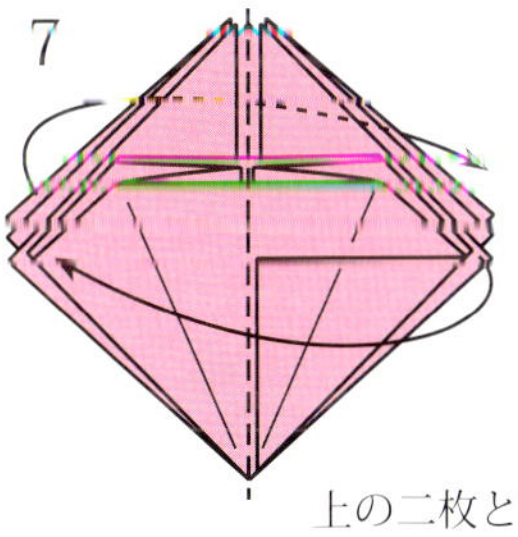

上の二枚と下の二枚をそれぞれ矢印の方向に開きかえる

8

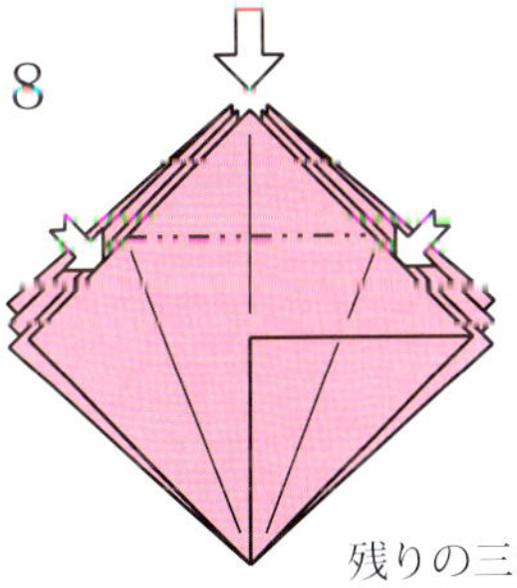

残りの三か所も（5）～（6）と同じように折る

9

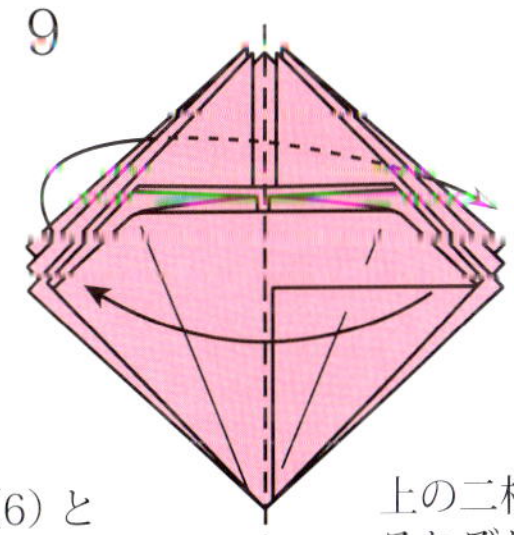

上の二枚と下の二枚をそれぞれ矢印の方向に開きかえる

10

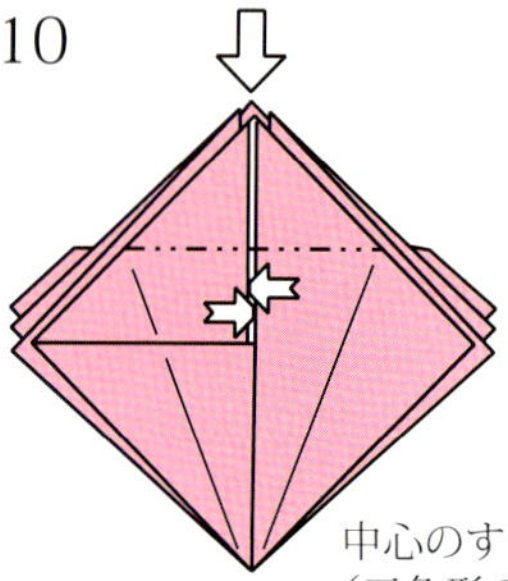

中心のすき間を開き、上部（三角形の部分）を内側に押し込む

11

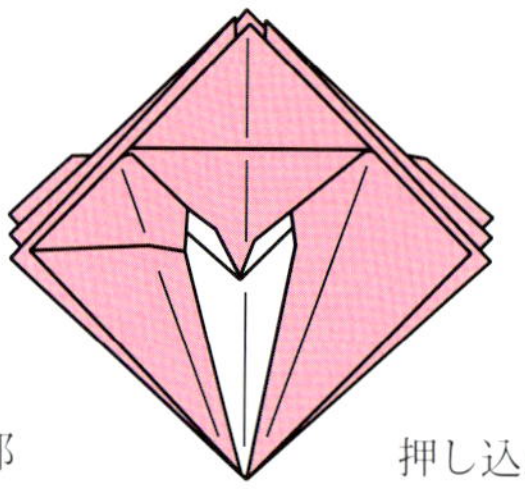

押し込んでいるところ

12

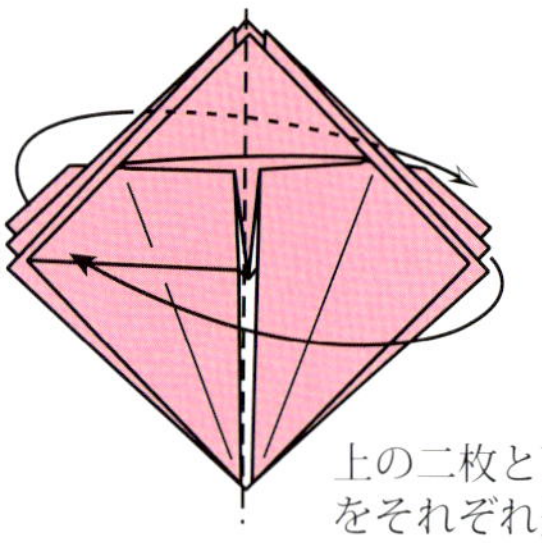

上の二枚と下の二枚をそれぞれ矢印の方向に開きかえる

13

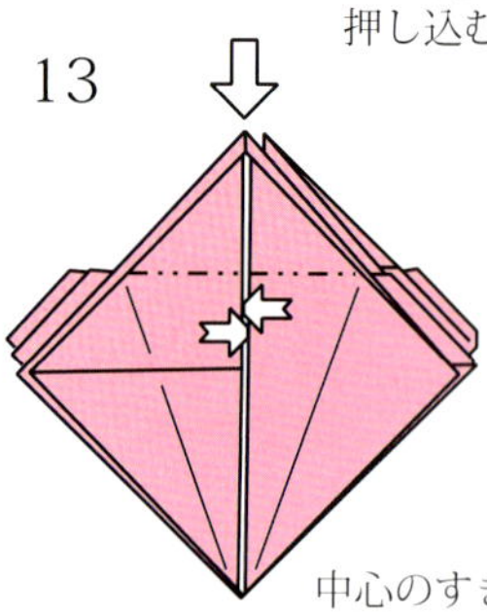

中心のすき間を開き、(10)〜(11) と同じように押し込む（残りの三か所も同様）

14

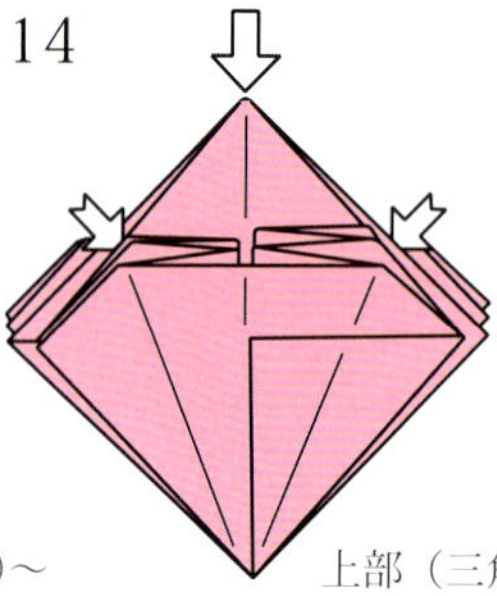

上部（三角形の部分）を内側に押し込む（沈め折り）

15

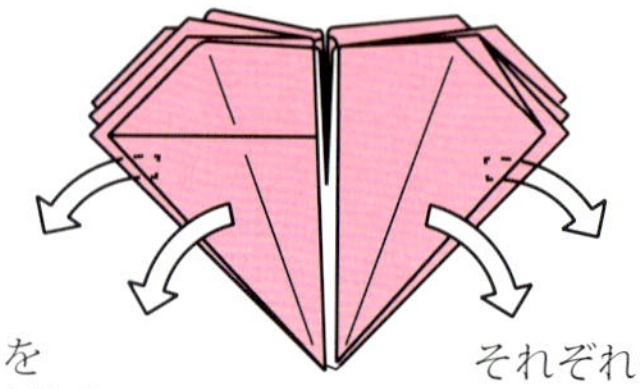

それぞれのカドを矢印の方向に広げて形を整える

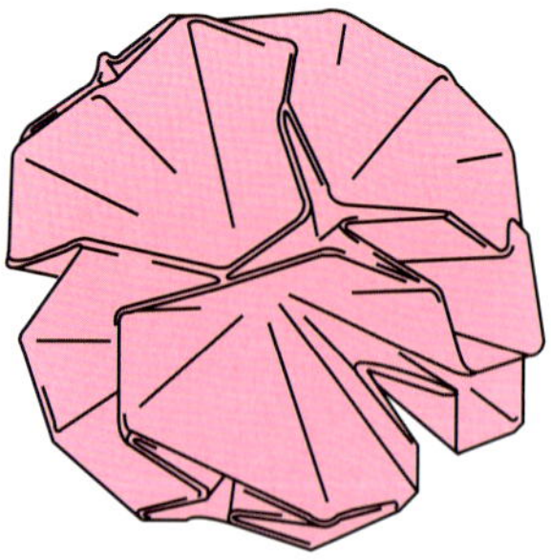

「おにぎり」をにぎるように手のひらの中で、やさしくまわして美しくしあげる

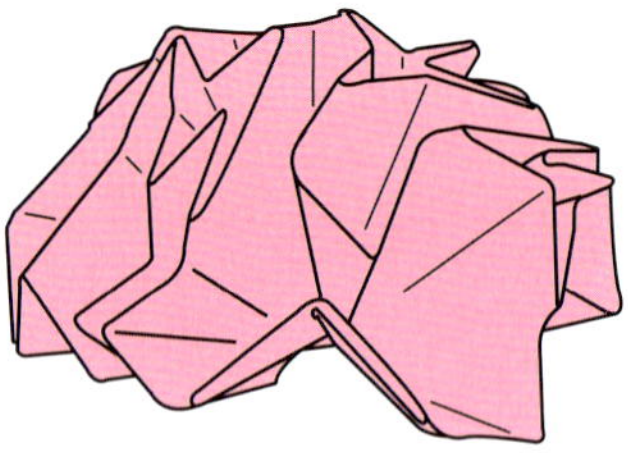

できあがり

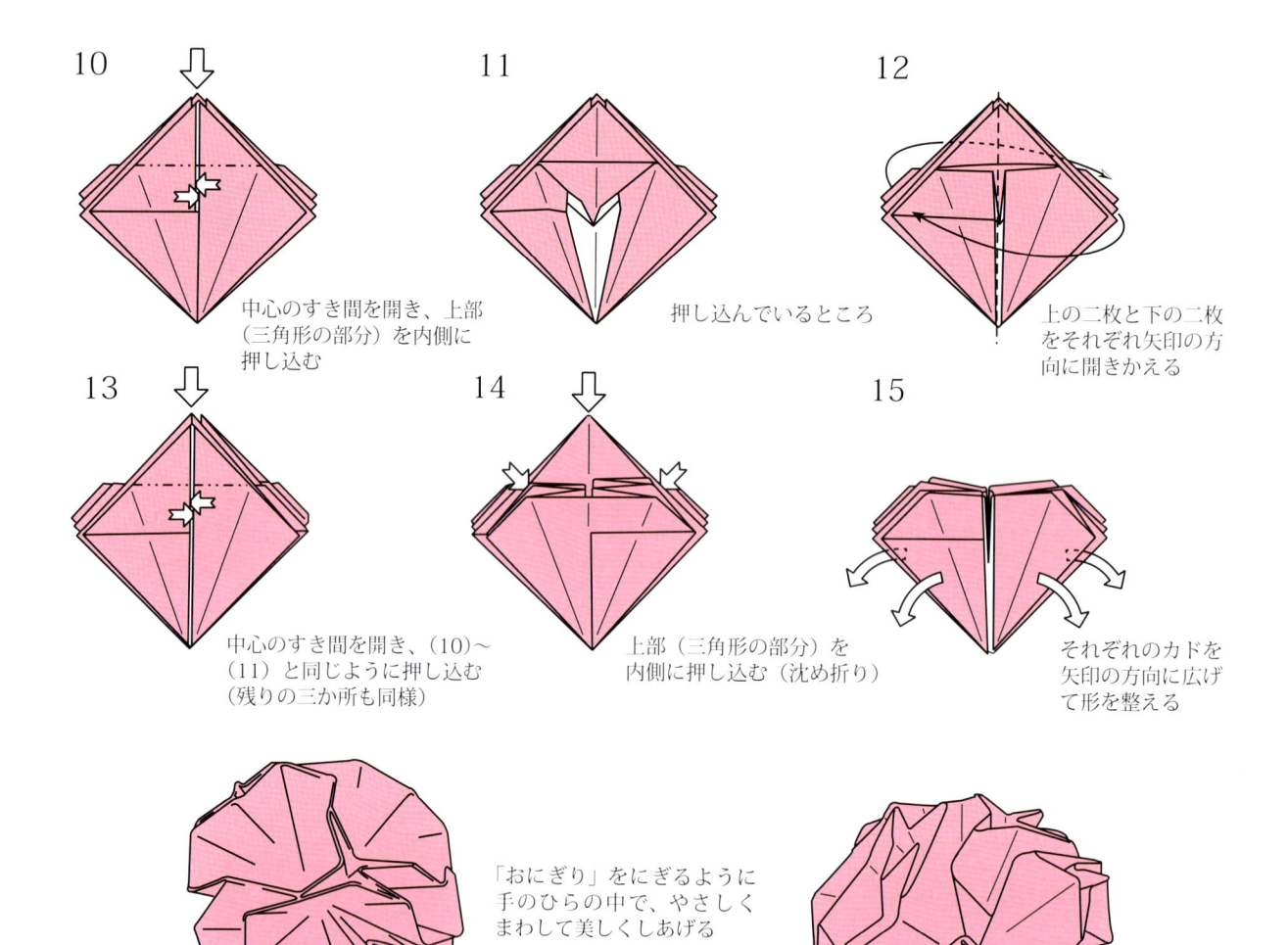

感謝の花は 愛の花から誕生

バラの品種の中に「プリンセス MICHIKO」と「プリンセス MASAKO」があります。私の心の中ではツイストローズ No.1 が「プリンセス MICHIKO」、No.2 が「プリンセス MASAKO」です。雅子妃がご出産後の記者会見で、涙をうかべて「生まれてきてくれてありがとう」と感謝の言葉を述べられました。感激した私は雅子妃のお気持ちを作品に折りこもうと、「ツイストローズ No. 2」の途中から「カーネーション」に発展させました。お誕生日の 12 月 1 日にちなみ、「ツイストローズ No. 2」の 12 工程目をカーネーションの 1 番目としました。（折り図は詳しく描く為、12 より先になります）

私の作品には、このように「動機」や「エピソード」が秘められているせいでしょうか、折り紙作家の川井淑子先生は「あなたの作品には命の輝きがある！ これは誰にもマネできない！」と落ち込んでいた時、励まして下さいました。その「言葉の力」で、私は迷い道から抜け出せました。先生へ感謝を込めてツイストローズを散りばめた和紙 1 枚折りの帽子を贈りました。

14. 蛙のケロちゃん

若ガエル、よみガエル、無事カエル、福カエル、優勝旗持ちカエル！など、いろいろなメッセージをつけてプレゼント。
チビカエルをつなげて「ジェンカを踊るケロちゃん」はカワイイ！

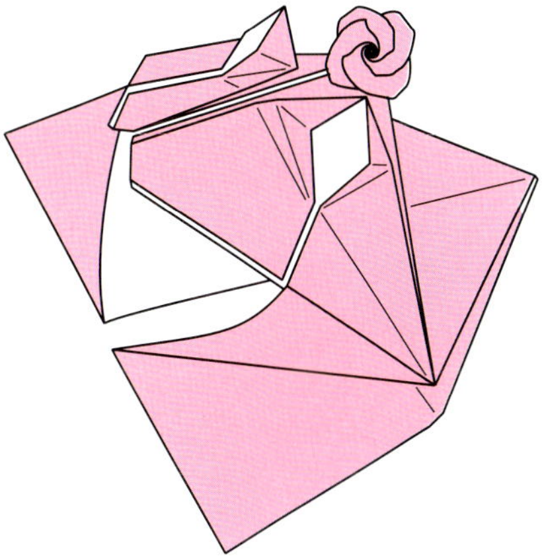

1

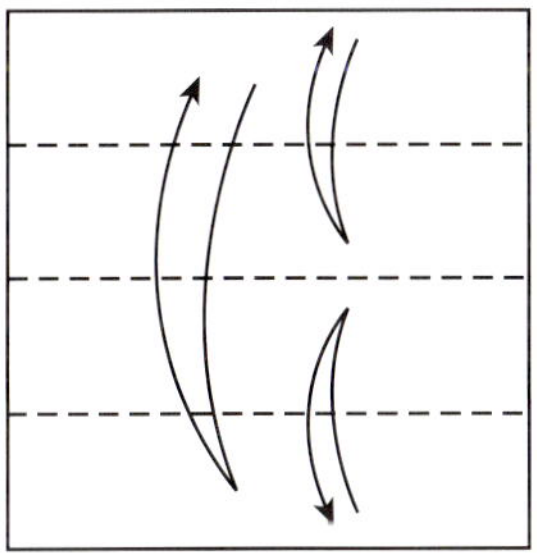

2

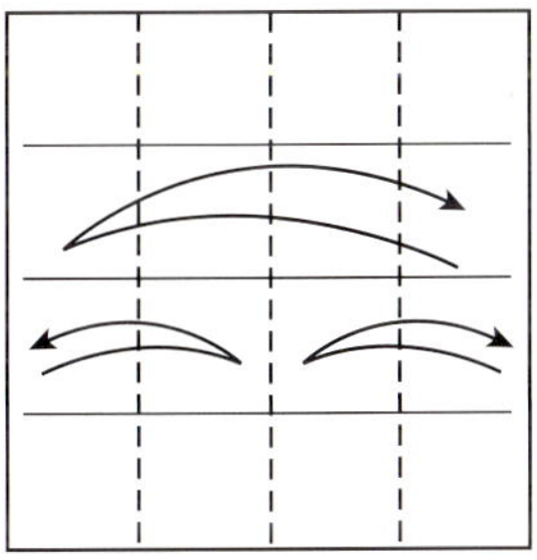

3

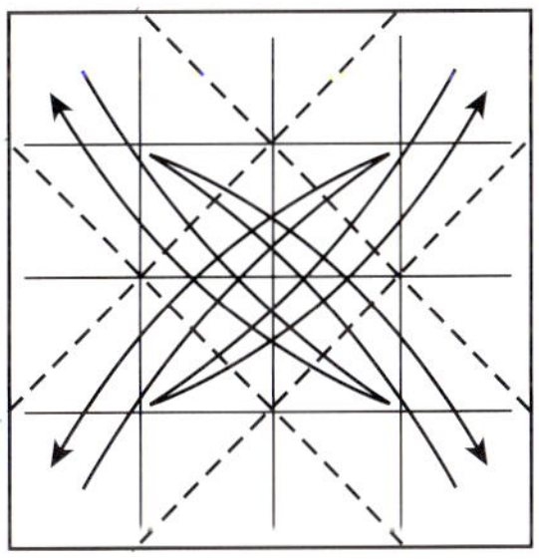

かどから１つ手前の交差点にむかって折りすじをつける

4

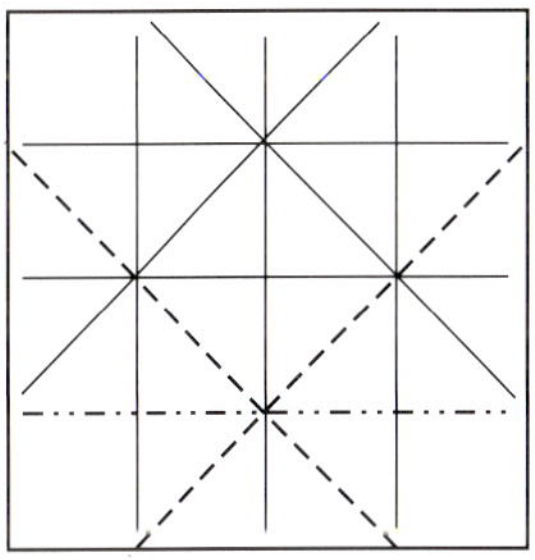

（5）の図を見ながら引き寄せるように折りたたむ

5

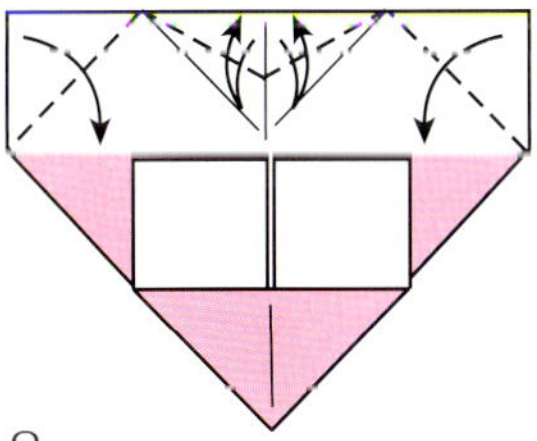

6

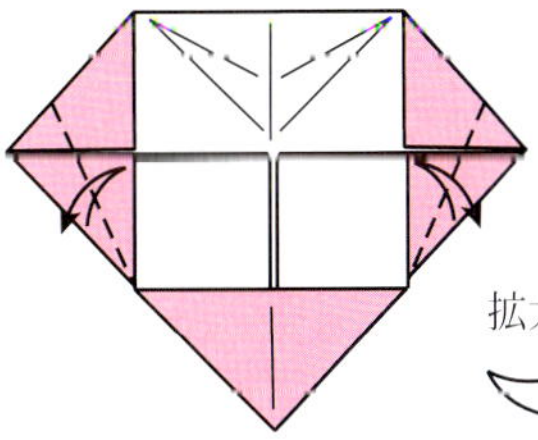

拡大

7

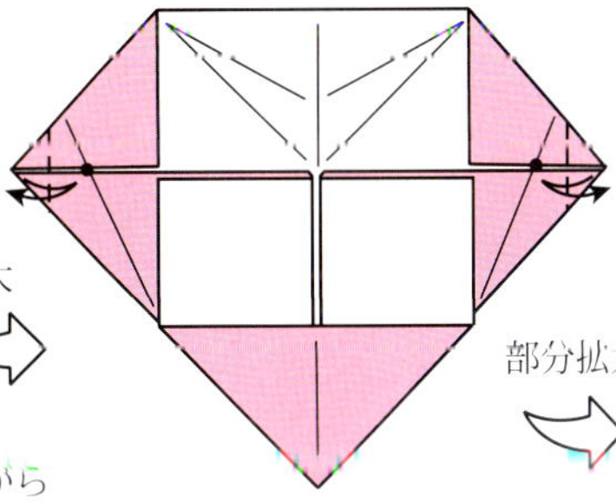

部分拡大

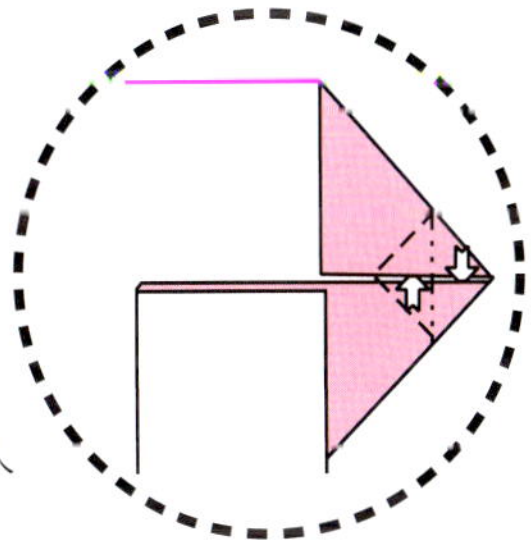

開いてつぶす（左側も同じ）

8

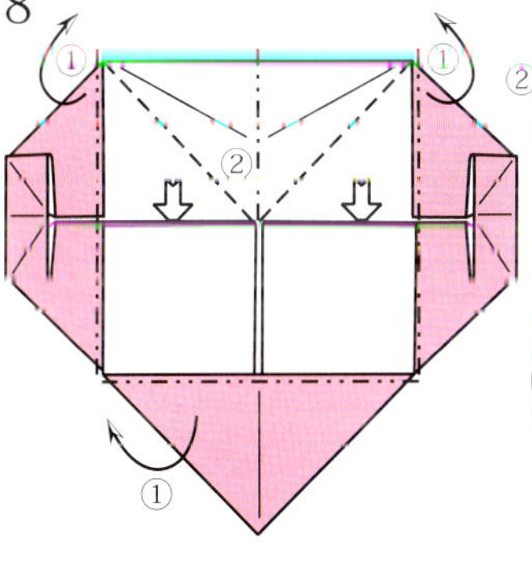

②口になる部分を開けながら頭を三角錐に立体化する

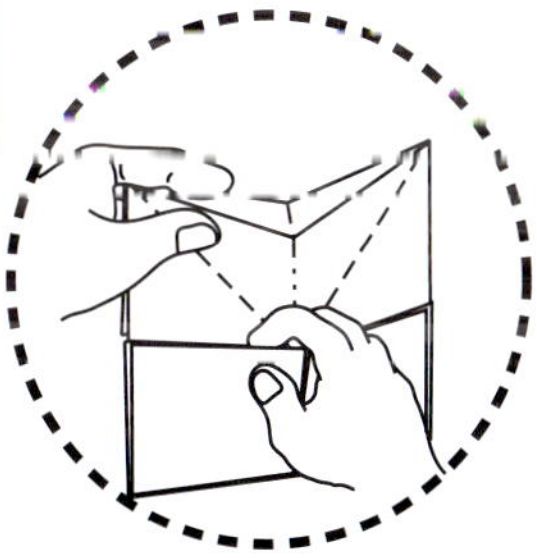

①山折りを強くいれる

9

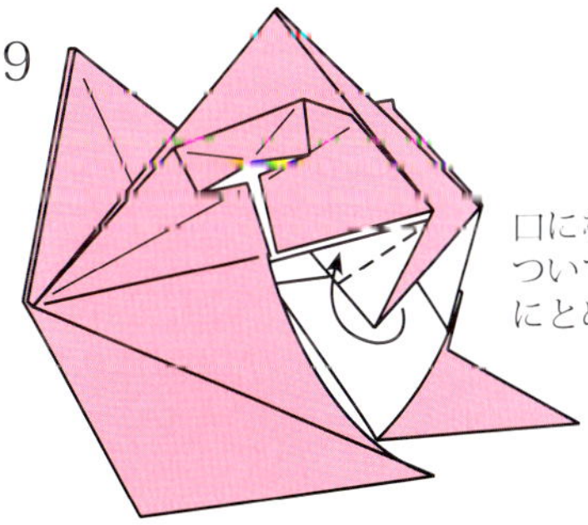

口になるところを引き寄せついているすじで２枚一緒にとめ折り

10

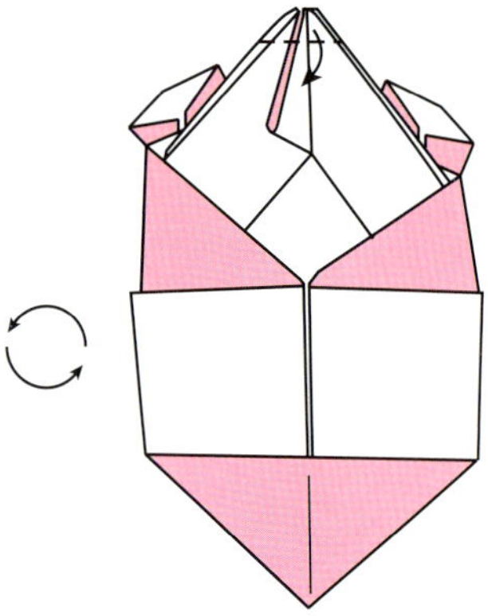

口の先をとめ折り

頭にツイストローズ No.1 をのり付けし、
目を半開きにする

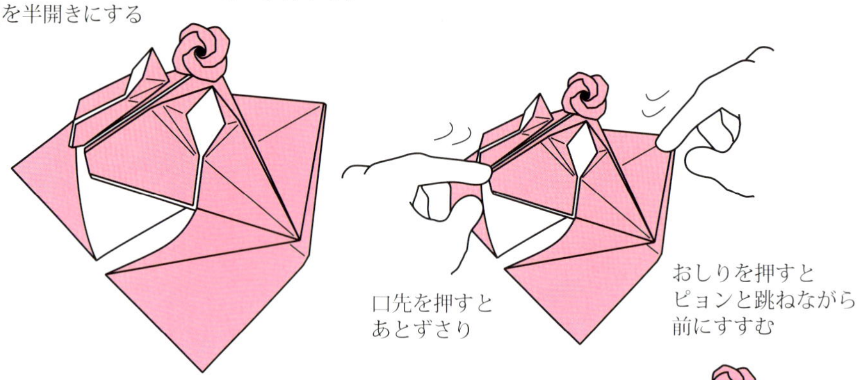

口先を押すと
あとずさり

おしりを押すと
ピョンと跳ねながら
前にすすむ

できあがり

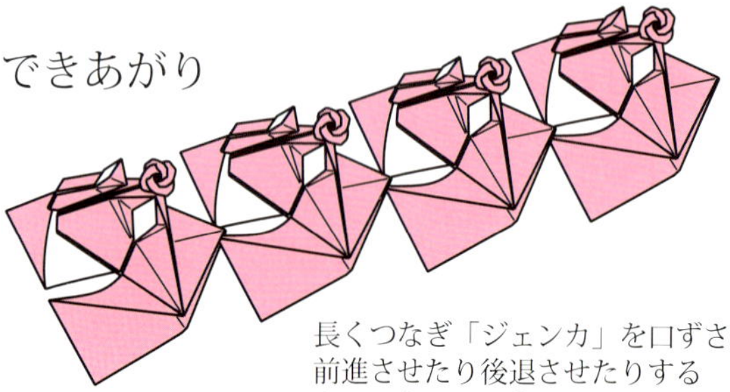

長くつなぎ「ジェンカ」を口ずさみながら
前進させたり後退させたりする
（つなげるタイプは 7.5cm 角で折るとカワイイ）

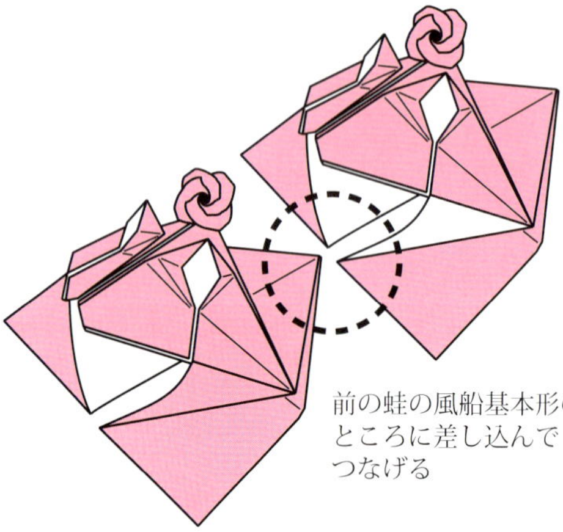

前の蛙の風船基本形の
ところに差し込んで
つなげる

カエルの子はカエル？

私の父は、何でも手作りする人でした。庭には鉄棒、ブランコを作り、木の箱にフタと背もたれをつけ、きれいな紙を貼って収納できる椅子を作ってくれました。今のような材料がなんでも揃う大型店がない時代でした。母は「もったいない精神」の持ち主でしたので、ふたりのＤＮＡをもらった私は、身のまわりの布キレ、棒キレ、板キレなど工夫して遊んだ記憶があります。結婚し、子育てと介護が重なりましたが、手作りの心、工夫の心で子育てを楽しみました。夫と二人で庭に幼児から小学生が楽しめる構造のジャングルジムを作ったり、手作り絵本を作ったり... この延長線上に今があります。

2012 年「第 12 回おりがみカーニバル」（日本折紙協会・こどもの城主催）に、「作品にかこまれた希（木）望の部屋」の作品を出展しました。カーニバルのテーマは「希望」。震災後「奇蹟の一本松」が多くの人に希望を与えましたので、すべて「木の折り紙」で折りました。窓のブラインドを「つなぎツイストローズ」で作り、「希望の光」がさしこむリビングルームにしました。折り紙作品に囲まれた部屋で、うさぎの親子が初めてのかくれんぼをしているところです。ママが「もういいかい？」と言うと、チビちゃんが「もういいよ」と言いながら、隠れていないかわいらしさ....。子供達と楽しく過ごした幼い日の想い出も作品の中に入れました。作品は「下中邦彦賞」を受賞し、その後、日本折紙協会「おりがみミュージアム」（墨田区）に展示されています。ケースに入っていませんので「疲れ感」がありますが、リクエストするとブラインドに「希望の光」がさしこみます。

15. おはなし折り紙「柿じゃないよ〜りんごだよ」

「りんご」創作：藤本修三 「茎」アレンジ：井口一郎 「ツイストローズ（5弁）」 創作・おはなし折り紙：鈴木恵美子。
「柿かな？ ヘタを取るとツイストローズの吹きゴマだ！ 中はキャンディボックス！ 空っぽをひっくり返すとりんごだ！」

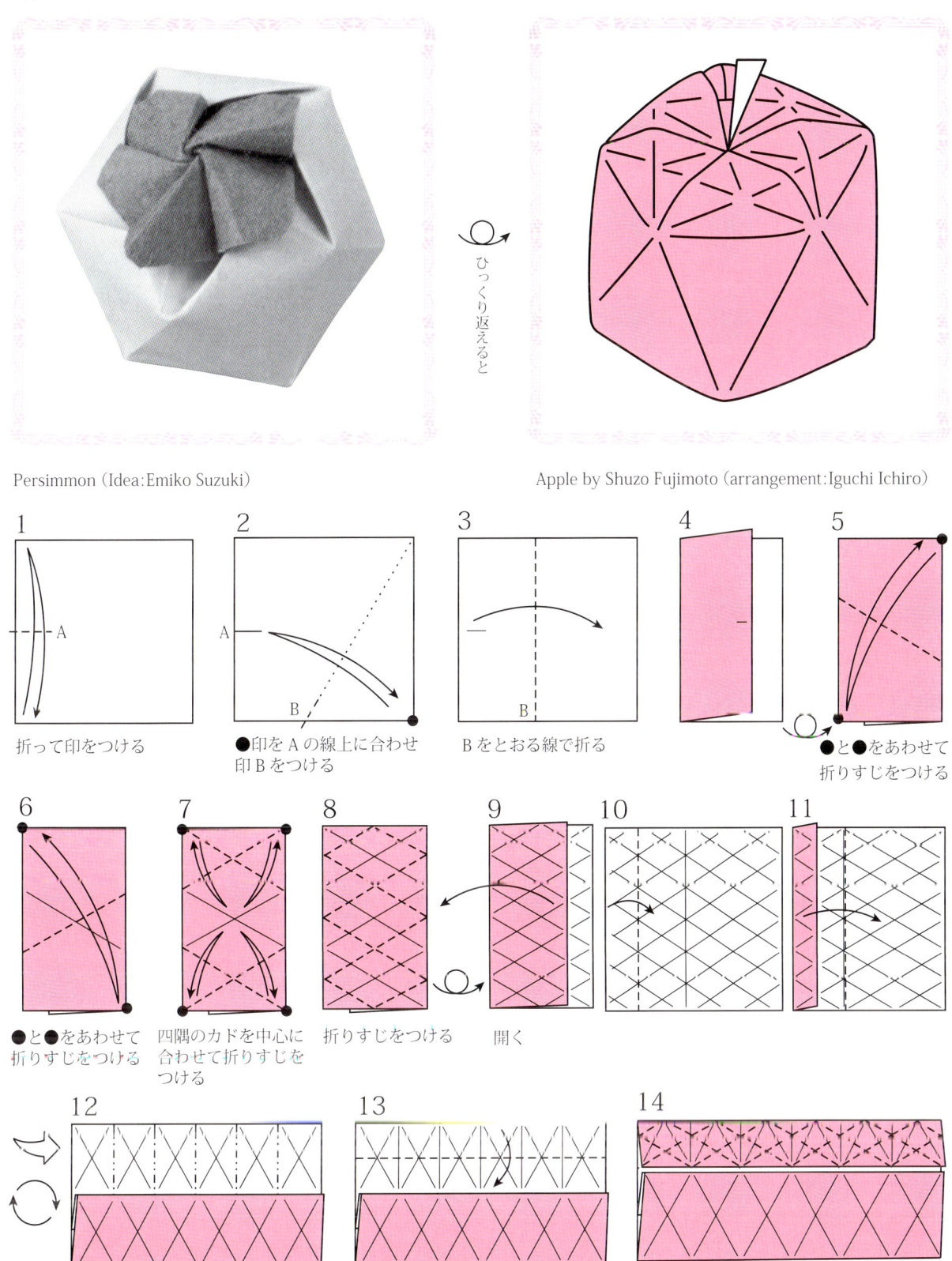

ひっくり返えると

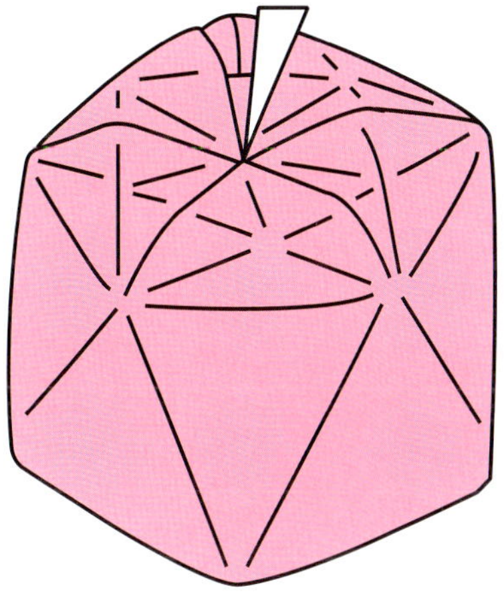

Persimmon (Idea:Emiko Suzuki)

Apple by Shuzo Fujimoto (arrangement:Iguchi Ichiro)

1

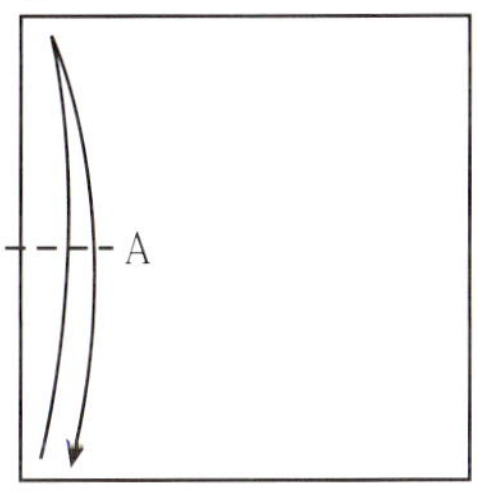

折って印をつける

2

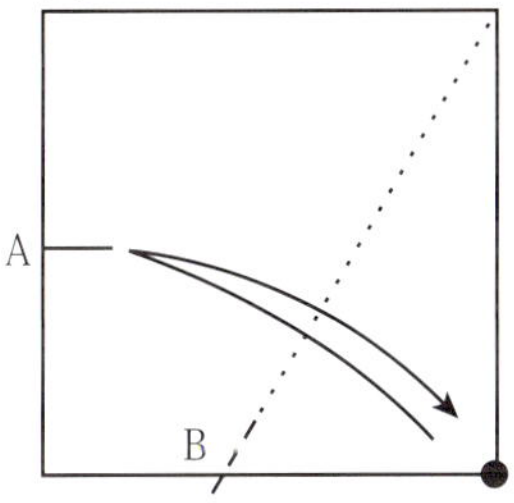

●印をAの線上に合わせ
印Bをつける

3

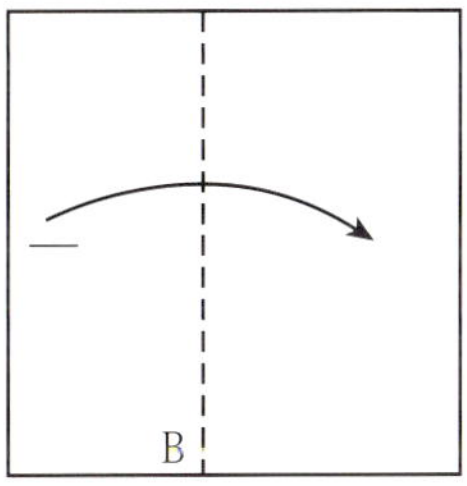

Bをとおる線で折る

4

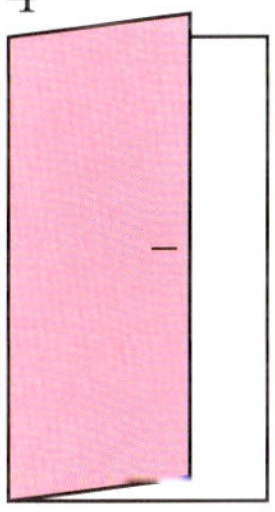

5

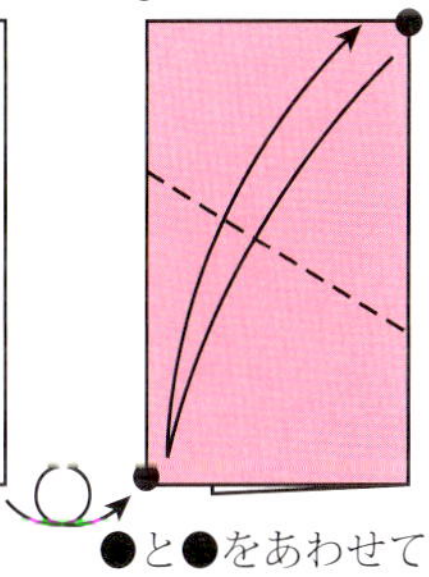

●と●をあわせて
折りすじをつける

6

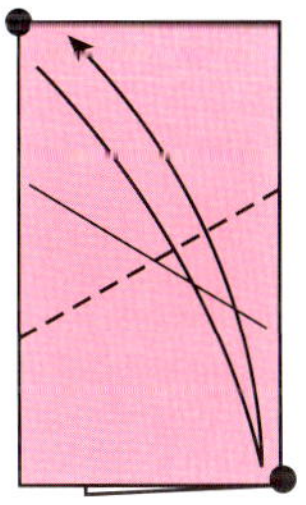

●と●をあわせて
折りすじをつける

7

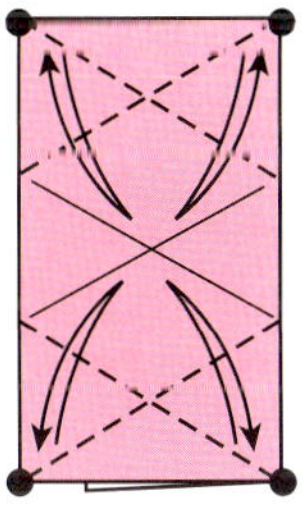

四隅のカドを中心に
合わせて折りすじを
つける

8

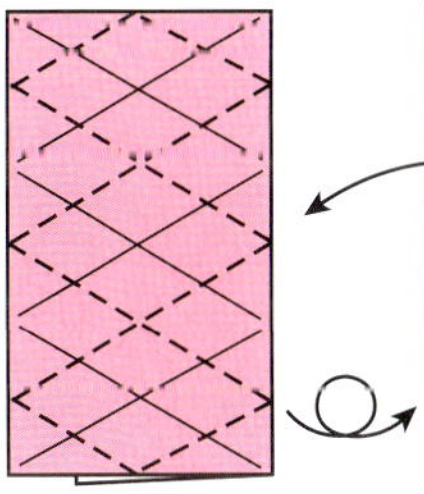

折りすじをつける

9

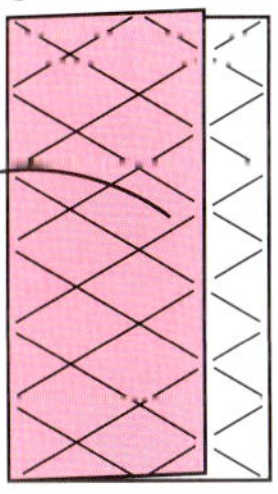

開く

10

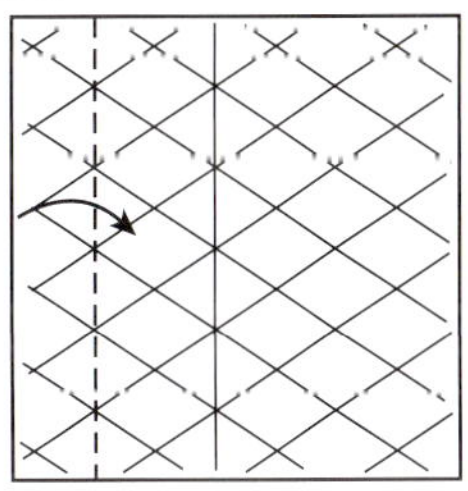

11

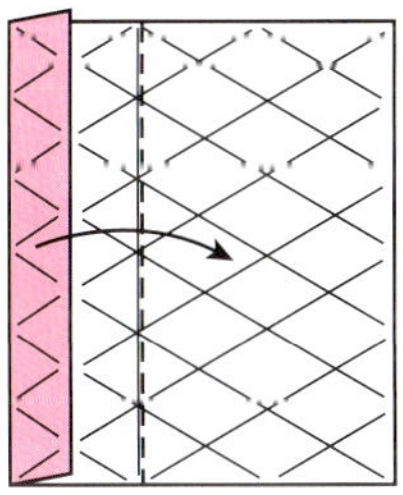

12

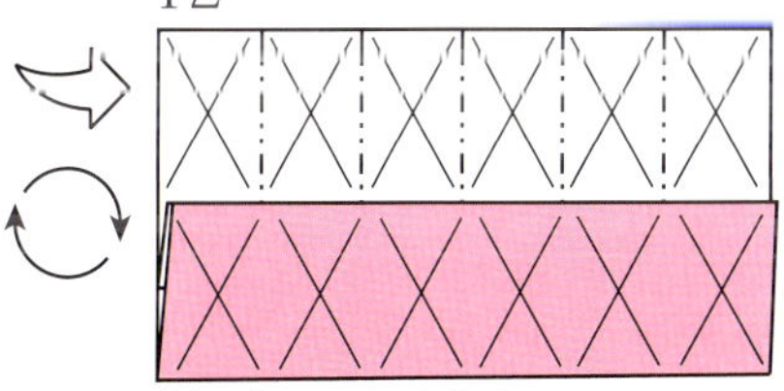

折りすじをつけます

13

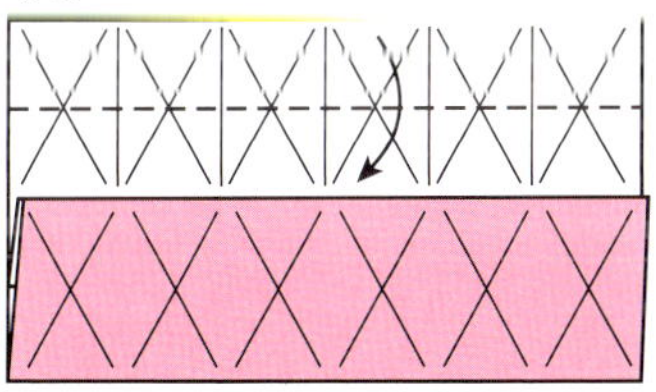

折りすじをつけます

14

15

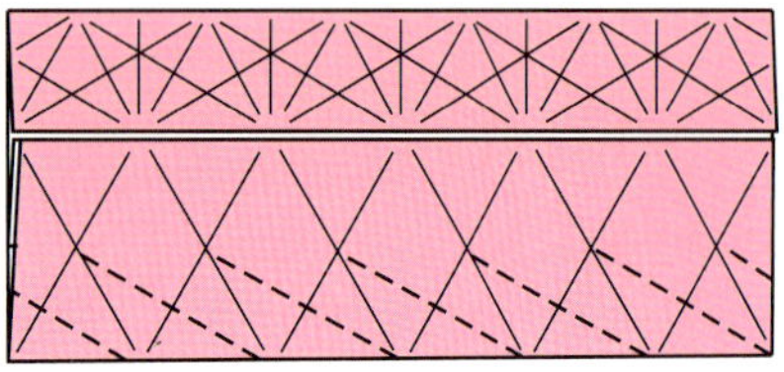

折りすじをつけます

16

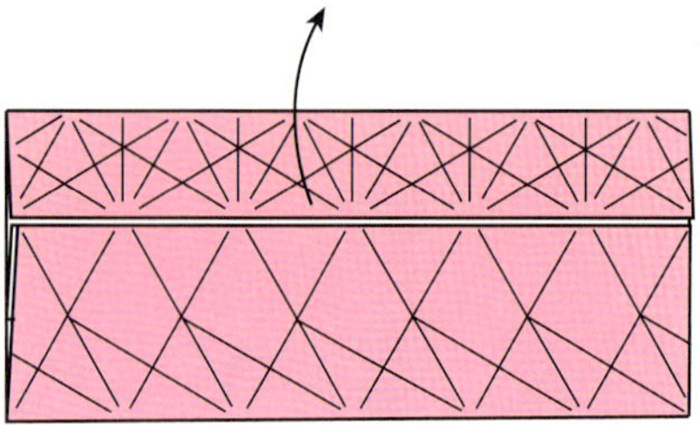

開き

17

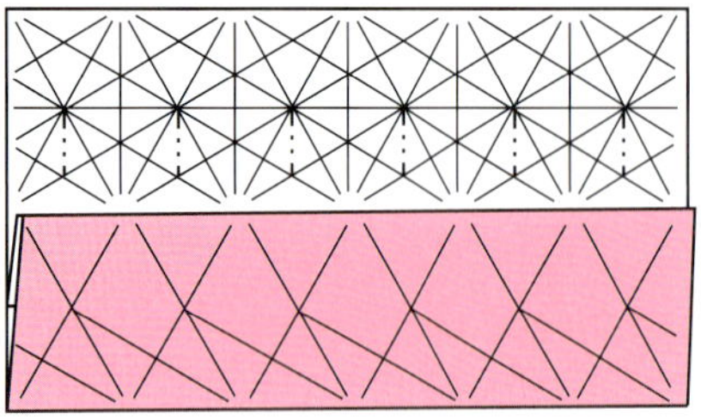

折りすじをつけます

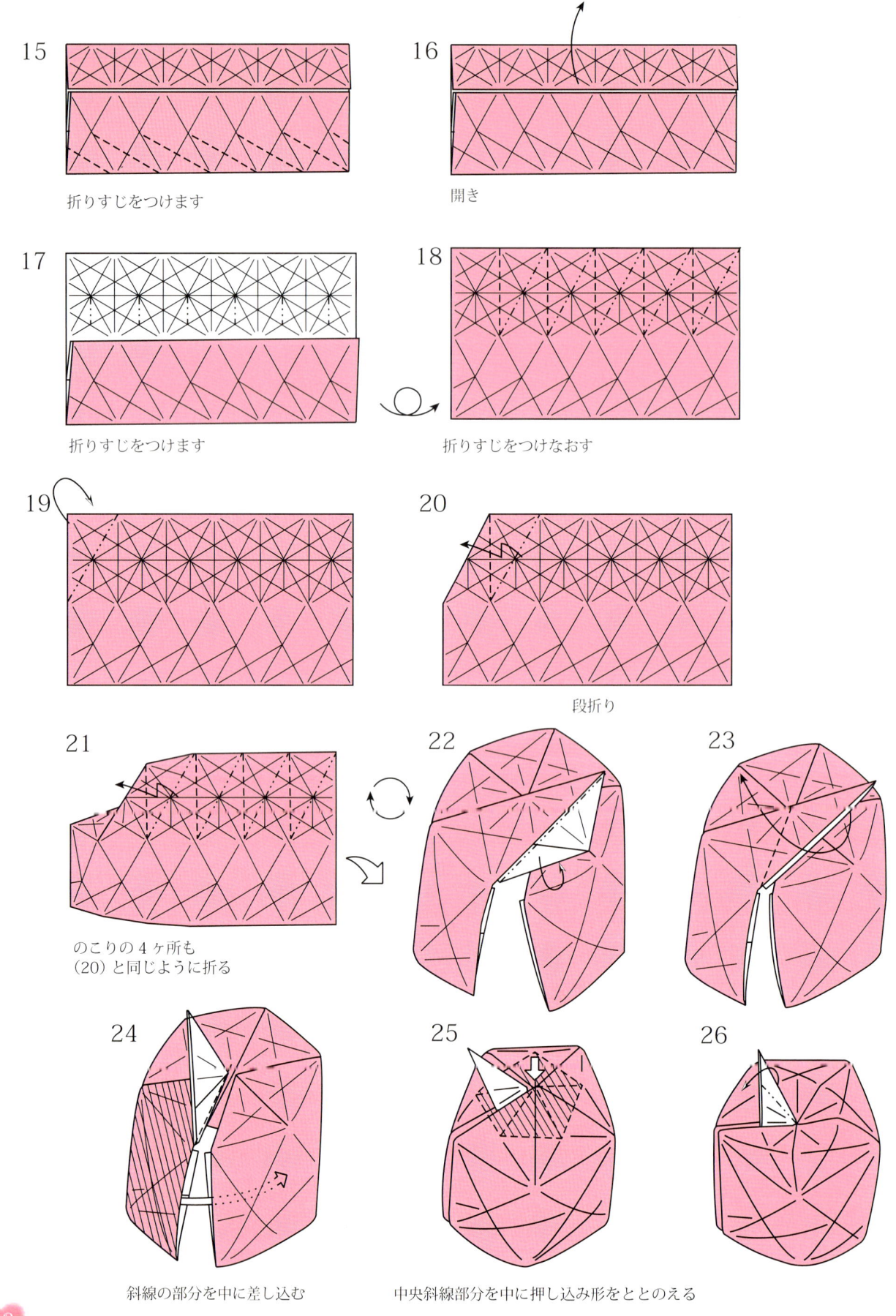

18

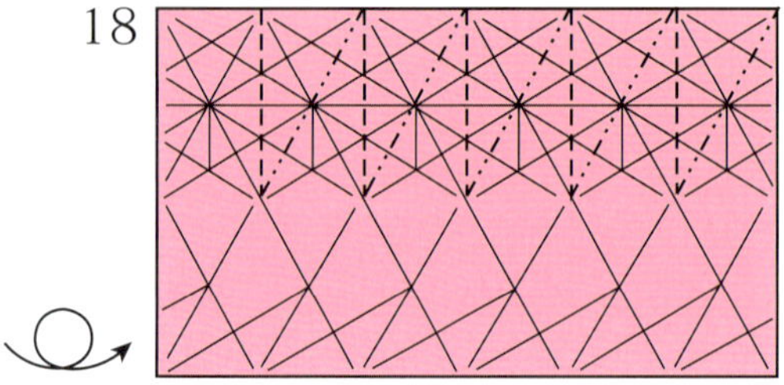

折りすじをつけなおす

19

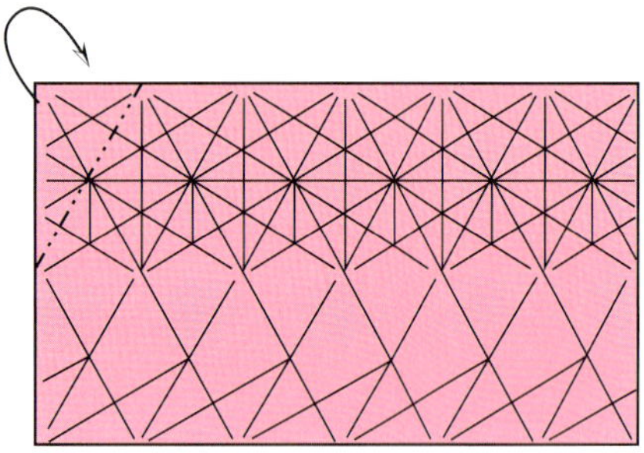

20

段折り

21

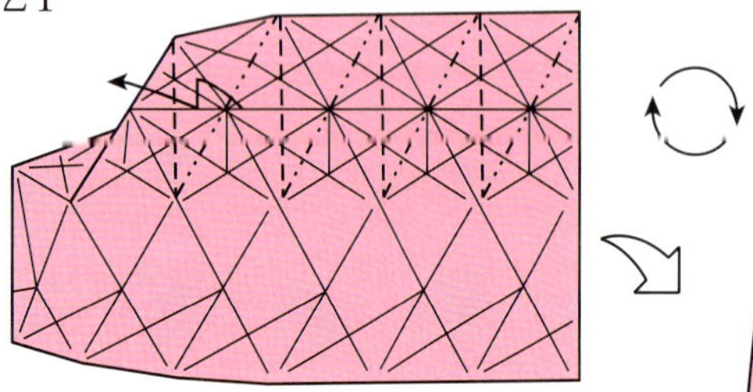

のこりの 4 ヶ所も
(20) と同じように折る

22

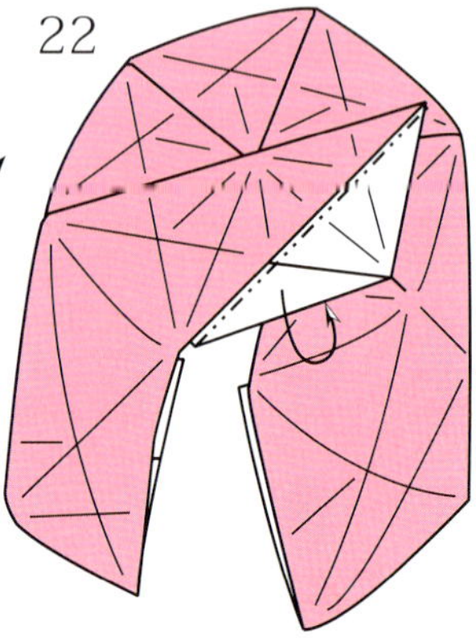

23

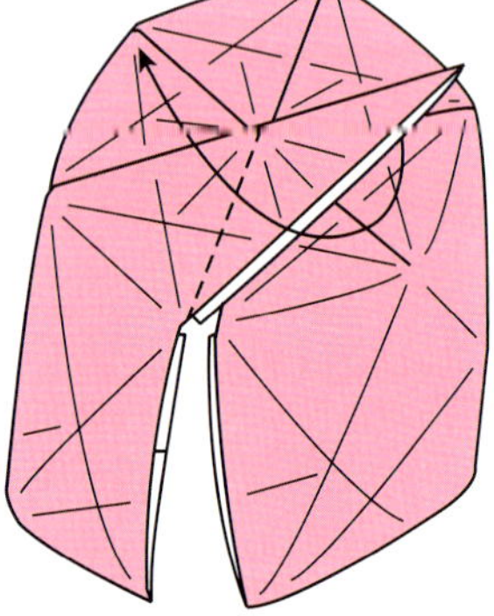

24

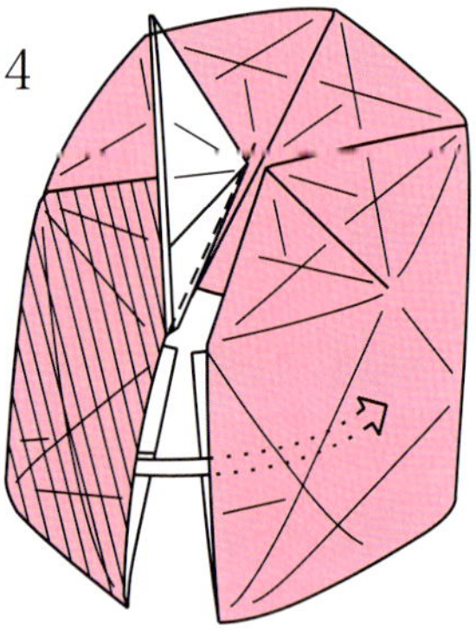

斜線の部分を中に差し込む

25

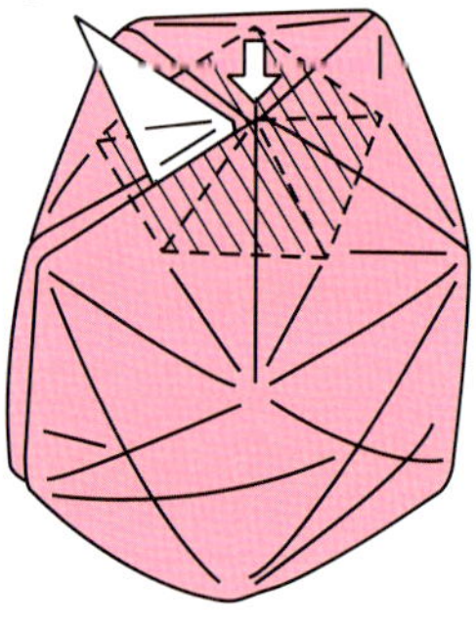

26

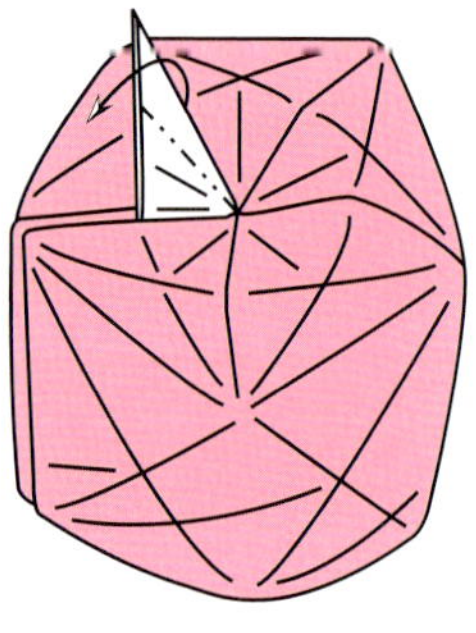

中央斜線部分を中に押し込み形をととのえる

27

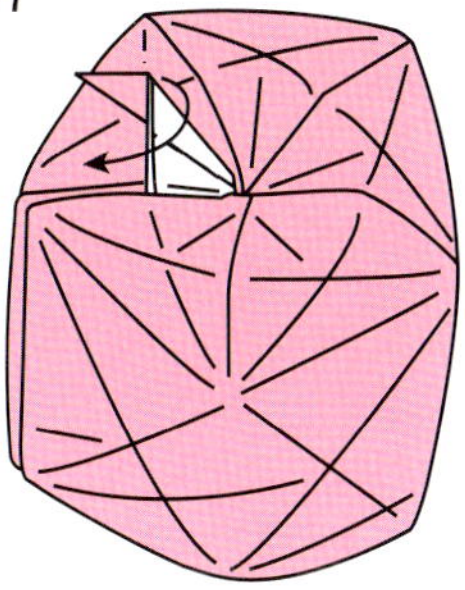

28

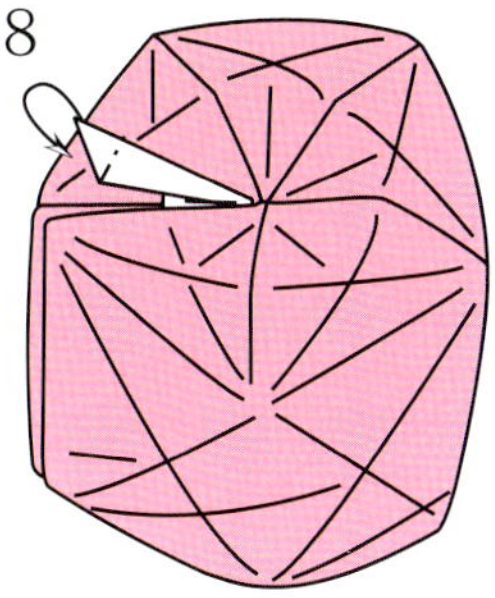

折ってとめる

29

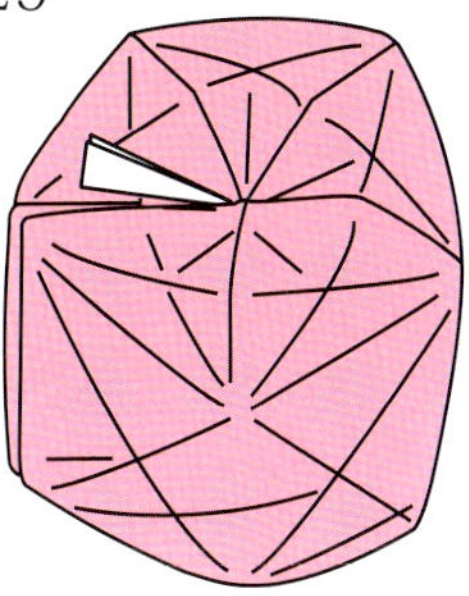

30

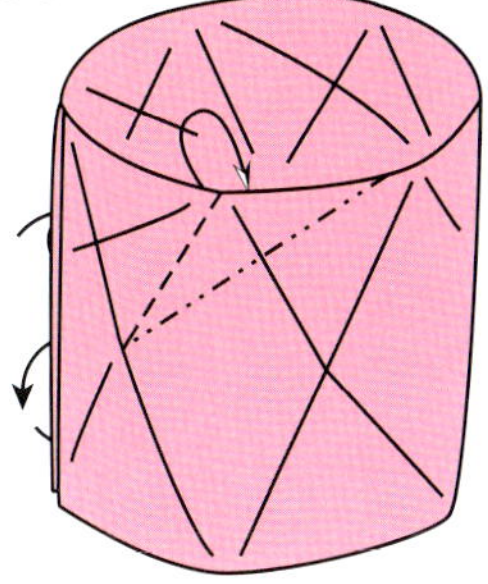

折りこむ

31

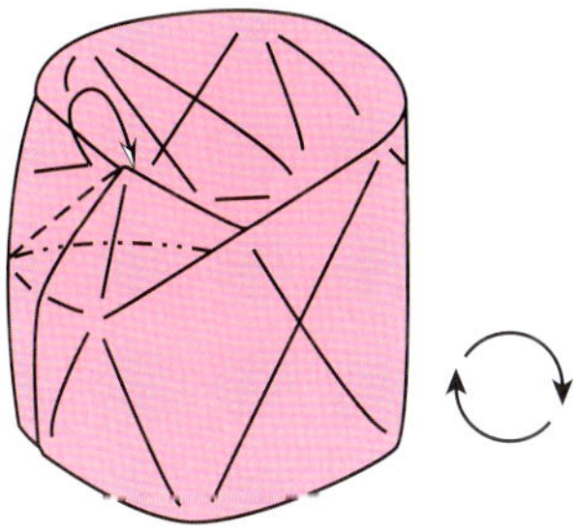

残りの５か所も
(10) と同じように折る

32

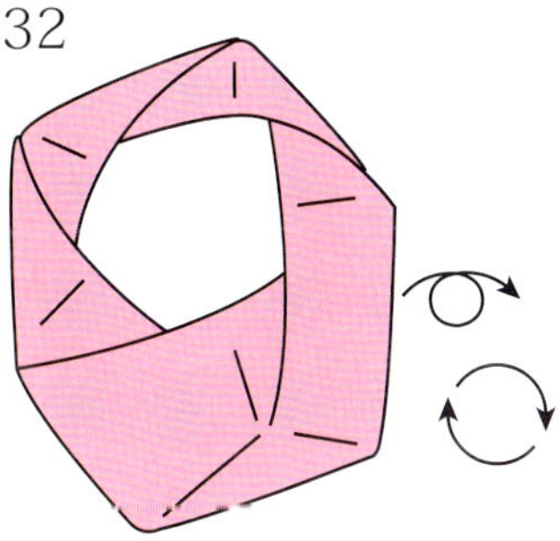

上から見た図

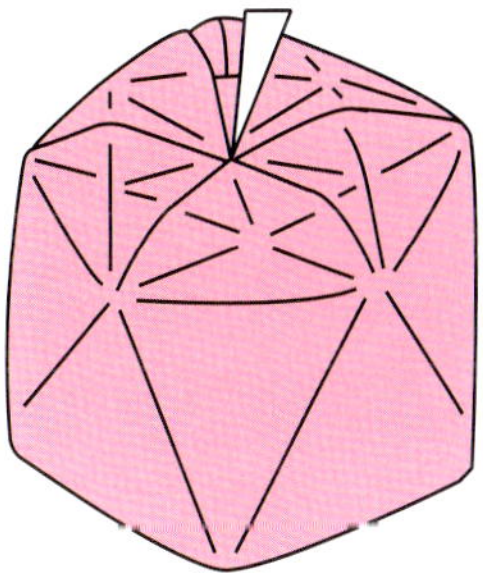

できあがり

「五弁のツイストローズ」「柿のへた」

(正五角形の作り方 (1) から (10) は次頁)

つまようじ５本の上部を
輪ゴムで束ねたものを用意

ツイストローズ No.1 参照

りんごの 1/4 の紙で
正五角形を作る

11

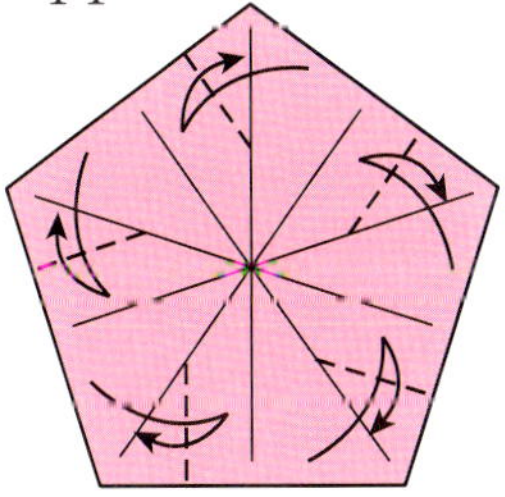

12

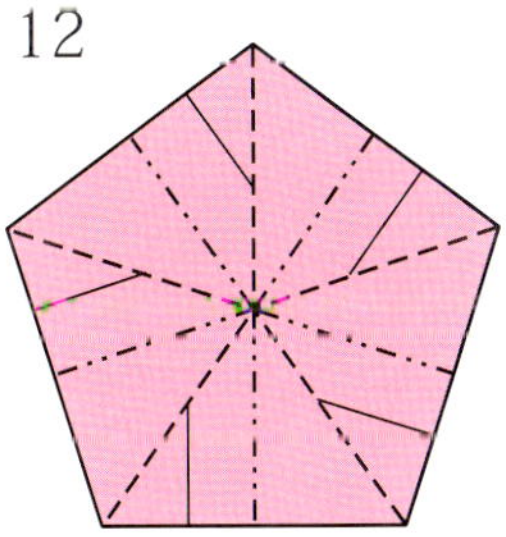

13

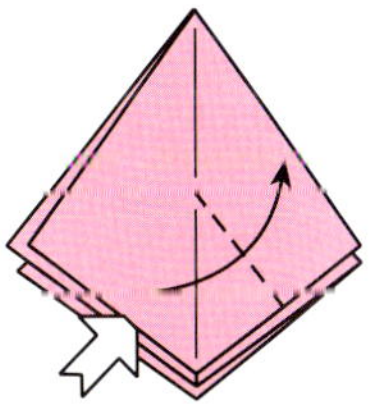

５辺を同じように折ると
半ひねり状態になる

14

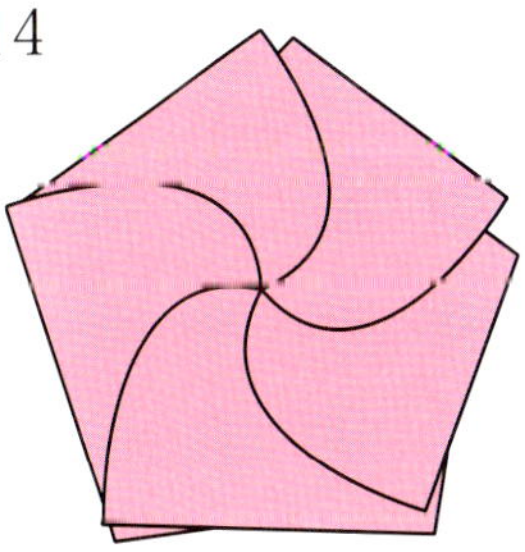

15

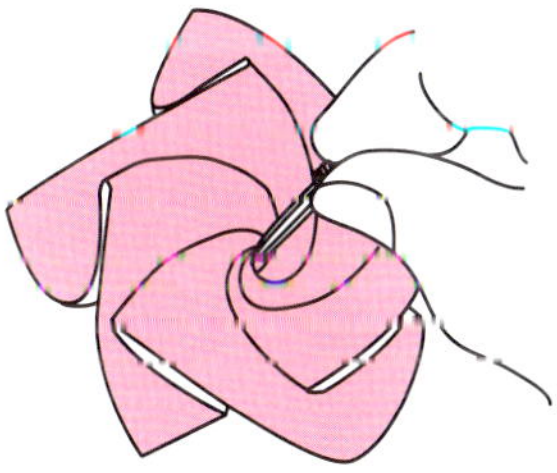

束ねたつまようじ５本を
差し込み
「ツイストローズ No.1」と
同じ要領で巻き、
ピンセットに変えて
中心を巻きながら押し込む

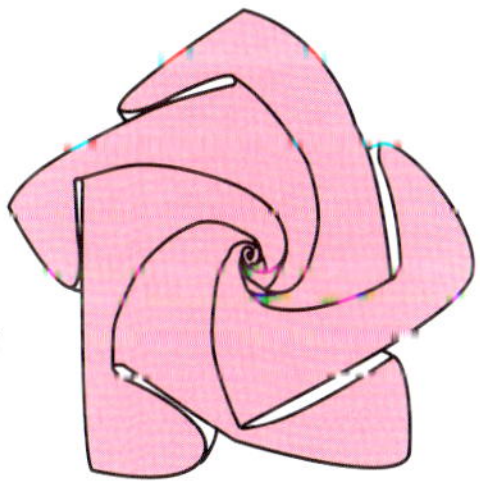

「五弁ツイストローズ」
できあがり

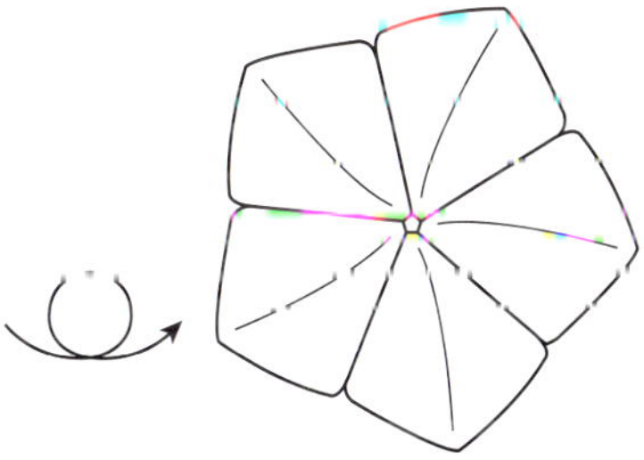

「柿のへた」
できあがり

正五角形の作り方 「五弁のツイストローズ」「柿のへた」に使用

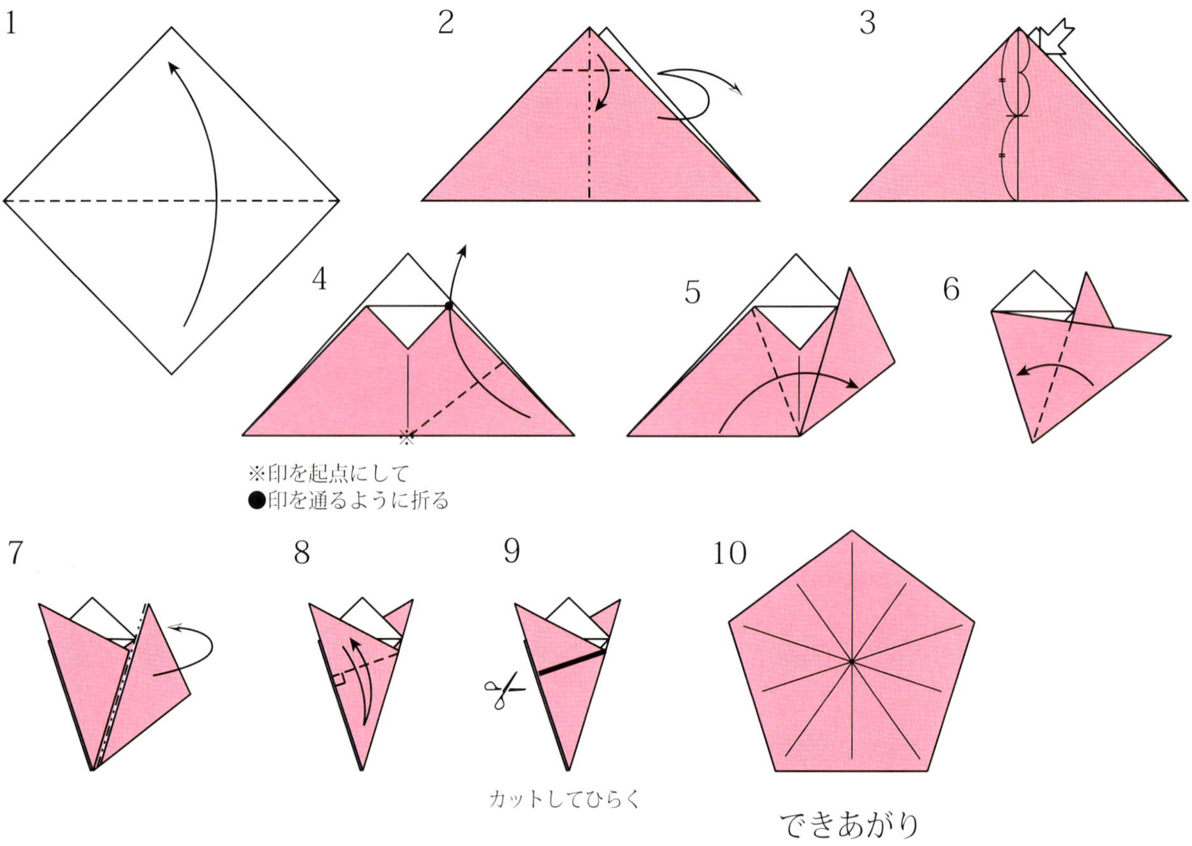
1
2
3
4
5
6
※
※印を起点にして
●印を通るように折る
7
8
9
10
カットしてひらく
できあがり

私を支えてくれる すてきな人達

幸せなことに私のまわりには「私の夢」を次々実現してくれる人達がいます。メッシュ折り紙の八下田織物（株）八下田社長は私のリクエストに年月をかけて「ラメ入りメッシュ」や「暗闇でほのかに光るメッシュ」を開発してくれました。記憶形状の（株）南海プリーツ吉波社長は「ツイストローズは布でできますよ」とお電話をかけてきて下さったのが約10年前。それ以来、遊び心がいっぱいの社長と私。♪あんなことできたらいいな♪ とつぶやくと、それを実現してくれます。和紙のつなぎツイストローズを見せた時、「おっ、これいいですね」「これが布でできたらパリコレ級じゃない？」。本業のかたわら、実現して下さる優しい人です。いなば和紙の房安寿美枝さんはアメリカで私の講習を受けて下さった時、私が「和紙のリバーシブルが欲しい」と何気なく言ったところ、私の作品に合うリバーシブル10種類を何度も何度も試作して作って下さいました。特に「連鶴用」の裏打ちは薄くて、張りがあって、しかも丈夫な折り心地満点のリバーシブル。皆さん、私を喜ばせてくれる職人気質の人達です。

16. あけてビックリ玉手箱

「ツインボックス」加藤渾一創作（コラボアイディア 鈴木恵美子)。「ツインボックス」4つを組み合せるコラボ作品。正方形から1：√ 2を切り取り、切り残した紙でツイストローズを作ります。

A, B ボックスより、
C, D ボックスを小さく作る
(紙の厚さにもよるが
2ミリ程度小さくする)
ツイストローズ No.4 を
4つ作り箱の上に飾る
ツイストローズ No.1 を
8つ作り箱の中に入れる

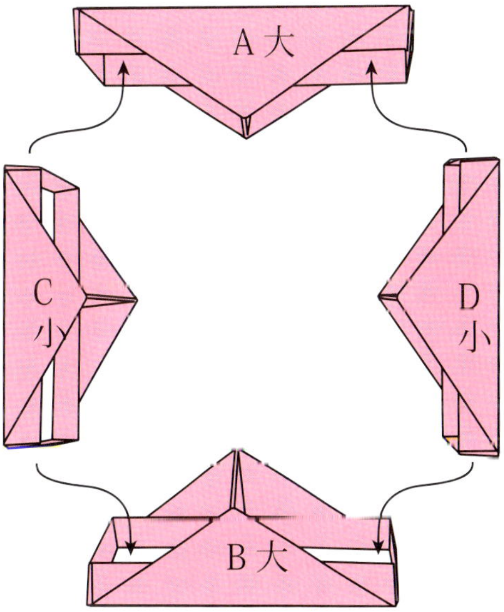

【正方形の紙から1：√2の長方形をカットして作る場合】

作品を作る紙と同サイズで型紙を作った方がムダなすじがつかない

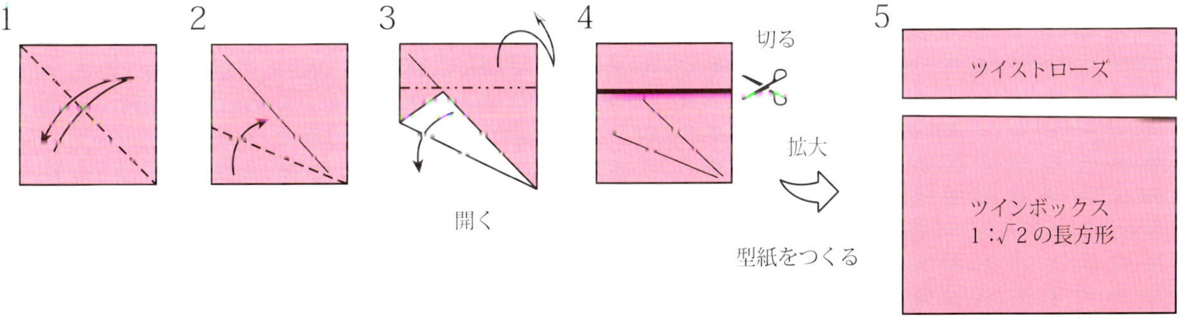

【5等分の折り方】 藤本修三式「漸近等分法」より

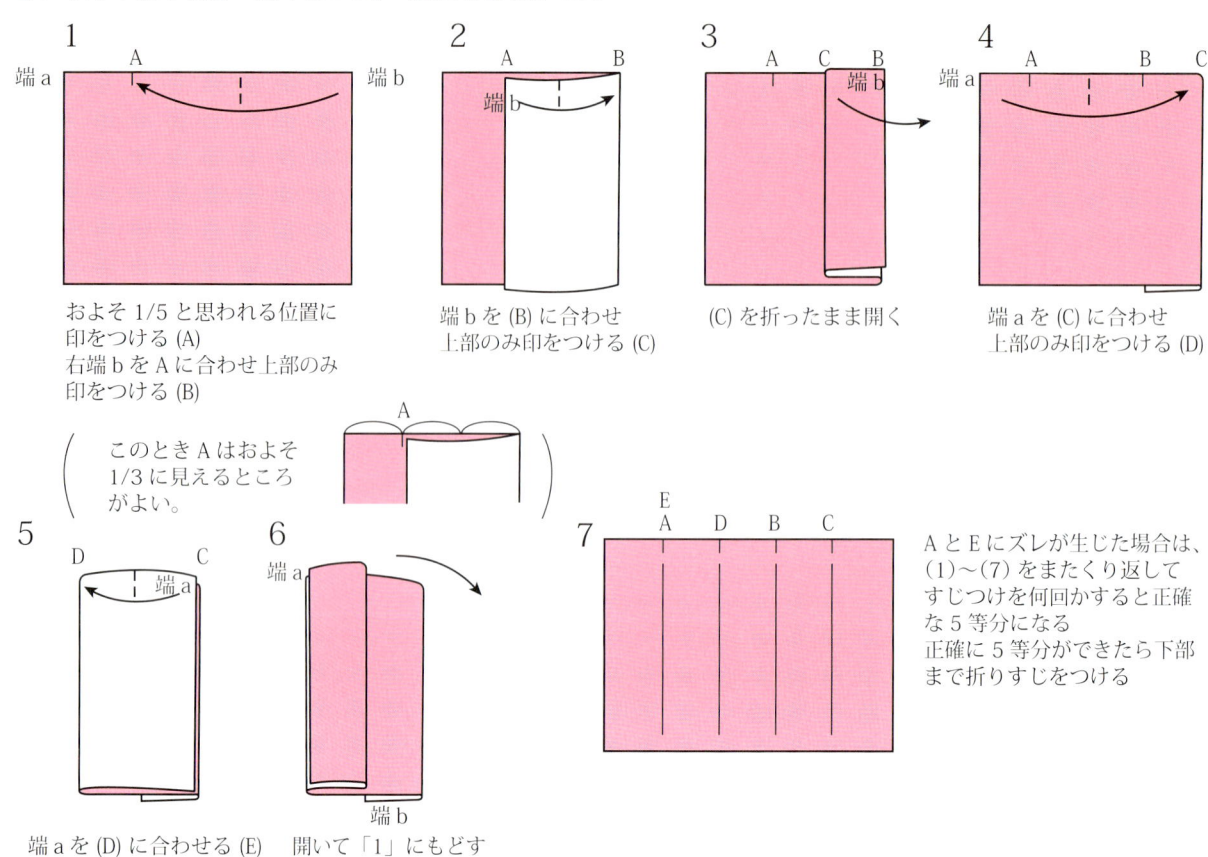

1

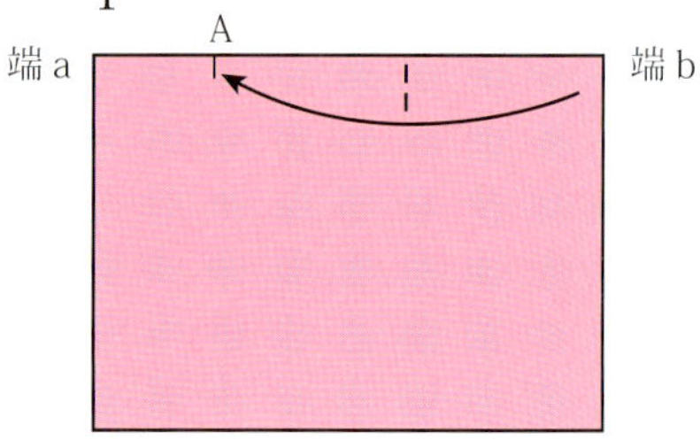

およそ 1/5 と思われる位置に
印をつける (A)
右端 b を A に合わせ上部のみ
印をつける (B)

2

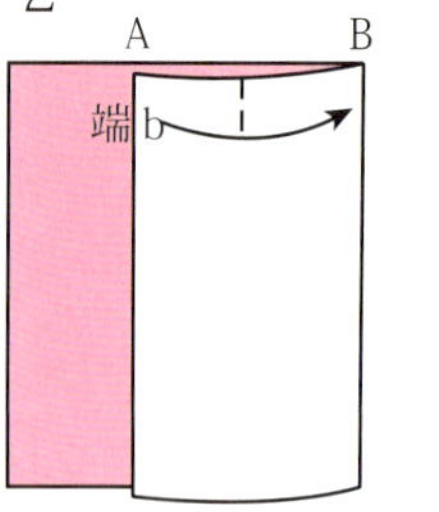

端 b を (B) に合わせ
上部のみ印をつける (C)

3

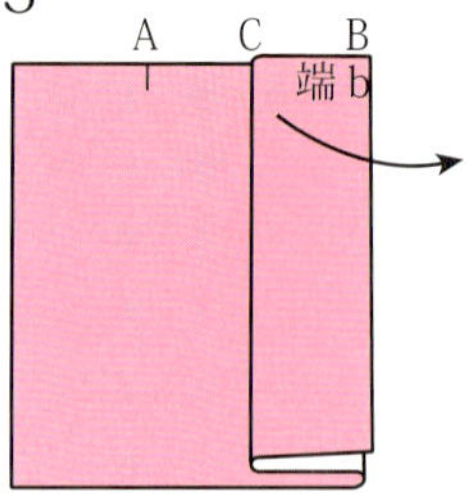

(C) を折ったまま開く

4

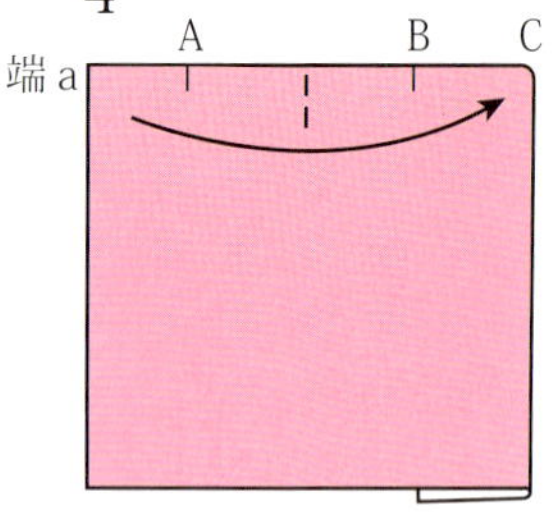

端 a を (C) に合わせ
上部のみ印をつける (D)

（ このとき A はおよそ
1/3 に見えるところ
がよい。

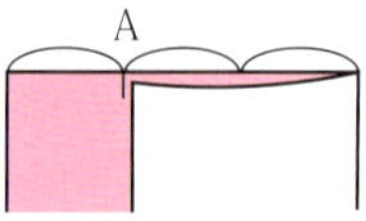

）

5

端 a を (D) に合わせる (E)

6

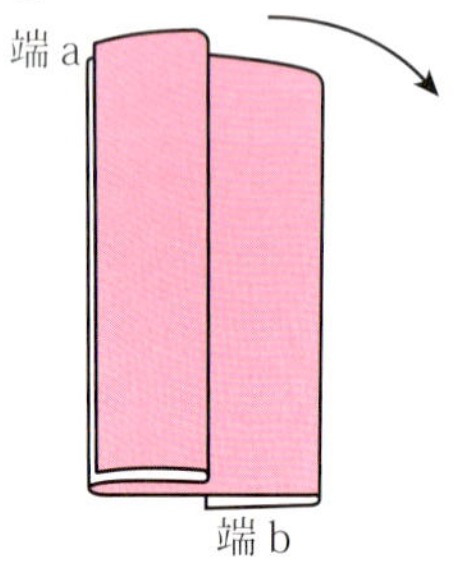

開いて「1」にもどす

7

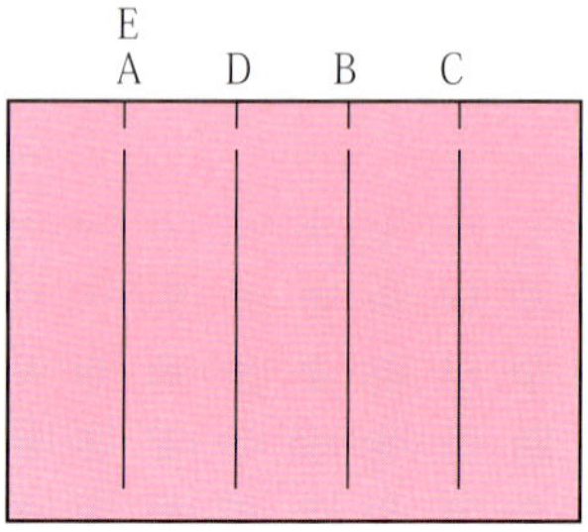

A と E にズレが生じた場合は、
(1)～(7) をまたくり返して
すじつけを何回かすると正確
な 5 等分になる
正確に 5 等分ができたら下部
まで折りすじをつける

ツインボックス（Twin box） 創作：加藤渾一 Kon-ichi Kato（技法：トキ イェン Thoki Yenn）

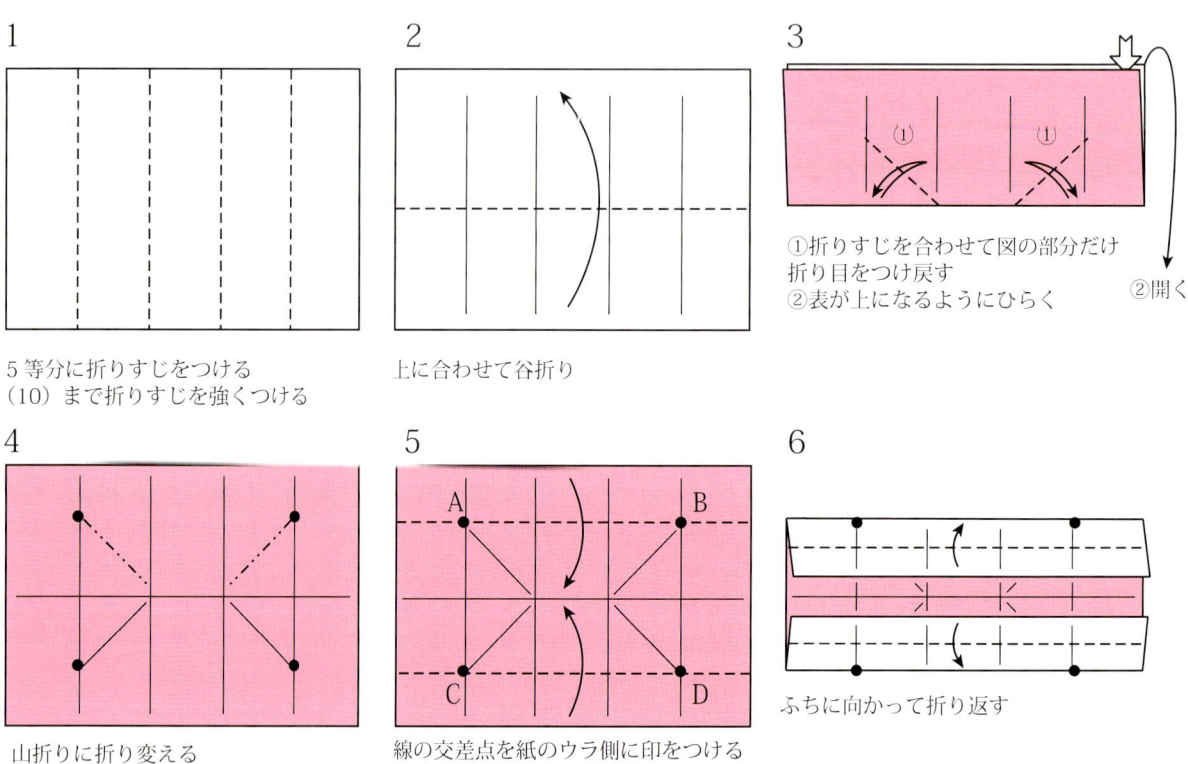

1

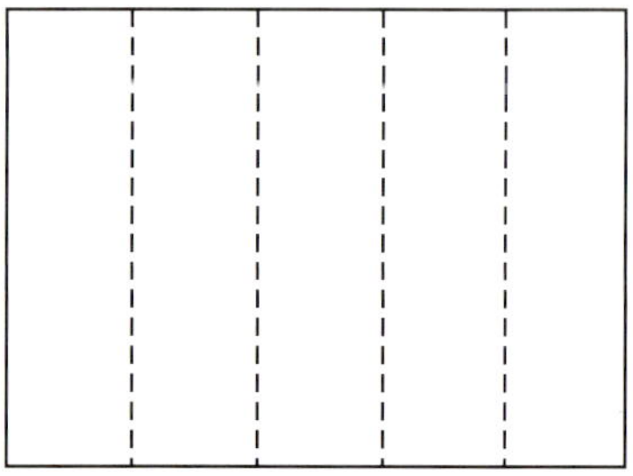

5 等分に折りすじをつける
（10）まで折りすじを強くつける

2

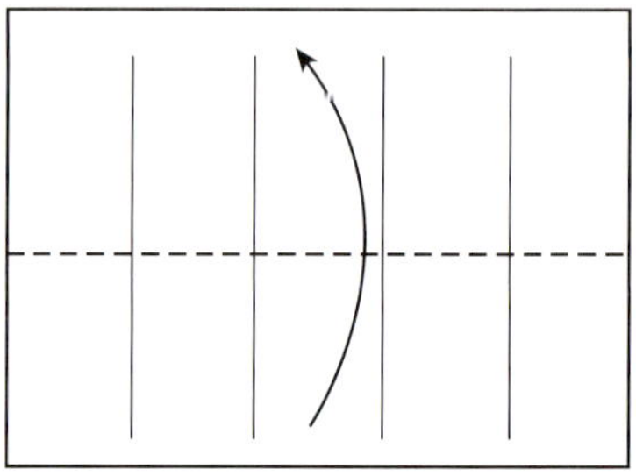

上に合わせて谷折り

3

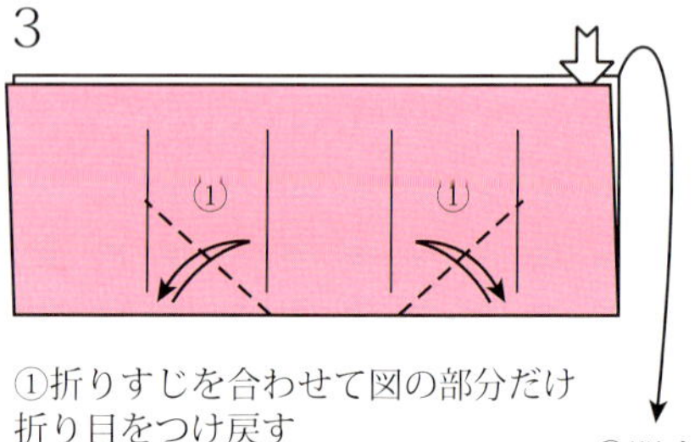

①折りすじを合わせて図の部分だけ
折り目をつけ戻す
②表が上になるようにひらく

②開く

4

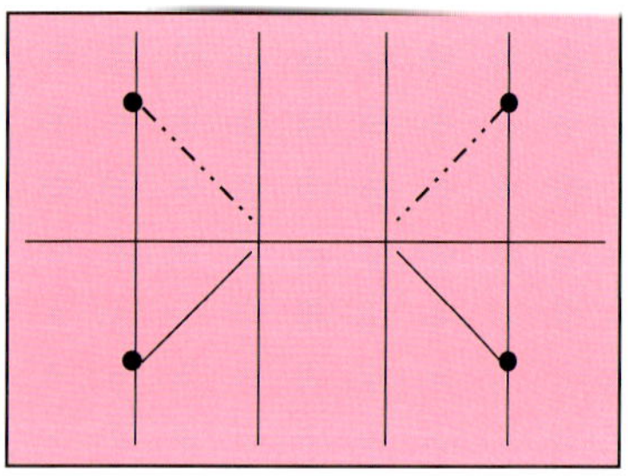

山折りに折り変える

5

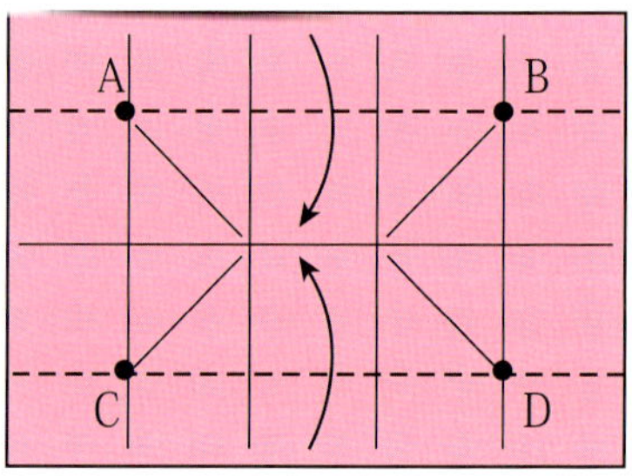

線の交差点を紙のウラ側に印をつける
と（5）が折りやすい交差点 (AB, CD) を通る

6

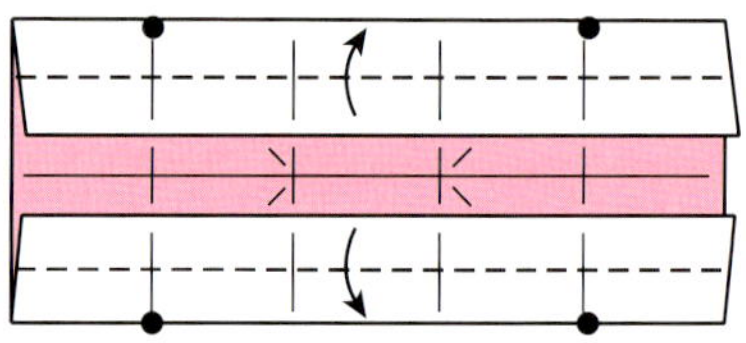

ふちに向かって折り返す

7

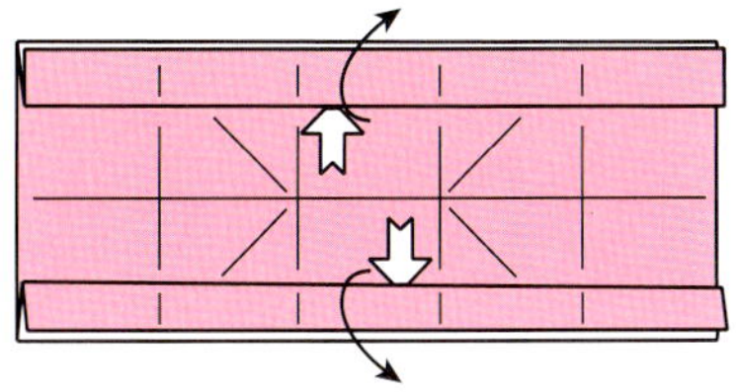

重なった２枚をそのまま開く

8

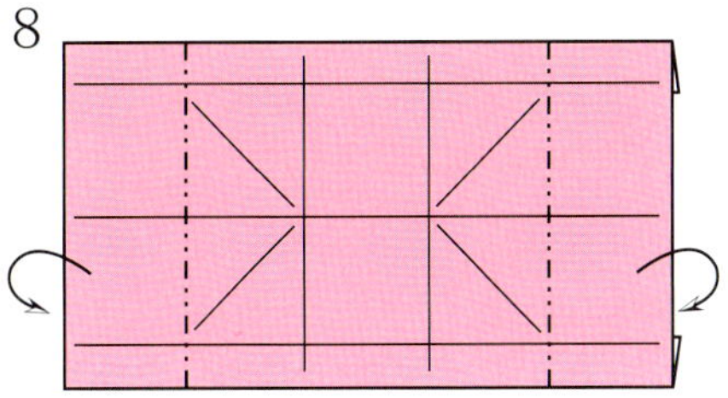

山折りでウラ側に折る

9

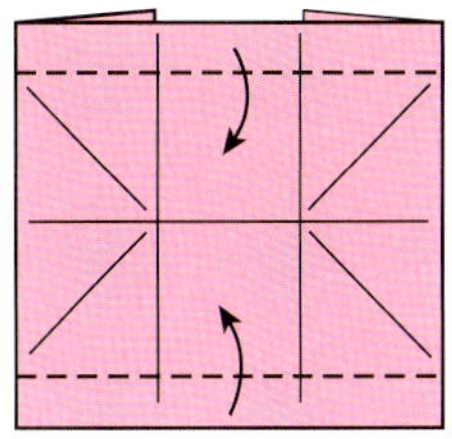

厚くて折りにくいが正確に折る

10

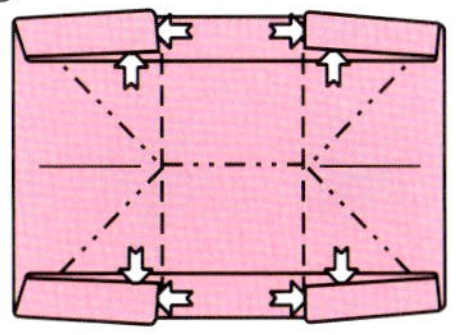

上の１枚だけ折りすじ通り
引き寄せるように折る

11

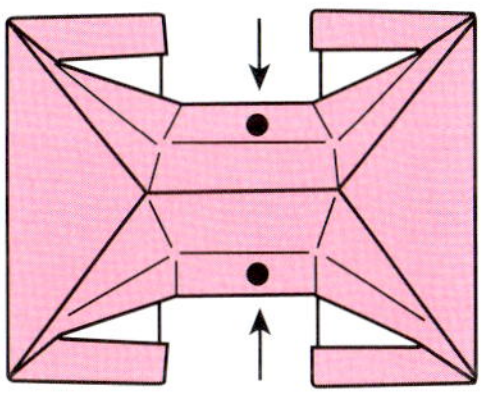

中央部の●印をつまんで
合わせる（下の１枚はそのまま）

12

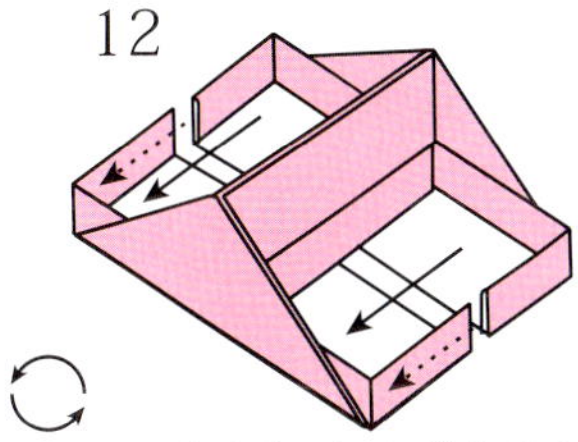

ふちをお互いに差し込んで
型をととのえる

できあがり

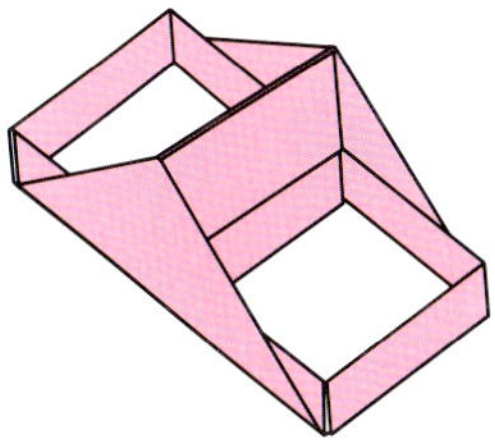

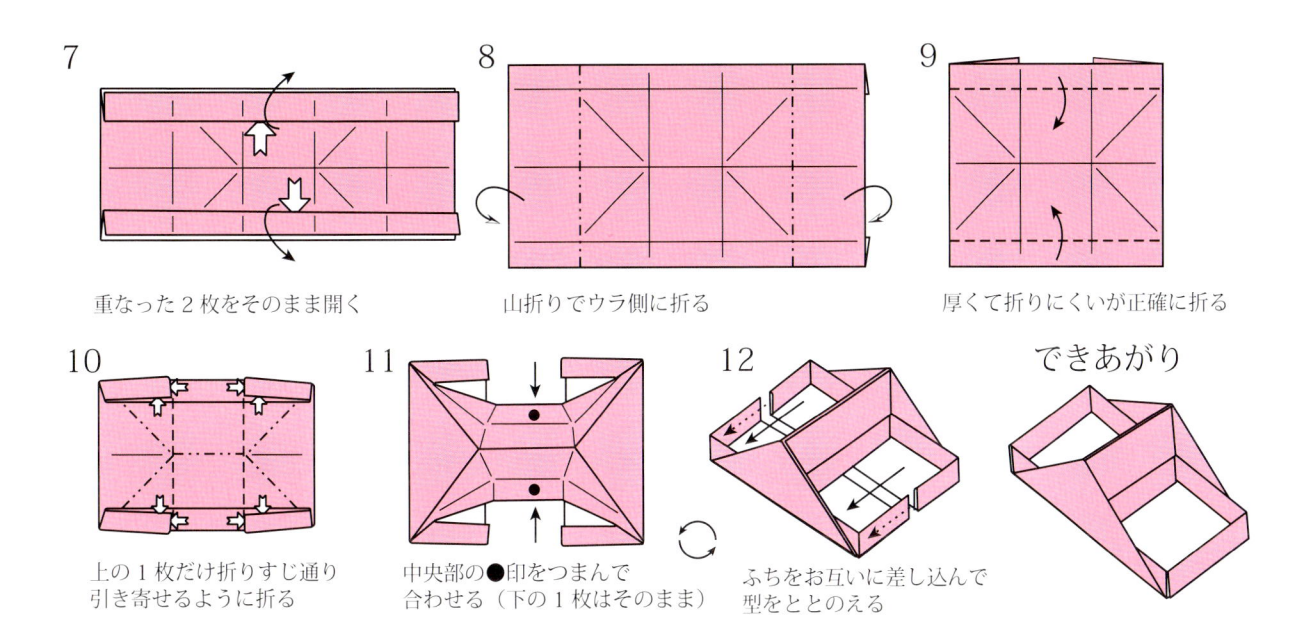

- 15cm 角の折り紙から 1：$\sqrt{2}$（15cm：約 10.6cm）を切って折ると 3cm のチロルチョコが片方に２個ずつ入る
- A4 サイズで折ると 6cm 角以内の「きんつば」入れに、A3 サイズで折ると 7.5cm 角の折り紙ケースになる

「あけてビックリ玉手箱」 Idea：Emiko Suzuki

ツインボックス「大」２個を上下にし、その中に「小」２個を
左右に組み入れる。

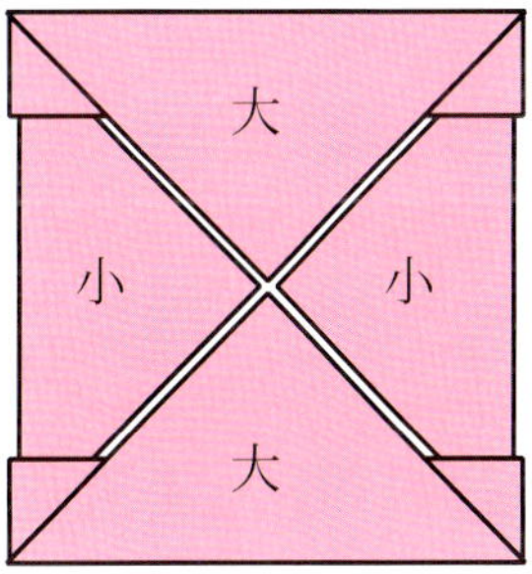

トキ イェン氏の想い出

作品の単体は「おかもち」の作品名で、出来上がりが全く同じ作品がありますが、加藤渾一氏はトキ イェン氏（デンマーク）のテクニックを使用しています。私の好きなトキ イェン氏を偲んでコラボ作品にしたいと思いました。「ドイツ折り紙 10 周年記念大会」でトキ イェン氏にお会いした時、日本通の彼は私の名の「鈴」と「木」をイラストで描いてくれました。私が喜ぶと漢字に興味を持つ彼はニコニコし自慢げな顔になりました。

17. 背もたれつき収納式椅子

作りたい椅子の寸法を計算して紙の大きさを選びますが、折り慣れるまでは「チョコっとした物をプレゼントに」の実例を紹介。

※作りたい椅子の高さ・幅・奥行き・背もたれの寸法を計算して紙の大きさを決めます。　技法：阿部恒

●一例としてこの折り図は 15 ㎝角の紙を使い、2.5×2.5×1.1 ㎝のチロルチョコを横に 2 つ並べて収納する場合の折り方です。(2) のαは紙が二重になるので、紙の厚さ分をたします（普通の折り紙は 2 ㎜プラス）。

●大きめのチョコ（3.1×3×1.4 ㎝）を入れる場合は 18 ㎝角の紙を使用します。

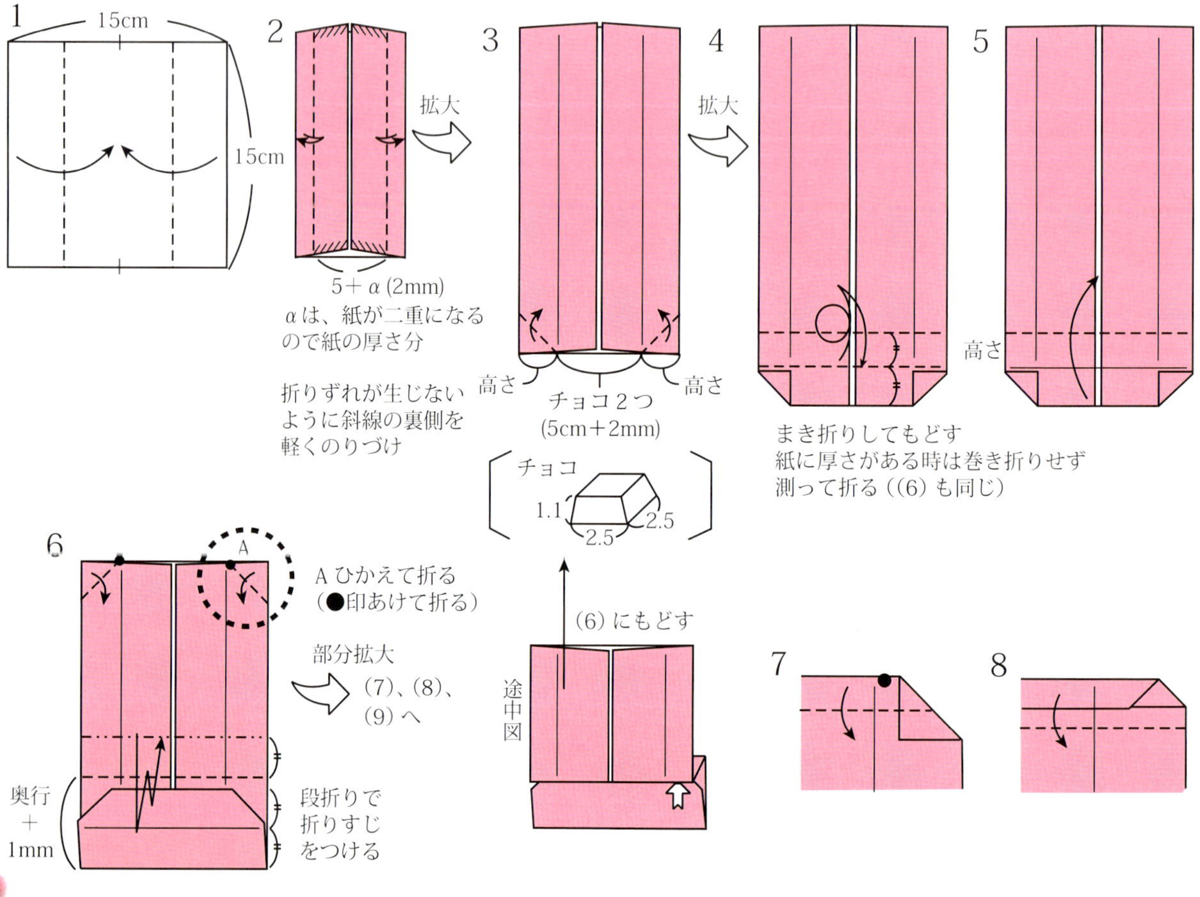

1
15cm
15cm
2
拡大
5＋α (2mm)
αは、紙が二重になるので紙の厚さ分
折りずれが生じないように斜線の裏側を軽くのりづけ
3
高さ
チョコ２つ (5cm＋2mm)
高さ
チョコ
1.1
2.5
2.5
拡大
4
5
高さ
まき折りしてもどす
紙に厚さがある時は巻き折りせず測って折る（(6) も同じ）
6
A
A ひかえて折る（●印あけて折る）
部分拡大
(7)、(8)、(9) へ
奥行＋1mm
段折りで折りすじをつける
(6) にもどす
途中図
7
8

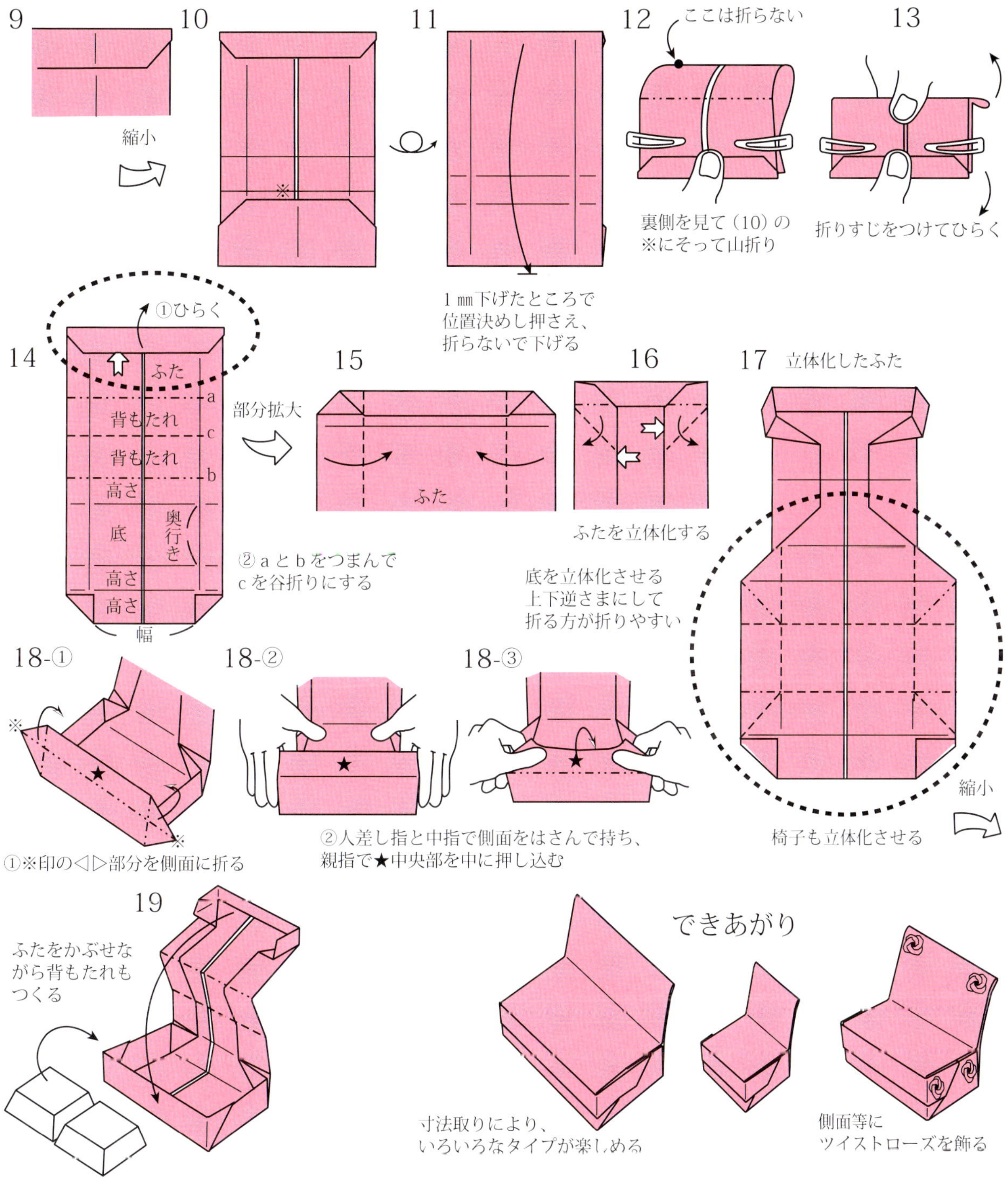
9
縮小
10
※
11
1㎜下げたところで
位置決めし押さえ、
折らないで下げる
12
ここは折らない
裏側を見て（10）の
※にそって山折り
13
折りすじをつけてひらく
14
①ひらく
ふた
a
背もたれ
c
背もたれ
b
高さ
底
奥行き
高さ
高さ
幅
②aとbをつまんで
cを谷折りにする
部分拡大
15
ふた
16
ふたを立体化する
17
立体化したふた
底を立体化させる
上下逆さまにして
折る方が折りやすい
椅子も立体化させる
縮小
18-①
※
★
※
①※印の◁▷部分を側面に折る
18-②
★
18-③
★
②人差し指と中指で側面をはさんで持ち、
親指で★中央部を中に押し込む
19
ふたをかぶせな
がら背もたれも
つくる
できあがり
寸法取りにより、
いろいろなタイプが楽しめる
側面等に
ツイストローズを飾る

背もたれつき収納式椅子の思い出

「カエルの子はカエル？」（56頁）に書きましたが、父と私の「思い出の椅子」を折り紙で作りました。本物の椅子は大人になるまで使っていました。結婚し、今の住まいに引っ越した時に物置に入れた記憶がありますが、荷物が増え、その後確認できていないので折り紙で「思い出作り」をと....。父が木の椅子に小バラの模様の紙を貼ってくれました。天国できっと「小さい頃、作ってあげたものが

次ページに続く

今の創作につながって…」と見守っているのでは、と思います。無口な父でしたが、手作りするたびに天国の父に話しかけます。一方通行の会話ではありますが。

今は家の１階と２階でメール会話をする時代ですが、天国にはメールも届きません。一晩でも降りてきて、父と母がこの椅子に座ったら、私はうれしくて天国へ昇ってしまうでしょう。この写真のお人形は被災地いわき市を応援するプロジェクト（いわき市小名浜地区復興支援ボランティアセンター＜http://doyoucotton.jimdo.com/＞）製です。毎年講習に行っている日本折紙協会いわき支部「いわきおりがみの会」の鈴木智子支部長はとても明るい人で「放射能汚染なんて気にしていたら、生活できません」と常に前向きで、このプロジェクトにも携わっています。震災の６日前に講習に行き、立ち寄った食事処は津波で流されたと聞きました。毎年展示会場になる「いわき市文化センター」も修復し、昨年からまた作品展ができるようになり、いわき支部の皆さんの力作を見学できるようになりました。

折り紙の力、そして感動の出逢い

折り紙を愛する人にはたくさんの感動体験をお持ちの方も多いと思いますが、私も一冊では納まらない程の体験があります。その一例をご紹介いたします。

それは昨年のことです。ある時、視覚障害の高校生の娘さんを持つSさんから、お手紙をいただきました（原文のままですが実名は控えます）。

前略「折り紙シンポジウム」（※）をご紹介頂きました母と娘です。先生の素晴らしい講義とそして、たくさんの先生の作品を娘の手を取り、触らせてくださったおかげで、親子でこれまでには無いような大きな感動を受けました。娘は帰宅してからも折り紙を続け、姉に様子を話し、「折り紙講師の勉強もしたい」と意欲を語っています。プロと出会うというのは、こういうことなのかと私自身が驚いています。先生のおかげで、より深い「折り紙の魅力」に触れることができたからだと思います。シンポジウムで大きく成長できましたのも、先生のおかげです。ありがとうございます。心からお礼を申しあげます。

（※ 日本折紙協会が主催する年１回の折り紙愛好家2泊3日の集まりです。私は介護を終えた翌年の1997年から連続16年参加していますが、毎年新しい出逢いがあります）

このお手紙を手にした時、相田みつをさんの詩が自然に浮かんできました。

その時の　出逢いが　人生を　根底から変える
ことがある　よき出逢いを

私自身がたくさんの良き師に出逢えて今があるように、私の何気ない言動によって感動体験をなさったという娘さんと、その様子を教えて下さったお母さんのお便りに、私は倍の感動を覚えました。

このSさんから突然、お電話を頂いたのは「折り紙シンポジウム」の１ヶ月くらい前でした。その内容は、2000年に「月刊おりがみ」（日本折紙協会発行）に掲載された私の作品の頁に「この作品の点字折り図があります」の一文を覚えていらして、「13年前のですが、まだありますか?」というお電話でした。その時、お母さんが「実は娘は先生のツイストロ　ズを折るんですよ」と話題にされました。うれしくなった私は「お母さん、その作品の写真を写メで送って頂けますでしょうか?」と言いました。すぐに送られてきた写真を見て、私は感じるものがあり、質問しました。「おじょうさんは左ききですか? それとも教えて下さった方が、左ききでしたか?」「いいえ、娘は右ききですが、教えて下さった方のやる通りにやって、やりにくそうでした」。

私は教える時に、「左ききの人はいますか？左ききの人は折り筋のつけ方を逆にします」と言ってから始めますので、お聞きしてみたのですと質問した理由を話しました。　私は「美しい作品に仕上げてほしい」と、仕上がりにはこだわって講習しているので、「私から教わった人が教えたのではない」と思い、また２、３聞いてみました。

お母さんは「やはり、そうでしたか、私は協会のミュージアムに飾ってある先生の『ツイストローズ』を見て、『教わったのと、やはり違うなあ ―』と思っていました」と、少し残念そうな声になりながら、美しい仕上がりにならなかったことを納得したようでした。

ツイストローズ創作後、「簡単で美しい」とすぐに人気になり、徐々に、いわゆる「パクリバラ」と言われるまがいものが、あちこちから誕生し、広まっていました。インドからも「香港で流行しているのが、この地でも流行し始めていますが、これで良いでしょうか」と、現物が送られてきたり、Eメールで写真が送られてきて、アドバイスを求められることも多くなっていました。私はSさんに「もし、よろしかったら近々『折り紙シンポジウム』が開催されますので、そこに参加しませんか？　直接、教えたいと思います」と言いました。 それが１ヶ月前のことでした。

電話を切ったその日の夜、Sさんから長いメールが届きました(以下に一部抜粋)。

私の娘は、全盲です。 昔から家には折り紙が溢れておりましたが、まさか、よもや、目の見えない娘が、折紙を始めるとは思ってもおりませんでした。ただ、わが家の決め事として「目が見えないのだから諦めなさい」は言わないことにしておりましたので、幼い娘から乞われるままに雪だるま等の、簡単な作品は手ほどきをして参りました。ですが、娘が本格的に、「折り紙をすることで、家族以外の方々と繋がれる」ということを体験出来たのが、鈴木先生の「ツイストローズ」だったのです。 彼女は友達に、「ツイストローズ」の花束を折って贈るようになりました。演劇をしている友達には人気漫画「ガラスの仮面」になぞらえて、紫色の折り紙で折り、これまた大変喜ばれました。誰に贈っても喜ばれ、「どうやって作ったの?」と、その場で必ず話題になりました。鈴木先生、そのことが、目の見えない娘にとって、どれだけ大きな自信になったか、人生をも支え得る大きな力になったか、ご想像がつきますでしょうか。でも、その力は、先生の創作のおかげで、娘に付いた力なのです。折り紙は作家の方が作品にしなければ、タダの１枚の紙切れなのですから。 折り紙に、作品としての命が吹き込まれ、それがさらに、タンポポの種が飛翔するかのごとく、世界中に播かれて到着した先で、(わが家の例がそうであったように)幸せと笑顔の花が開きます！　先生のお仕事は、そうした尊いお仕事なのだと思います。心からお礼を申し上げます。

とても、心にしみるうれしいお手紙でした。１ヶ月後、Sさんは娘さんと、視覚障害の折り仲間のYさんを誘って、シンポジウムに参加して下さいました。３人とも楽しい時間を過ごされました。その後、Yさんも私の折り紙教室に来て下さいました。

この２人の方の事例から、目が見えなくても、折り紙を折れることで、それが大きな自信になっていくことをあらためて教えてもらいました。「幸せと笑顔の花が開く」のが、私の目指している折り紙であり、ツイストローズです。

♪ひらいた　ひらいた　何の花がひらいた♪

国際交流の花がひらいた

かねてから人気のユニット作品は、Revealing Flower「リビーリングフラワー」といいます。作者名 は Valentina Gonchar(ヴァレンティナ・ゴンチャー）さん。ヴァレンティナさんの息子さんを通して、私が制作した作品写真と折りステップ写真を送り「講習したい」旨、お手紙を出したところ、ご快諾のお手紙をいただきました。

私は、作者が女性か男性か判らなかったので、最初の手紙に Dear Mr. Valentina Gonchar と書き出しました。先方から届いたお返事にも Mr. Emiko Suzuki と書いてありましたので、私の写真を送りましたら、先方からも写真が送られてきて、思わず笑ってしまいました。二人とも女性であることを確認できたからです。

Revealing Flower「リビーリングフラワー」は、花が開いたり閉じたりする作品です。私は普段何枚も折る時間を取れないので(この作品は 90 枚のパーツが必要)、ユニット作品はほとんど折らないのですが、この作品は気に入って直ぐに 3 つ作りました。そして花を開かせながら、わらべ歌「ひらいたひらいた」を歌うことにしました。

ヴァレンティナさんに「この作品をとても気にいって、日本の昔からの歌を歌いながらパフォーマンスしています。日本でのタイトルを『HIRAITA HIRAITA』にして良いでしょうか？　そして、NOA(日本折紙協会)のシンポジウムでも紹介したい」と、手紙を出しましたら、お返事がきました。ロシアと日本が一つの作品で交流が持てるのは本当に素晴らしいことだと思いました。日本名を「ひらいた ひらいた」にしたいことにも同意して下さり、「バースデーのビッグプレゼント」と喜んで下さいました。

一つの作品で国際交流が生まれ、素敵な「出逢い」になりました。このような国際交流で咲いた「♪ひらいたひらいた♪」の作品を、67 頁でご紹介した全盲の Y さんを迎えた教室で講習しました。私も教室生も、Y さんの手際の良さに驚きました。全盲とは思えない手さばきで、両面テープを切るのも、貼るのも手探りなのにピタリと決っていました。パーツを折るのは、私も目をつぶってできますが、ユニットを組み立てる時は、どうしても目をあけて確認したくなります。この作品はただ球状にするのではなく、五弁の花が閉じたり開いたりし、閉じた時は葉っぱが 5 枚で星型になり、花が見えなくなる作品です。私は Y さんの為に作品見本を「花の部分はセロハン折り紙でつるっとした感触」、「葉の部分をメッシュ折り紙でざらざらした感じ」に作り、葉と花の違いを感じてもらうことにしました(22 頁)。2 時間の講習時間で完成したのは 2 人でした。宿題として持ち帰っていただいた Y さんにしばらくしてから「できましたか？」と聞いたところ、Y さんは忙しさもあって、作品に手をつけないでいたことがわかりました。

「タペストリーみたいに広がってしまいそうで」と、不安に思つているのがわかりましたので、「では『おはなしおりがみ』を作ってみますので、それでやってみて下さい」と言い、すぐに『花ちゃんと葉っぱ君の地球探検の旅』のお話を作って送りました。

実際に、Y さんがお話で組み立てられるのかが心配でしたが、「物語にすると、わかりやすくなりますね 。とってもいい方法ですね 。大切なポイントをおさえています」との感想を送ってきて下さいました。とても喜んで再挑戦した Y さん、「できました」の完成メールを頂いたのは、次の日の明け方 4 時 を過ぎての発信となっていました。

難しいユニット作品を完成させた Y さんに、私はあらためて感激して「頑張りましたね」を繰り返しました。Y さんは「教室でいただいた、あの赤いリボンをこのユニット作品につけたいと思います」と、教えてくれました(赤いリボンは Y さんを東京教室に迎えた日に、クリスマス用デザインのリボンをお土産に渡したものです。教室に集まっているみんなが赤いリボンで結ばれているという替え歌を歌って、彼女を迎えましたので、すぐに教室になじんでいただいたのを思い出します)。

そして、Y さんのメールには「視力を失い、出来ることが少なくなった中で 、『出来ること』に出逢えた嬉しさで始めた折り紙。造型の魅力にひかれ、続けるうちに、たくさんの素敵な人に出逢いました。恵美子先生もそのお一人です。人との出逢いって不思議ですね。偶然のようでいて、神様が引き合わせてくださっている気もします。巡り合えたご縁を大切にしたいと思います」とありました。

この時も、私は相田みつをさんの詩がうかびました。

いつどこで　だれとだれが
どんな出逢いをするか　それが大事なんだなあ

Y さんとの出逢いは大事な出逢いとなりました。

生きていてよかった
生かされてきてよかった
あなたに
めぐり逢えたから

私の方こそ、多くの人にめぐり逢え、今があるのです。みなさんとのすてきな出逢いに感謝して、「ありがとう」。

18. ♪ひらいた　ひらいた♪

原題 :Revealing Flower　作者 :Valentina Gonchar（ヴァレンティナ・ゴンチャー）さんに、日本版ネーミング「♪ひらいたひらいた♪」を提案したところ、「私の誕生日にビッグプレゼントです！」と、大変喜ばれました。68 頁参照。

ひとつひらいたところ

ぜんぶひらいたところ

●全工程を正確に強く折ります。● 一度に 90 パーツを力を入れて折ると指を痛めるので、竹べら等を使って折るか、指を休めながら折ります。●作り慣れるまで、五弁の花は一色の方が葉と組みやすいでしょう。

【パーツの折り方】

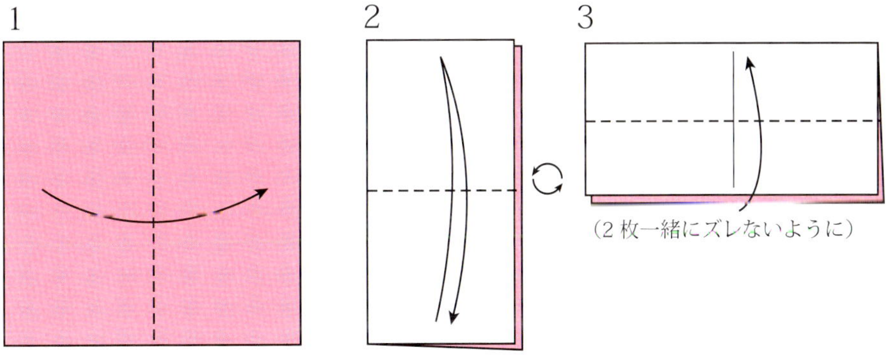
1
2
3
（2 枚一緒にズレないように）

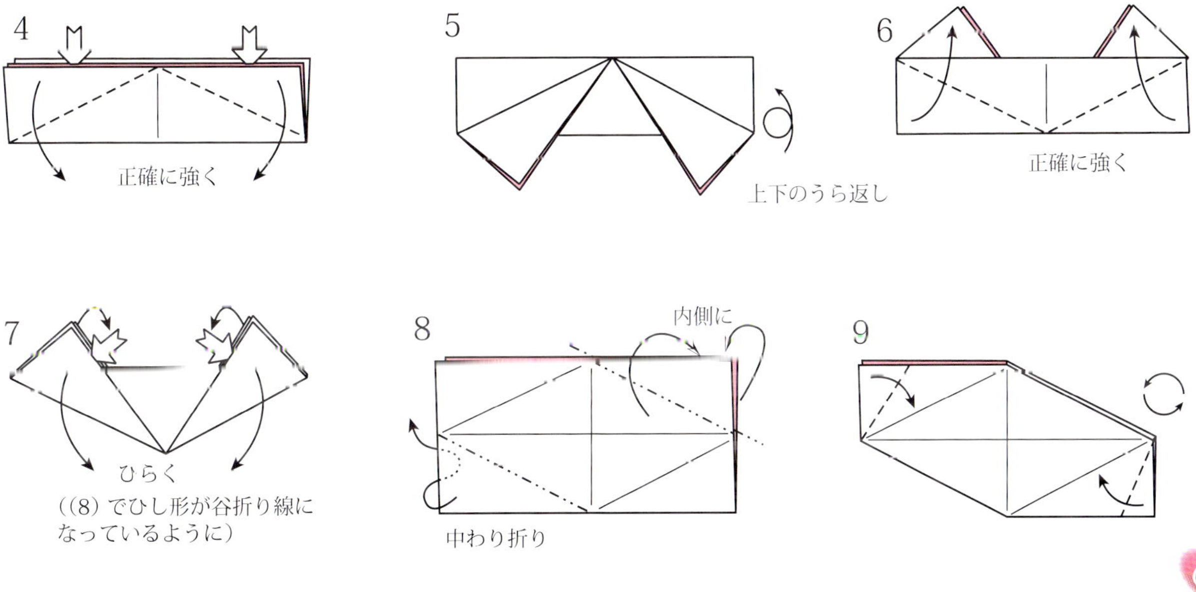
4
正確に強く
5
上下のうら返し
6
正確に強く
7
ひらく
（(8) でひし形が谷折り線になっているように）
8
内側に
中わり折り
9

10

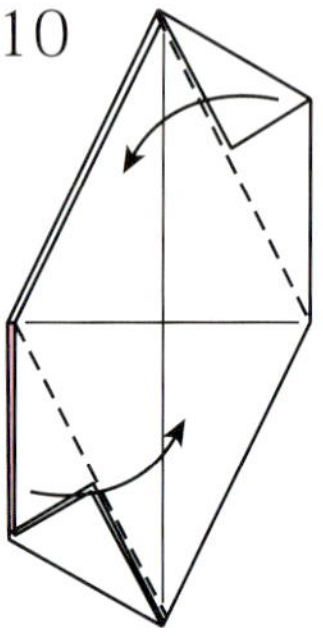

11

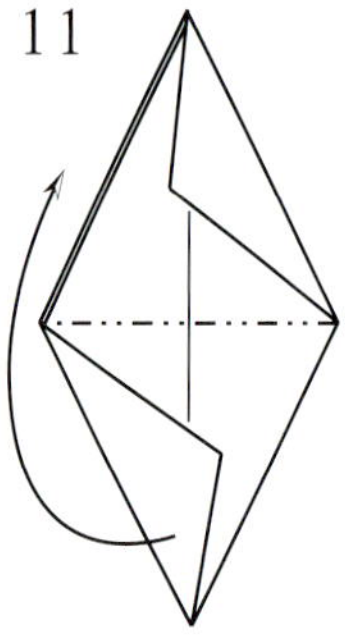

12

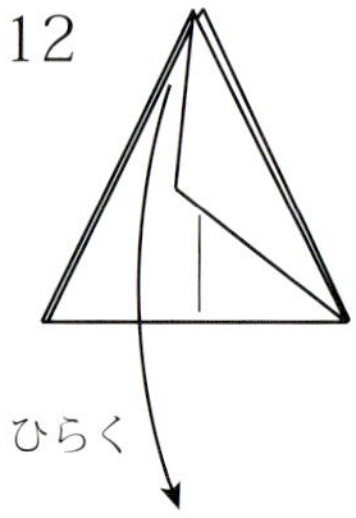
ひらく

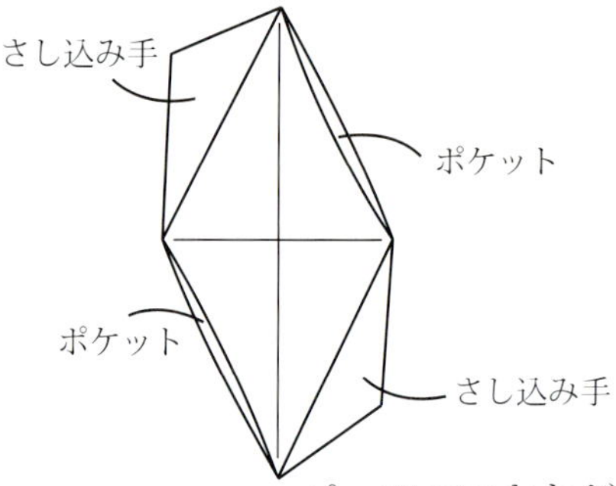
さし込み手
ポケット
ポケット
さし込み手

パーツのできあがり

【「♪ひらいた ひらいた♪」を組み立てるのに必要なパーツの数】

・用意するパーツは、花と葉を分けられるように色違いで用意する。・折り方をマスターすると、パーツの色の組み合わせ方で表情を変えて楽しむことができる。※①と②を合わせて、合計 90 個のパーツを用意する。

①花のパーツ … 60 個

※5 個一組で五弁の花を組み立てる
（※開いた時、花になる部分）

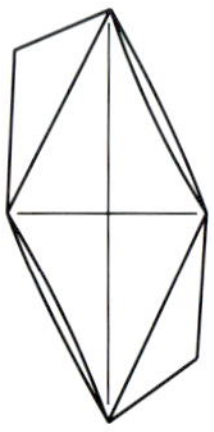

②葉のパーツ … 30 個

※葉のパーツは花と同じ折り方で、花のパーツと色違いになるように

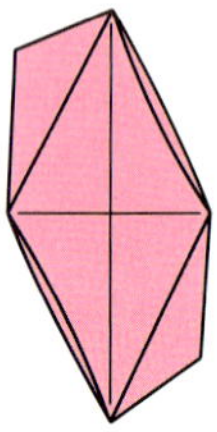

【五弁の花の組み合わせ方】

1

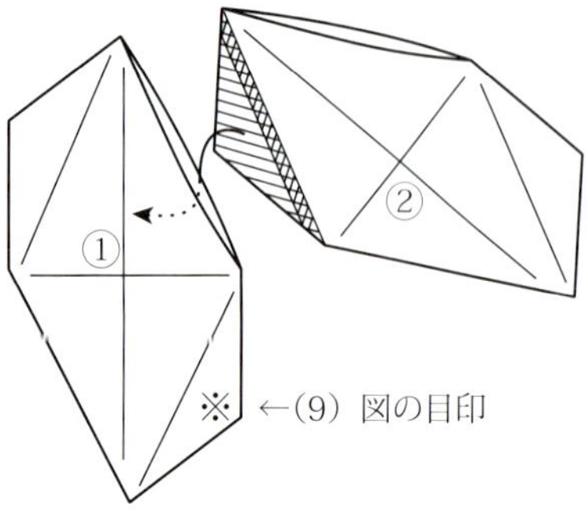
①
②
※ ←(9) 図の目印

②のさしこみ手（斜線部分）を①のポケットに入れ竹ぐしを使ってXXXXXXにのり付け
（両面テープを使用する場合は次頁参照）

2

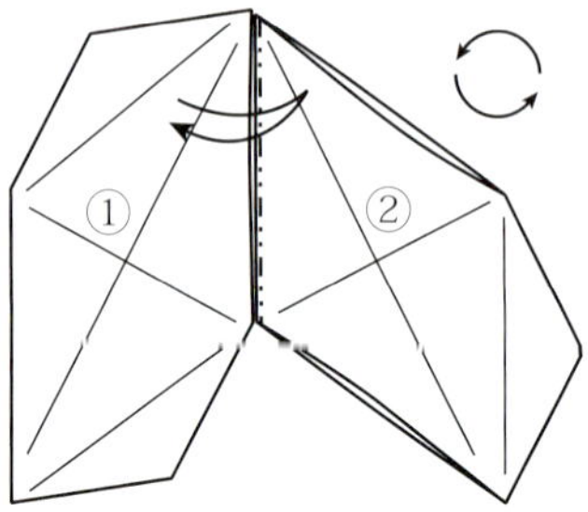
①
②

山折りすじをつけてからもどす。
※作図上は平面的にわかりやすくしているが、実際は山折りのすじで傾斜あり

3

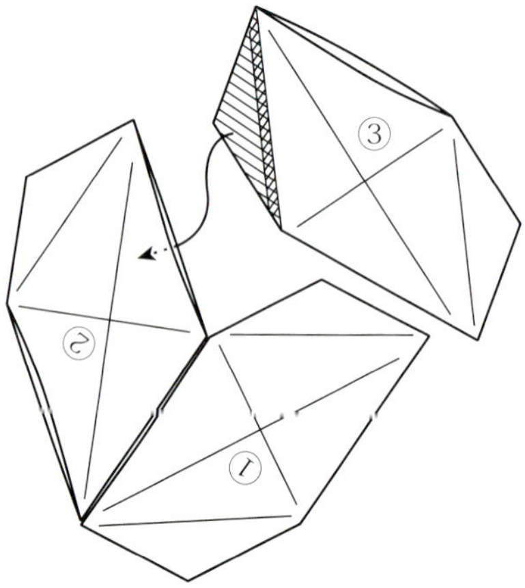
③
②
①

向きを変え②のポケットに③のさしこみ手を入れのりづけする

4

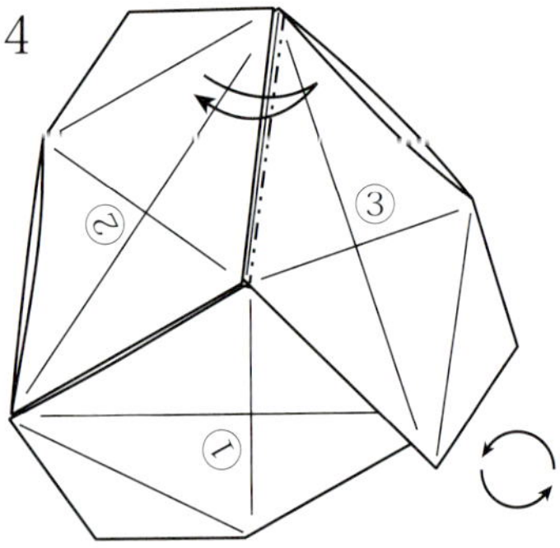
②
③
①

山折りすじをつけてから向きを変える

5

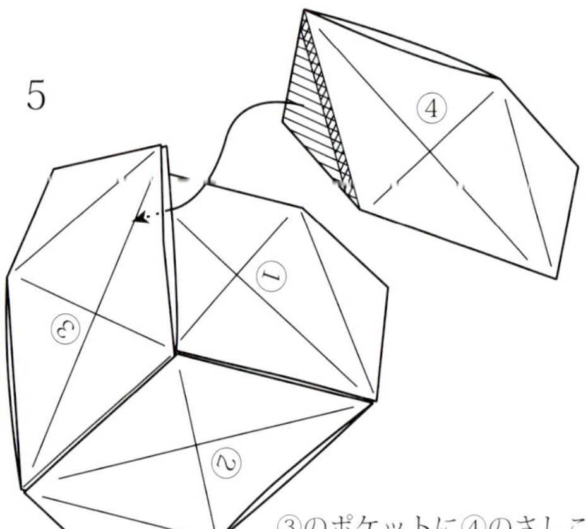
④
③
①
②

③のポケットに④のさしこみ手を入れてのりづけ

6

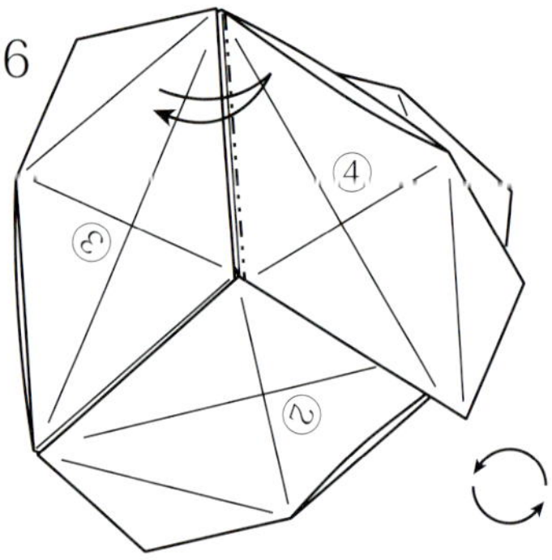
③
④
②

山折りすじをつけてから向きを変える

7

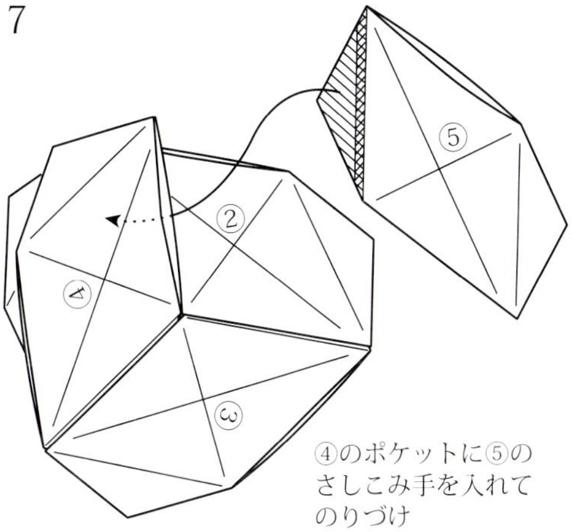

④のポケットに⑤のさしこみ手を入れてのりづけ

8

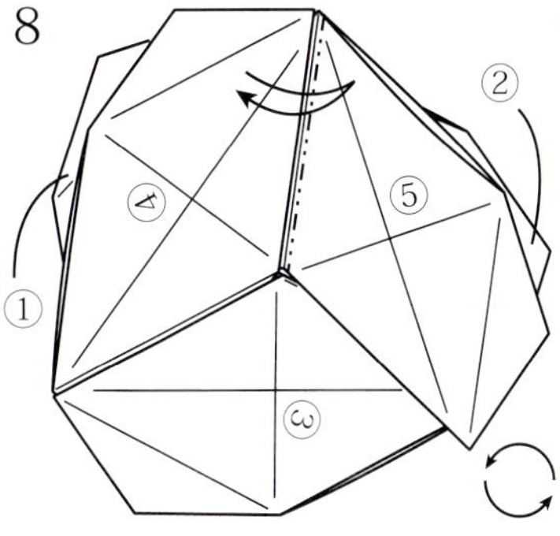

山折りすじをつけてから向きを変える

9

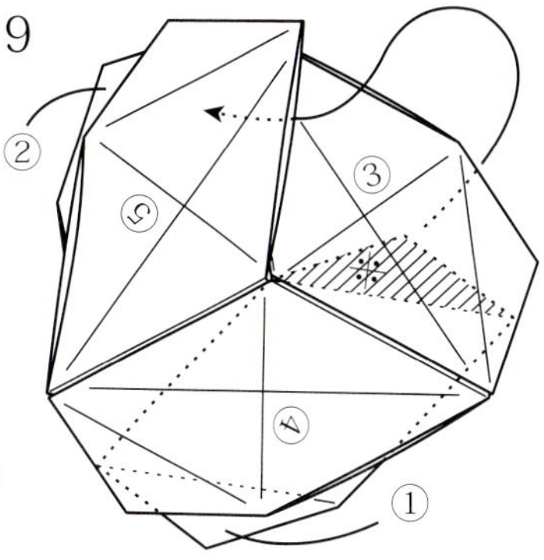

③の下側になっている①を引き上げて※のさし込み手を⑤のポケットに入れてのりづけし、山折りすじをいれる

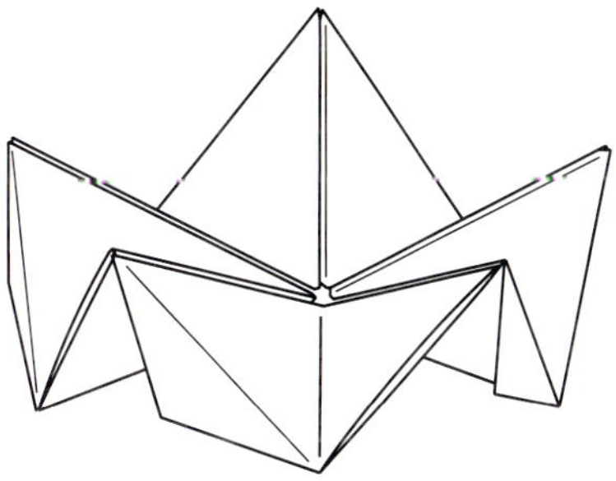

五弁の花（花ちゃん）×12

五弁の花のできあがり

【両面テープを使用する場合】

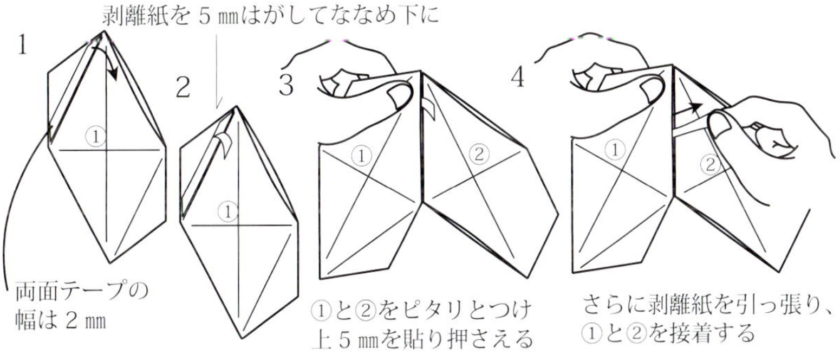

剥離紙を５㎜はがしてななめ下に
1
2
3
4
両面テープの幅は２㎜
①と②をピタリとつけ上５㎜を貼り押さえる
さらに剥離紙を引っ張り、①と②を接着する

参考

19. スイカ割り遊び（リハビリ折り紙）

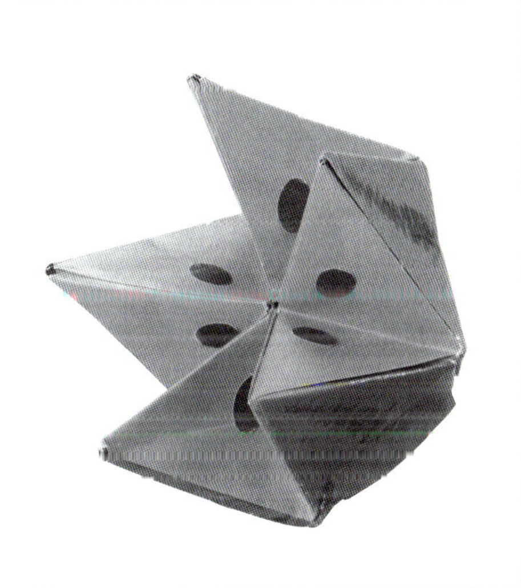

「♪ひらいた ひらいた♪」を視覚障害の方に講習した時に、開いたり閉じたりする感覚を味わって欲しいと思い、スイカ割りに見立てました。星型の開閉でも良いのですが何回も試していると「葉」の部分がヒラヒラとして傷んできましたので、「葉」がヒラヒラしないように「花」の反対側にも「花」をつけ固定しました。私はスイカを7.5㎝角の紙で折ったのですが、この作品を紹介した岡村先生（20頁参照）は「5㎝角でスイカ割りを作ると、リハビリにとても良いですよ！　手のひらの中で開閉する感触が刺激になって、とても良いのでリハビリセンターに持って行って見せます」と、ご報告いただきました。先生の実体験からくる感想に、有難さと嬉しさが込み上げました。

【「♪ひらいた ひらいた♪」の組み立て方】

【用意するもの】

・五弁の花を 12 個つくる（5×12＝60 パーツ）

・「葉（つなぎ手）」を色違いで 30 パーツ

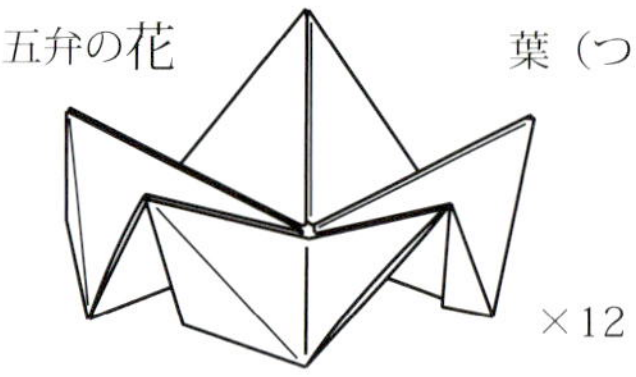

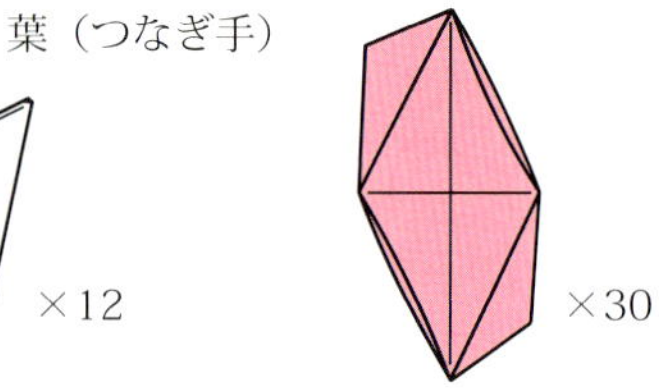

1

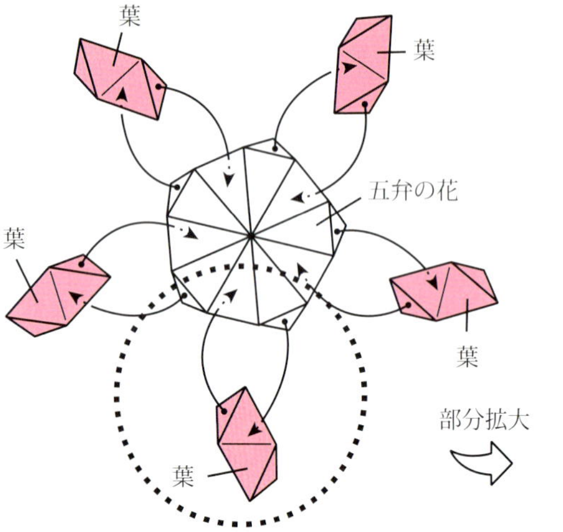

五弁の花を中心にして、その周りに葉のパーツを５つ用意して図のように並べ、ひとつずつ組み合わせていく

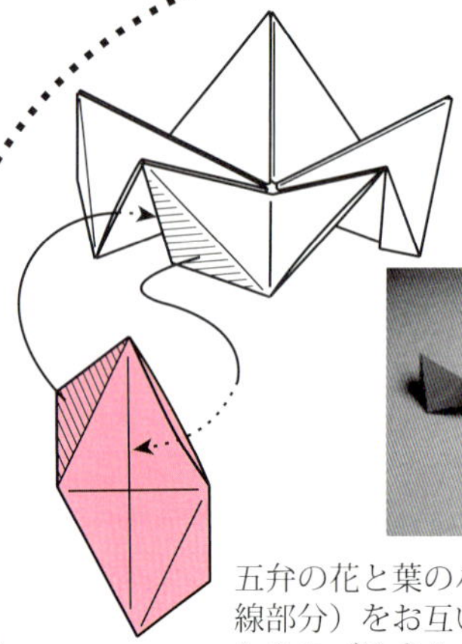

五弁の花と葉のパーツのさし手（斜線部分）をお互いのポケットに入れのりづけする。花と葉で三角錐を作るように組み合わせる

2

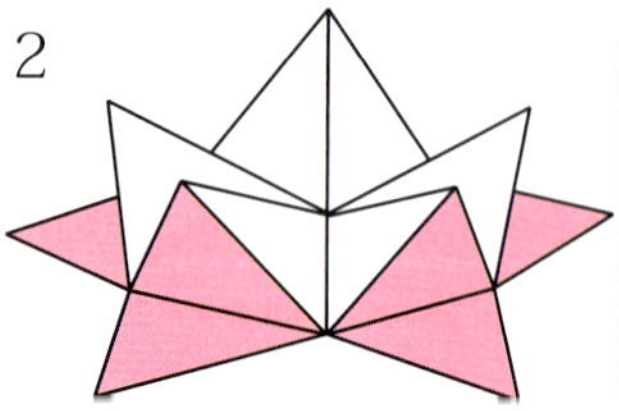

五弁の花に葉のパーツ５つをのりづけしたところ。はじめ五弁の花だったものが、５個の三角錐でつながった花に変わる

3

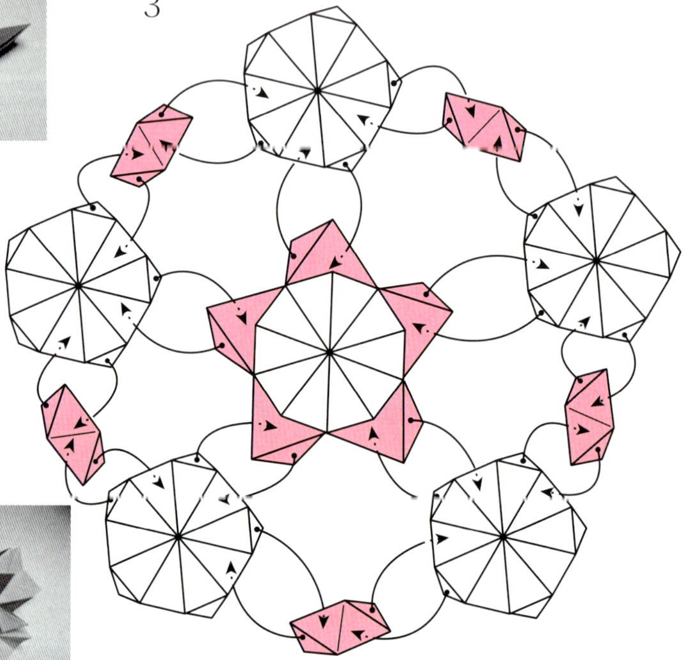

（2）でできた三角錐の花を中心にして、五弁の花を５個、葉のパーツ５個を用意して、上の図のように組み合わせる

4

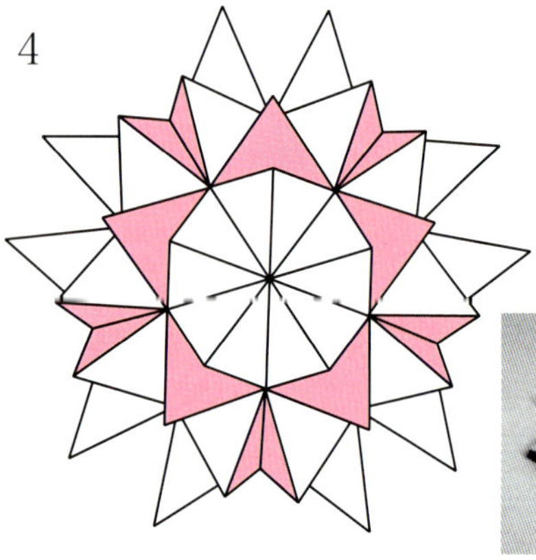

（3）を終えると立体になってくる

中心の五弁の花を星型に閉じてみると、葉と花ををつなげるところがわかりやすい

5

1 個の花に葉のパーツを 2 個、三角錐でつけて閉じると、星型になることを確認する

(3) でできたものを中心にして、葉のパーツ 10 個を図のように並べて用意し、組み合わせのイメージを確認し、矢印にしたがってのりづけしていく

6

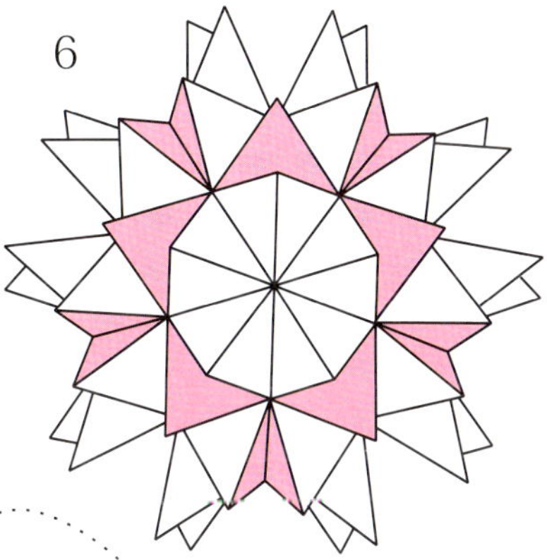

(5) まで組み合わせを終えたところ

7

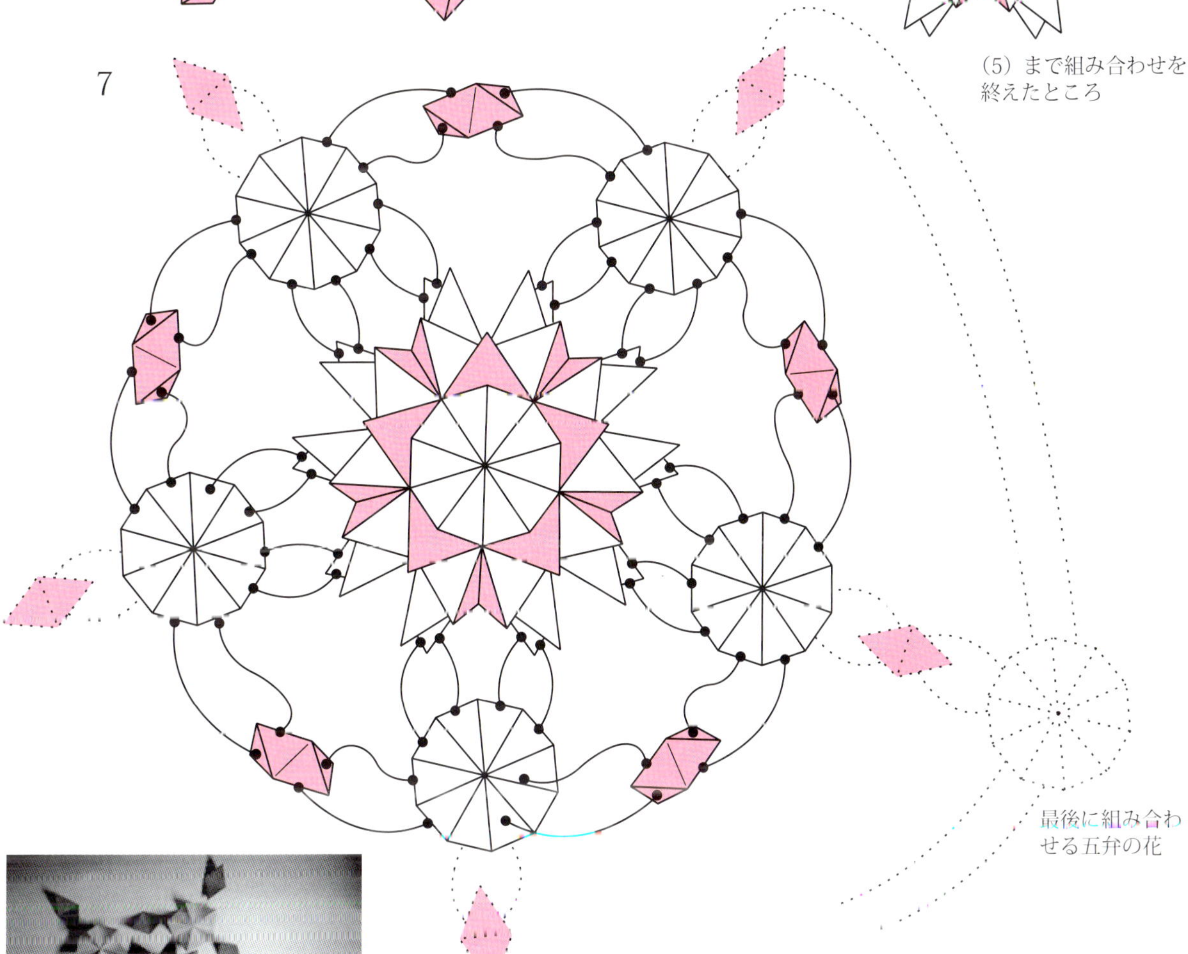

(6) でできたものを中心にして、五弁の花を 6 個、葉のパーツ 10 個を上の図のように並べてイメージを確認し、組み合わせの指示にしたがってのりづけしていく。写真は星型にとじてみたところ
(点線で示したものは最後に組み合わせる部分)

8

（7）の工程で、五弁の花５個と葉のパーツ５個をつなげると球状になる（裏側から見ると上の写真のように見える）

9

五弁の花１個と葉のパーツ５個を組み合わせて、最後の穴をふさぐようにのりづけする

できあがり

最後の花（中央の五弁の花）をつけたところ
（ランプシェードにする時は最後の花は組まない）

全部閉じたところ

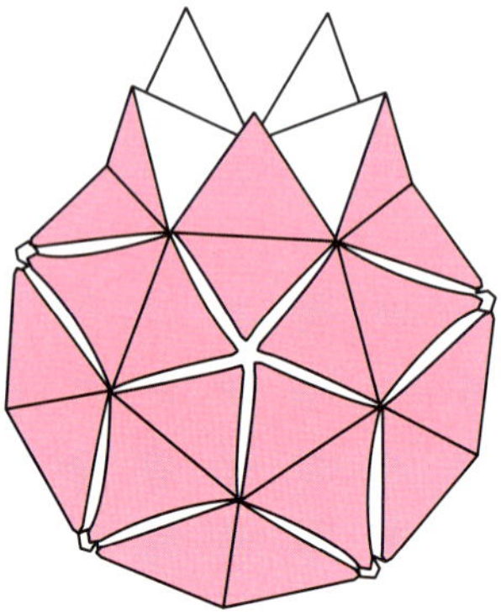

１箇所だけ開いたところ

花は咲く

　インドの心やすらぐ寺院は蓮の形をしていました。帰国後、その形を折り紙で作り、案内をして下さった明日さん（77 頁参照）に写真を送りました。彼女から届いた「インドに咲いたツイストローズ」の題の報告書の最後には「今回まかれた折り紙の種、この地でどんな花が咲くでしょう。楽しみです」とありました。

　茨城県の海外研修の後、教育、福祉、環境のテーマ中に折り紙を生かしたいと考えて実践してきました。幸せの種まきが応援花となって咲いていくのを見るのはうれしい限りです。理不尽な思いをした時、記憶形状のツイストローズを見て、押されてつぶされても元に戻る姿にヒントをもらったり、ひたすら折ることで力が湧いてきたり。

　そんな体験談も学校では喜ばれています。ある時、「言葉の花」と書いて下さった北村タキ子さん。「あなたの『言葉の花』の魅力に惹かれている私はいつも温かい気持ちになります」の手書き文に私は力を貰いました。ジャーナリストの入江徳郎氏は温もりのある文字で独身の頃から励まして下さいました。結婚のお祝いに頂いたバラの木彫りの大きな鏡も私の作品に生かされています。このように人との絆で私の花は咲き続けています。

第3章

絆（きずな）

折り紙から生まれるやさしさの輪

20. 変身リング（くねくねへび君）

簡単なパーツ32個で円に、それ以上では楕円形に（小さい紙の使用でネックレスにもなる）。輪を外すと「くねくねヘビ君」に変身。虹の作品にも使えます。ネックレス等にも使用する。12頁参照。「絆を感じる」作品と好評。

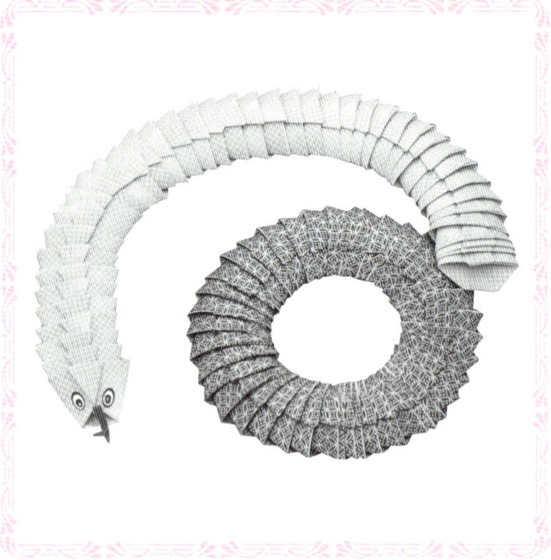

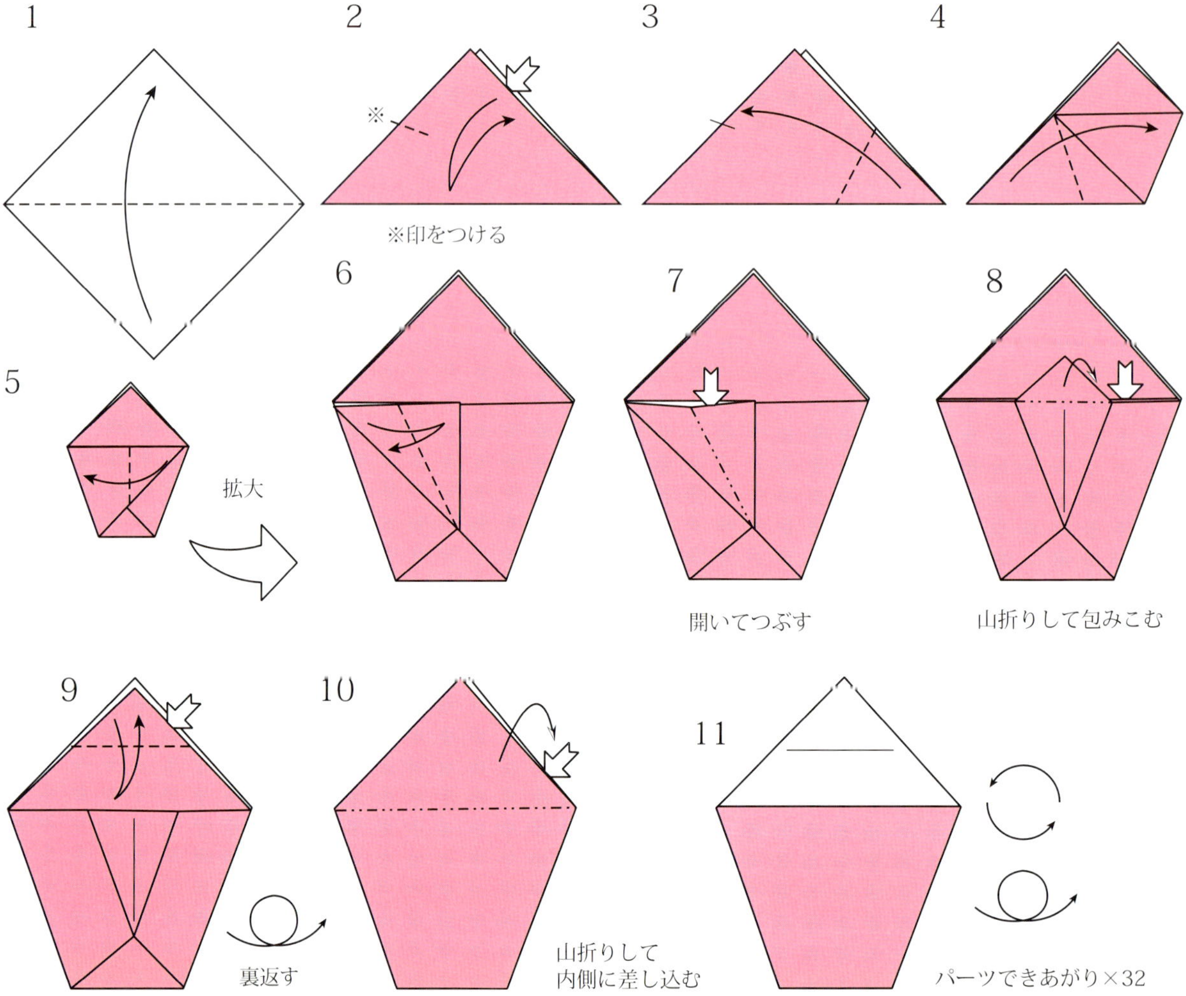
1
2
※
※印をつける
3
4
5
拡大
6
7
開いてつぶす
8
山折りして包みこむ
9
裏返す
10
山折りして
内側に差し込む
11
パーツできあがり×32

12

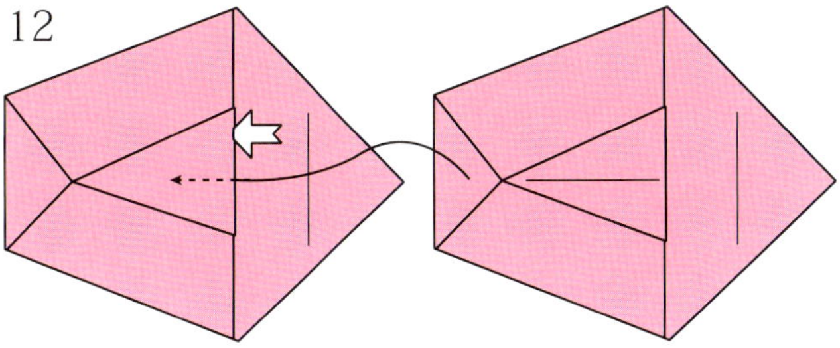

13

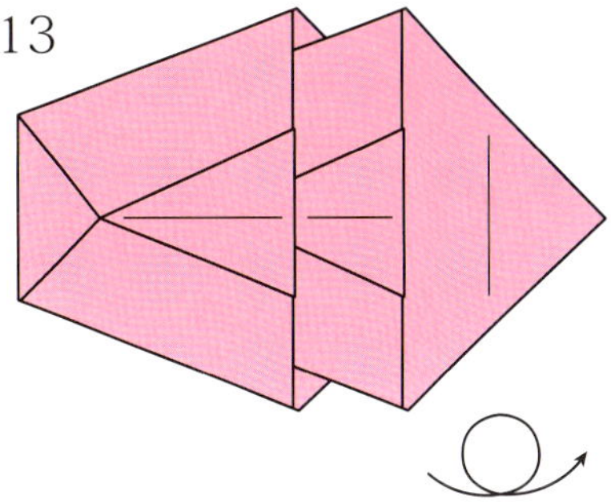

2つめのパーツを（13）を見ながらポケットに差し込む

14

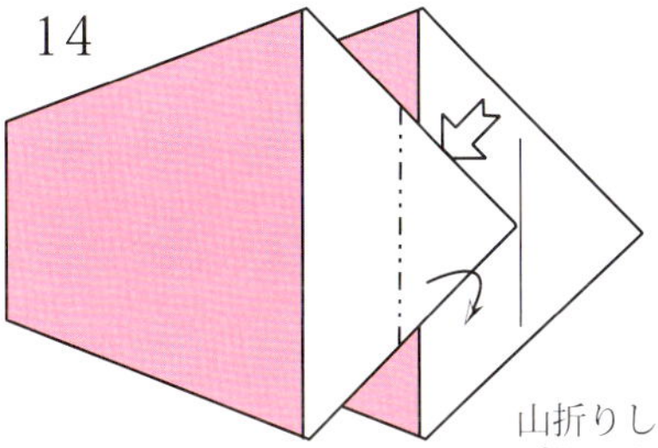

山折りして
ポケットに入れる

15

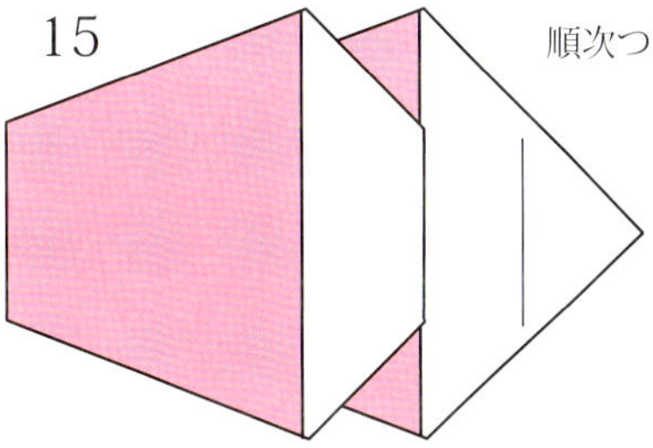

順次つなげて輪にする

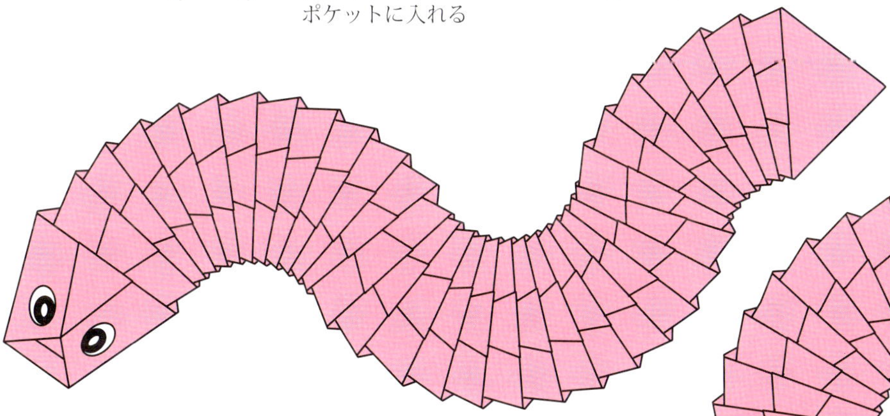

「くねくねヘビ君」できあがり

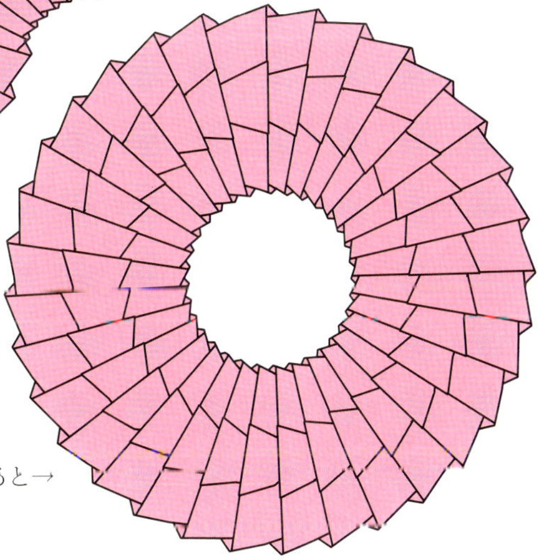

頭と尾をつなげると→

「変身リング」できあがり

インドに虹の架け橋が！

2009年にインドに招かれ、展示・講習をしましたが、その時の受講者のプリティさんが2013年４月に、ルチーさんが６月に来日し、お二人は再び受講して下さいました。プリティーさんは「カーネーション」、ルチーさんは「変身リング」を楽しんで帰国。インドの折り紙クラブはインド人と結婚した明日仁見さんが代表で、毎年、大きな展示会を開催しています。「今回はルチーさんが変身リングを皆に教えてくれて、展示会のジオラマ作品の壁面を『虹』で飾りました。とても好評でした」とうれしいメールが仁見さんから届きました。

21. ジャンピングハート（じぇじぇハート）

箱からジャンプするように飛び出すハート。メッセージをハートにはさんだり、ポップアップカードにして、ときめく毎日を… と、メッセージつきで贈りましょう。

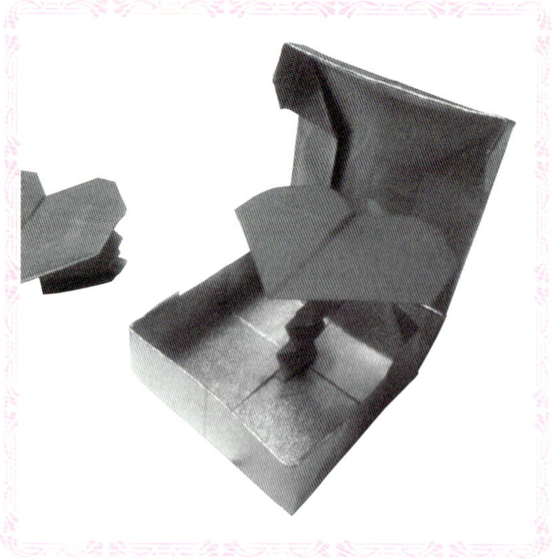

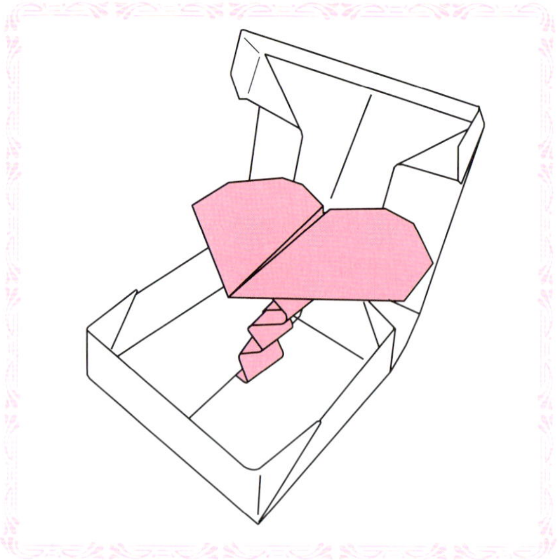

阿部恒創作「ふたつきの箱」にハートをさしこめるようにアレンジ。

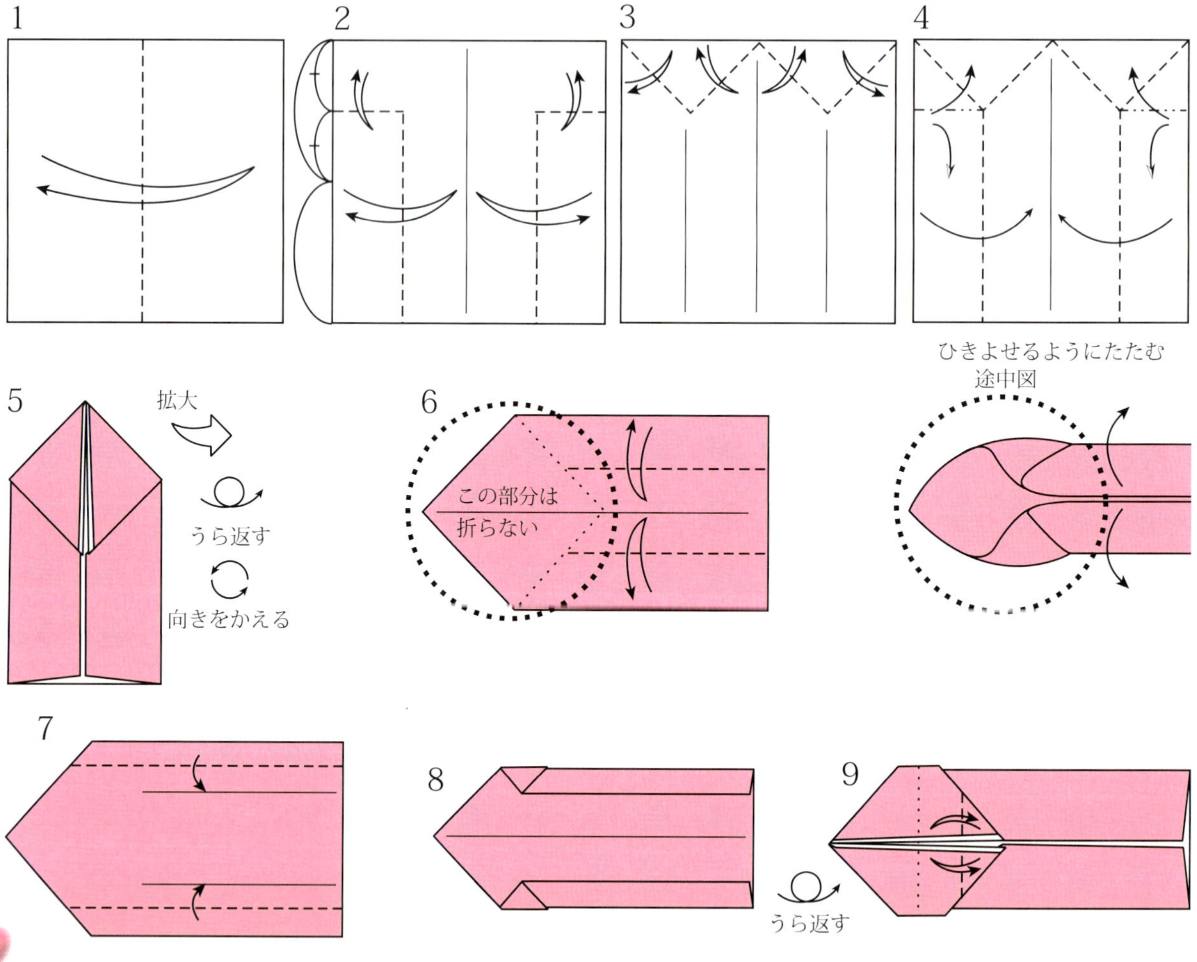

1
2
3
4
ひきよせるようにたたむ
途中図
5
拡大
うら返す
向きをかえる
6
この部分は
折らない
7
8
9
うら返す

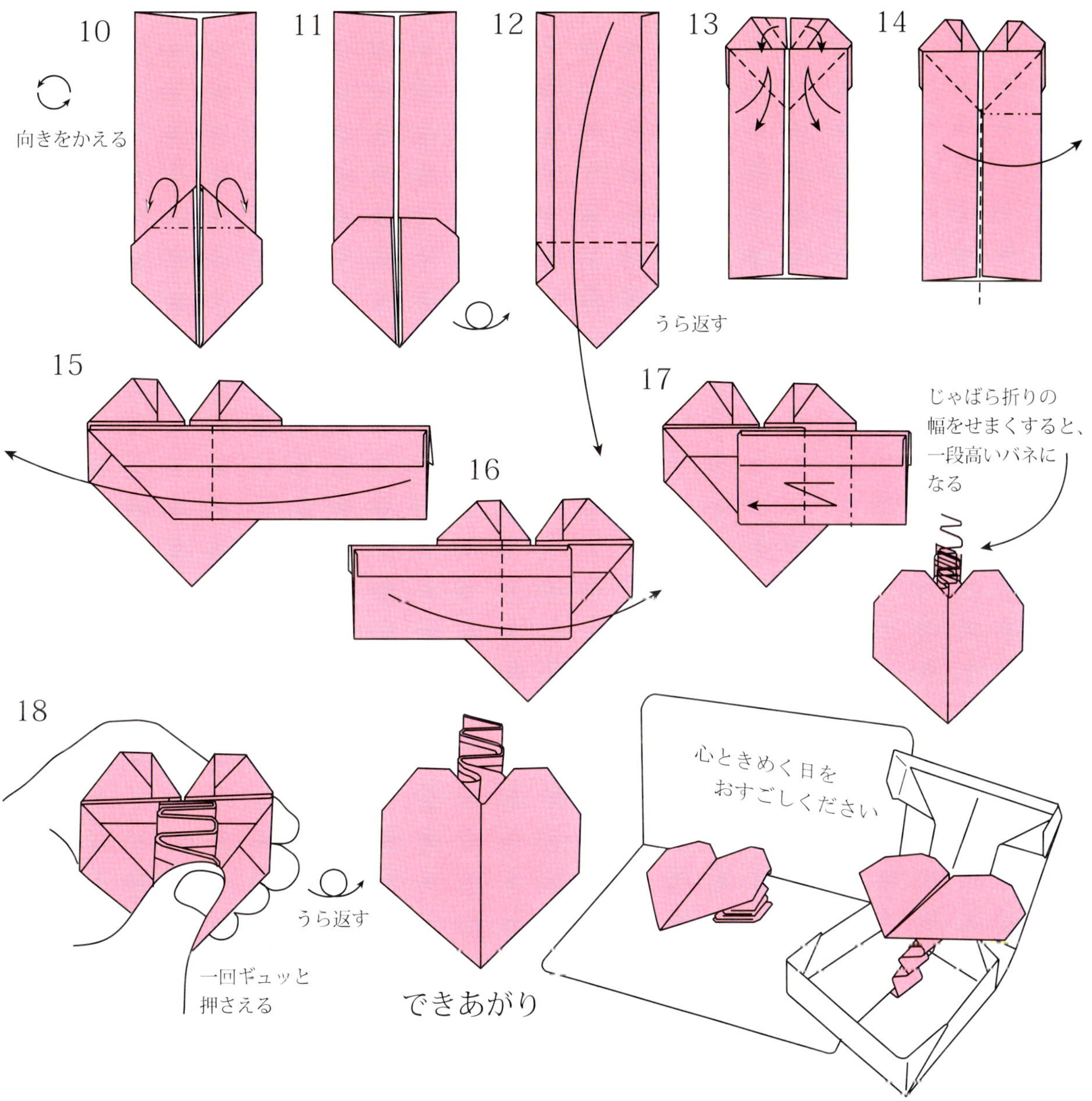
10
向きをかえる
11
12
うら返す
13
14
15
16
17
じゃばら折りの
幅をせまくすると、
一段高いバネに
なる
18
一回ギュッと
押さえる
うら返す
できあがり
心ときめく日を
おすごしください

じぇじぇ！ すごーい

2013年の流行語大賞の一つ「じぇじぇ」を折り紙で表現したいと思いました。万国共通で「驚き」を表すのは心臓が飛び出す感じかな... と、「ジャンピングハート」が誕生しました。私をいつも楽しく驚かせてくれるのは沖縄の古堅幸江さんです。私の作品のファンでツイストローズはもう1500個以上作り、うさぎの「エミッフィーちゃん」も1000個？600台まではナンバリングしての報告がありました。昨年は、イベント（九州地区家庭相談員研修会「沖縄大会」）主催者のリクエストにより、ツイストローズ付きの名札を作り、受付に並べたところ大好評だったと、写真つきで報告してくれました。これからも「じぇじぇ」と驚かせて欲しいと思います。

22. 笑顔の倍返しカード

唇の開く角度で、顔の表情が楽しめます。「ありがとう」「ごめんなさい」をなかなか言えない時にも利用してみては？
作るあなたも思わずほほえむでしょう。

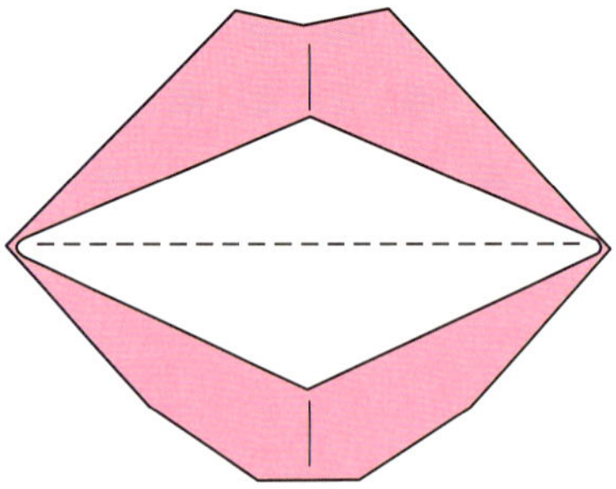

ほほえみ返しの唇

●4cm 角位の小さい紙を使用

1

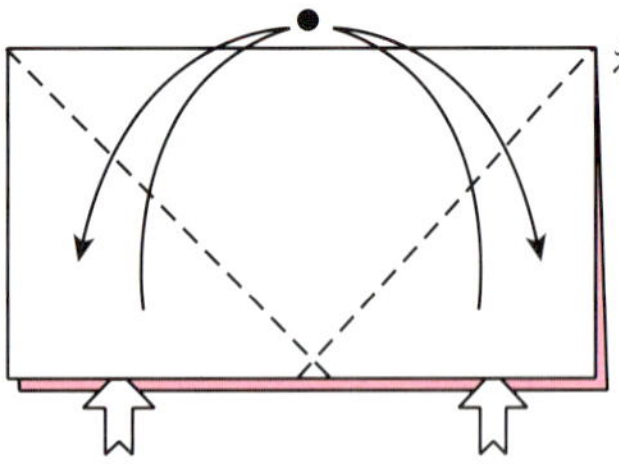

（わ）より糸 1 本分上（●印）にむかう。
（3）でスキマをつくらないため

2

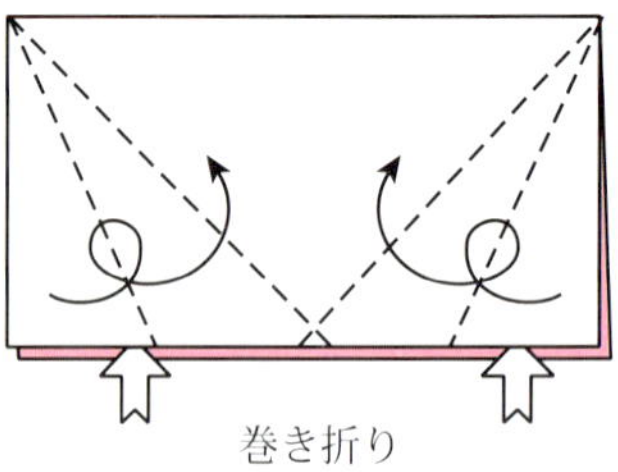

巻き折り

3

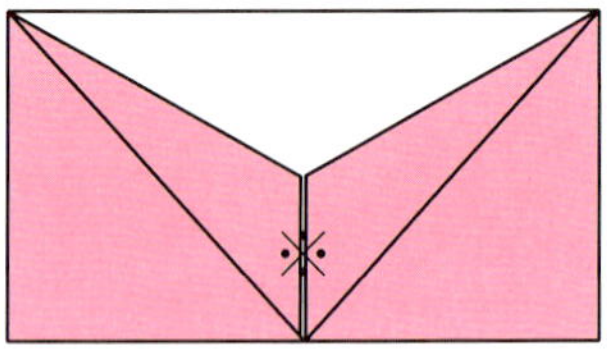

※スキマをつくらないように
うら側も（1）〜（3）と同じように折る

4

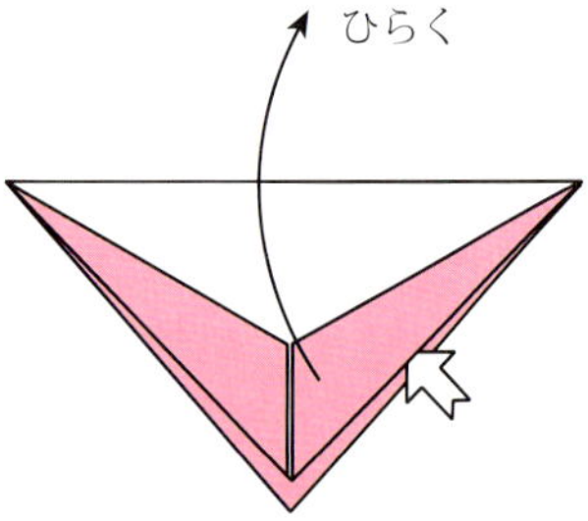

5

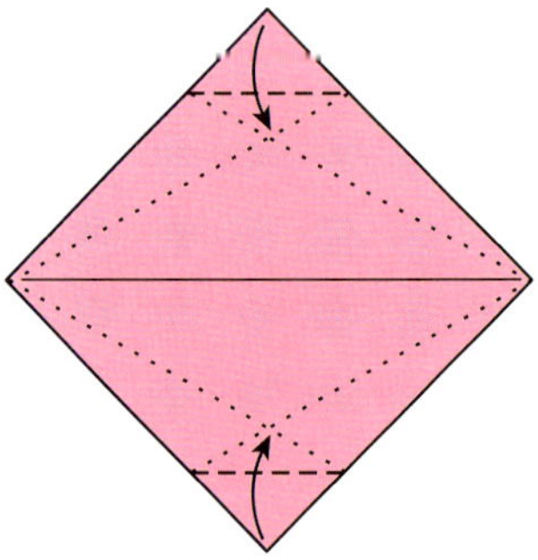

6

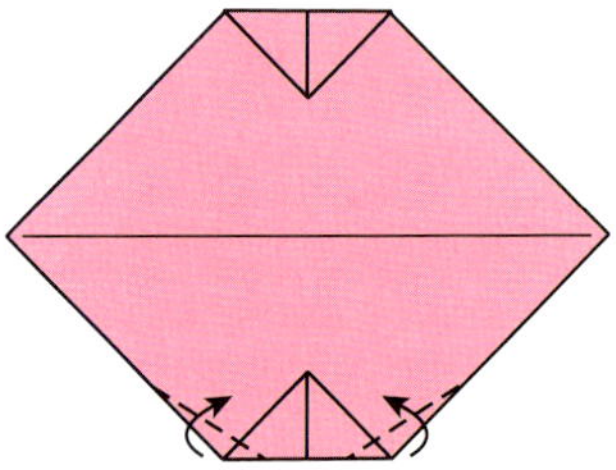

下唇に丸みをつける

7

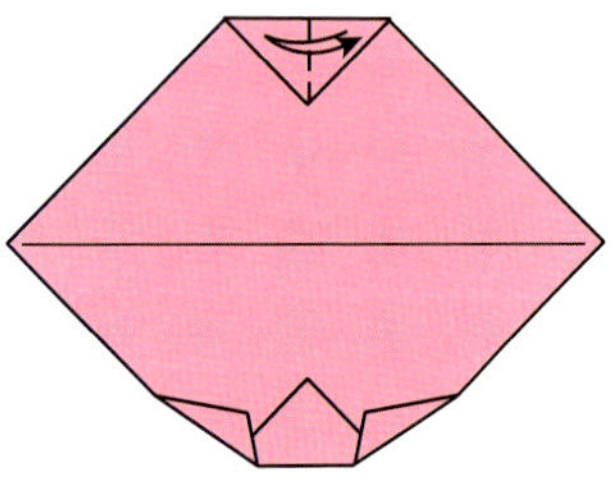

上唇をたてにすじをつけける

できあがり

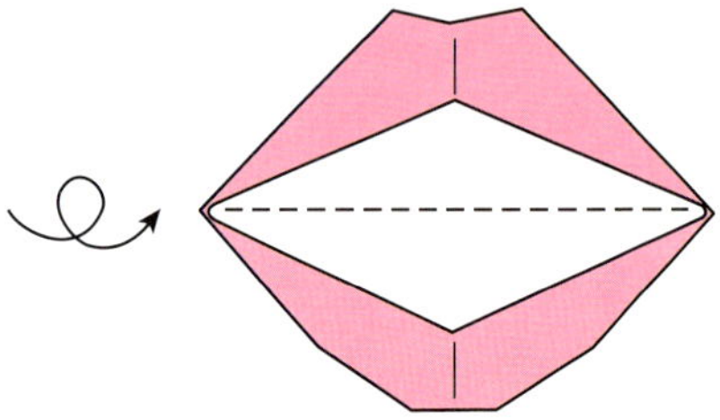

谷折りして形をととのえる

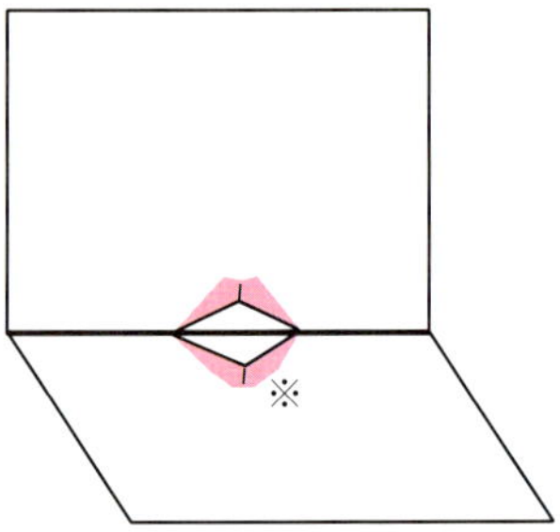

カードに顔を描いて口の位置で二つ折りにして唇を貼る（※のりは下唇のみ）

23. 七変花（化）のブローチ

多角形（正五角形、正八角形など）の「たとう折り」から、七変化以上を楽しめ、国内外で昔から親しまれています。

器にする時は、張り感のある紙（裏打ち和紙、フィルムタイプの洋紙など）が適し、（18）を折ると自然と器になります。

【正六角形の折り方】

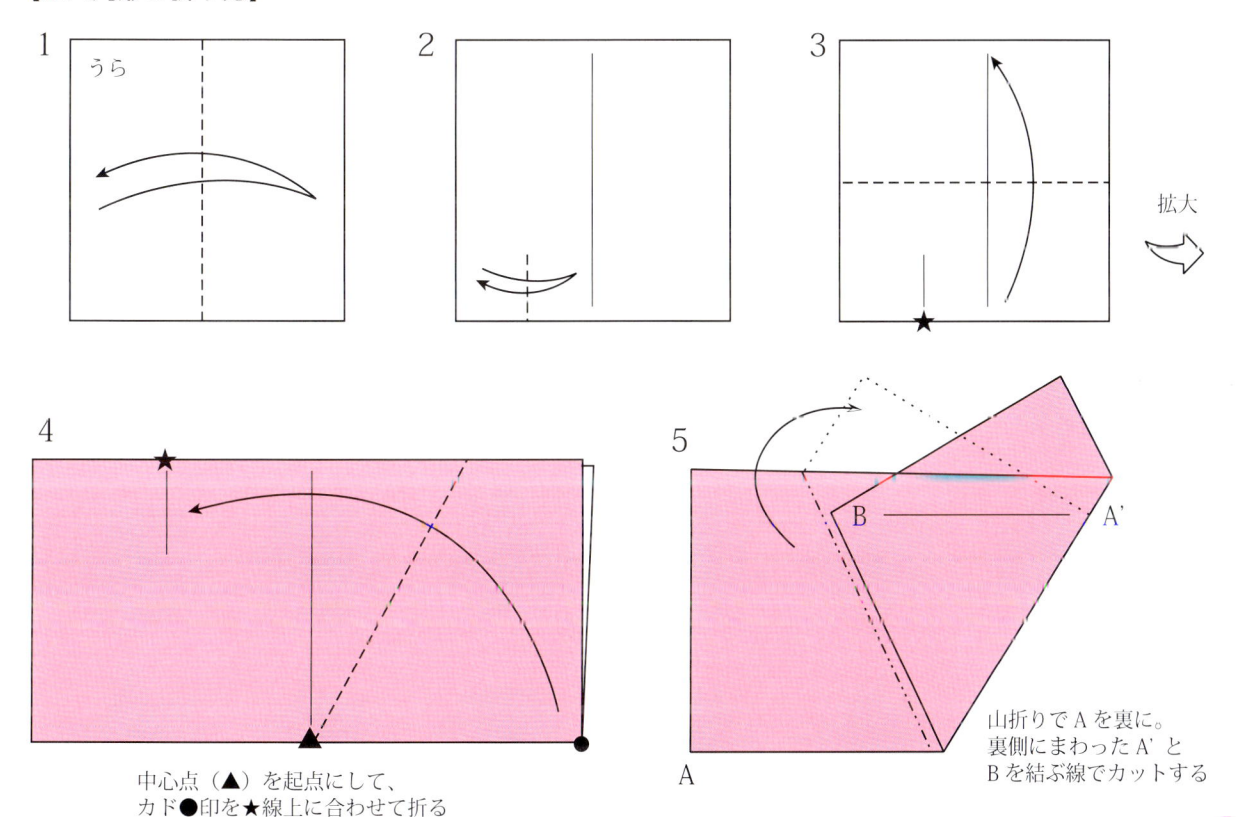

1

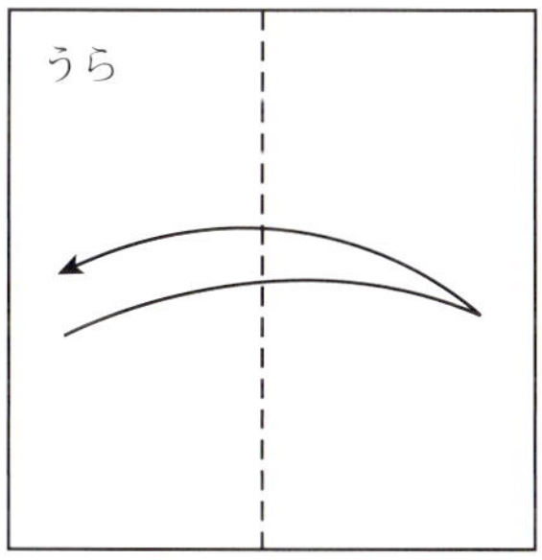

2

3

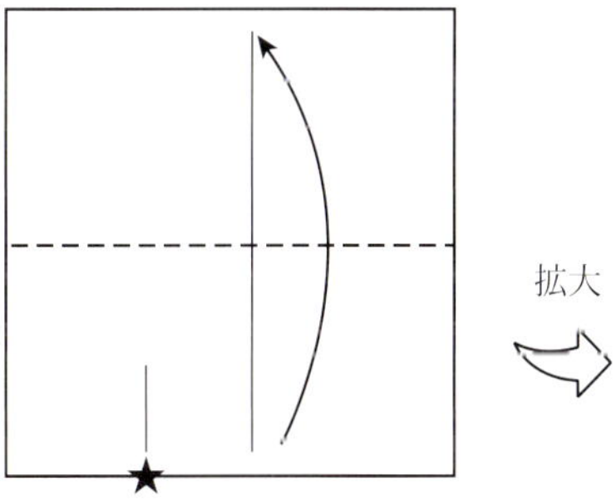

4

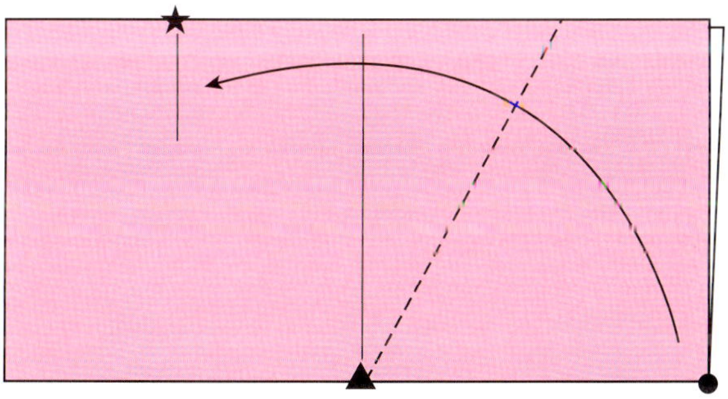

中心点（▲）を起点にして、
カド●印を★線上に合わせて折る

5

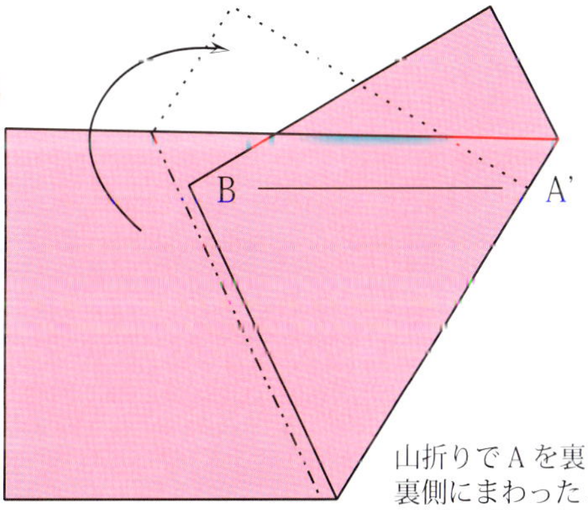

山折りでAを裏に。
裏側にまわったA'と
Bを結ぶ線でカットする

正六角形からの「たとう折り」

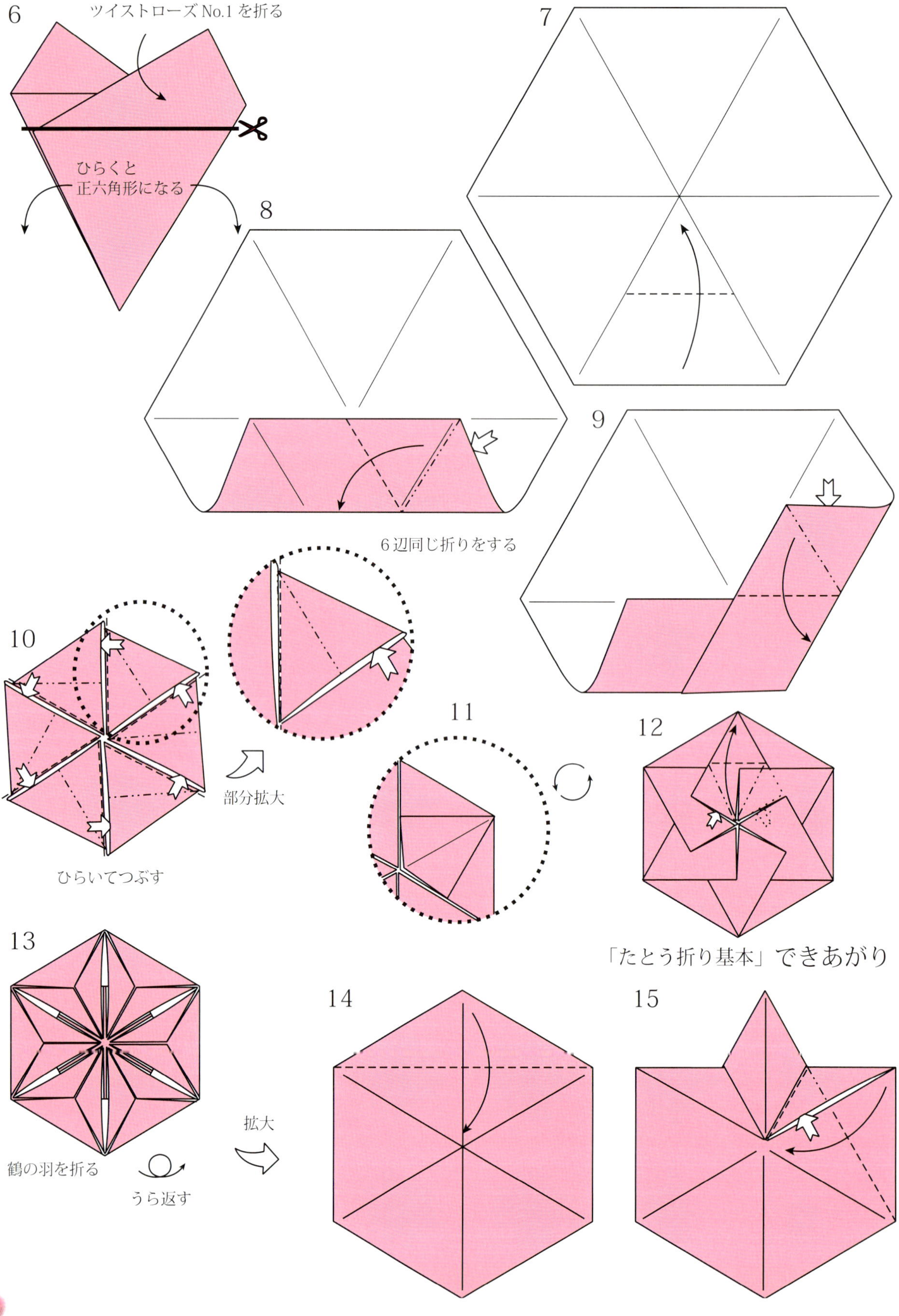
6
こちら側で
ツイストローズ No.1 を折る
ひらくと
正六角形になる
7
8
6辺同じ折りをする
9
10
ひらいてつぶす
部分拡大
11
12
「たとう折り基本」できあがり
13
鶴の羽を折る
うら返す
拡大
14
15

16

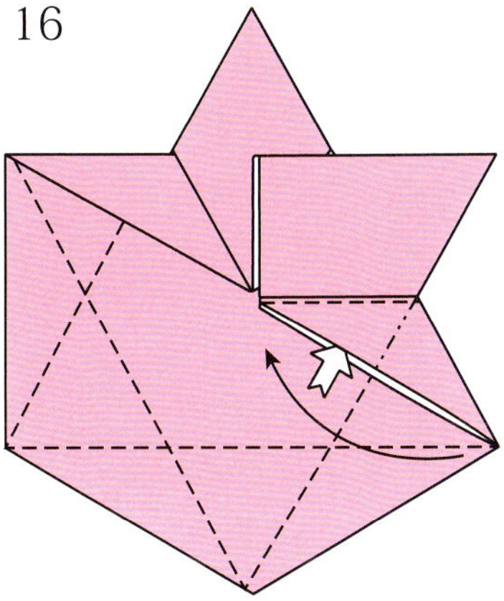

残りの4か所も同じように折る

17

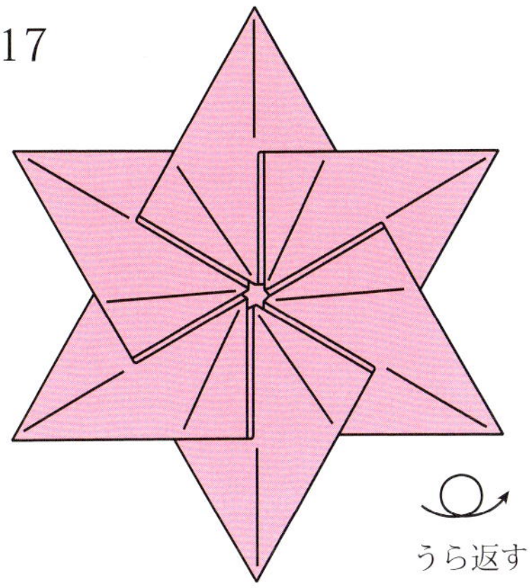

うら返す

18

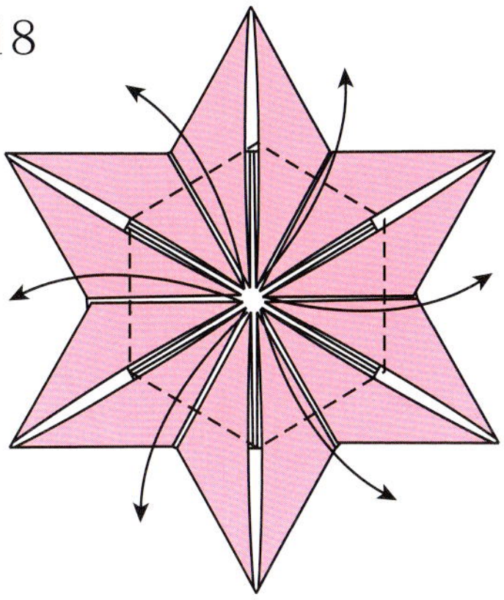

19

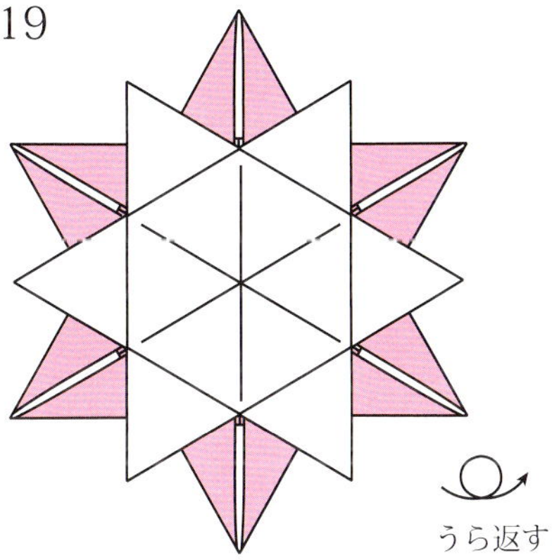

うら返す

20

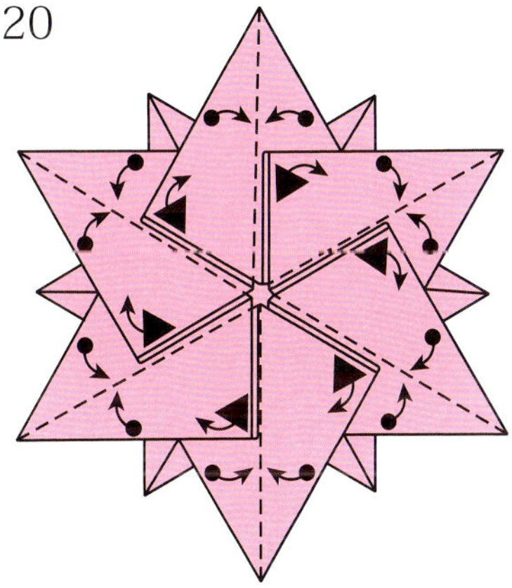

▲を90°（垂直に）たちあげて、●印を合わせるようにつまむ（カサッと紙が引き出される音がする）

21

ひらく

22

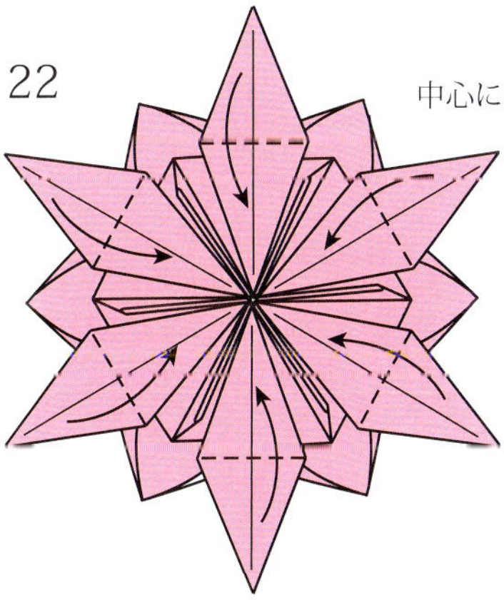

中心に倒す

23

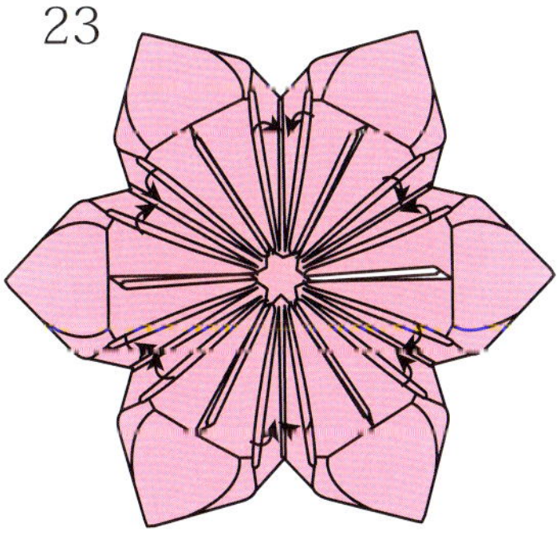

つまんで引き寄せる

25

●印を軽く押す

24

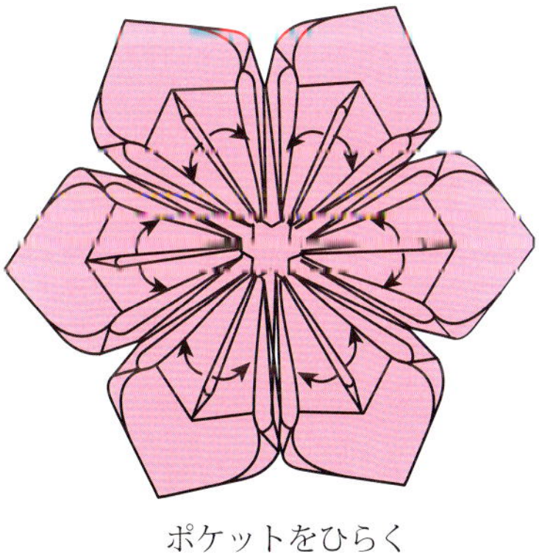

ポケットをひらく

切り残しの紙で
小さいツイストローズ No.1
を作り中心に貼る

できあがり

24. 星に願いを

A 4サイズの長辺 7㎜をカットして折ると、正五角形になり、美しい星の入れ物に。プレゼントのブラウスやスカーフ等をカラーコピーして折ると、あなただけの想い出に。（注意：ブランド品のコピーは著作権の侵害となります！）

原題：Star Container（星のいれもの）　創作：デビッド・ブリル（David Brill）

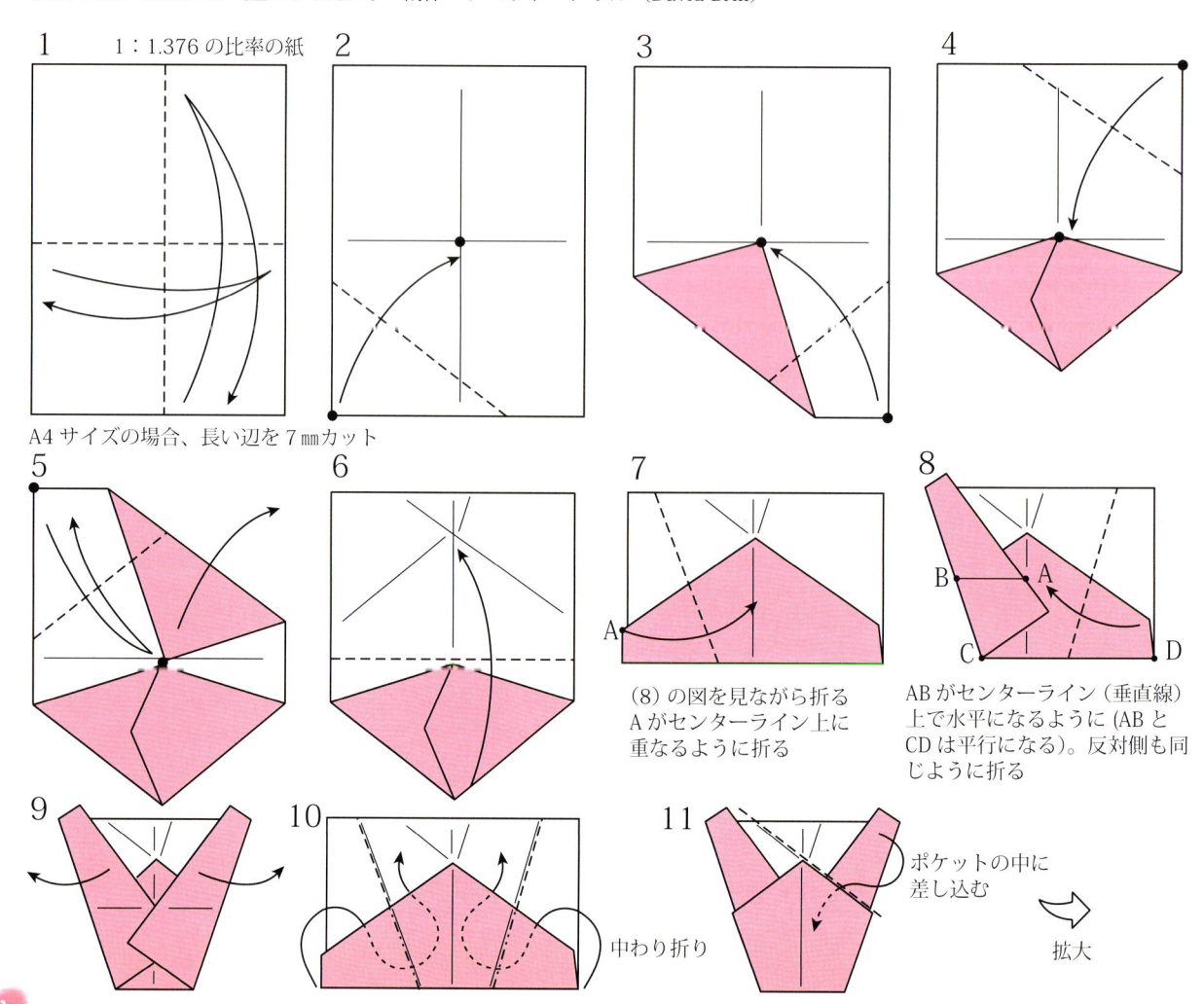

1　1：1.376 の比率の紙

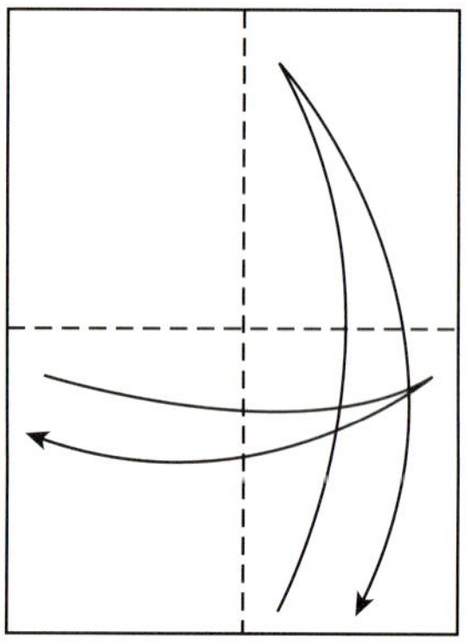

A4 サイズの場合、長い辺を７㎜カット

2

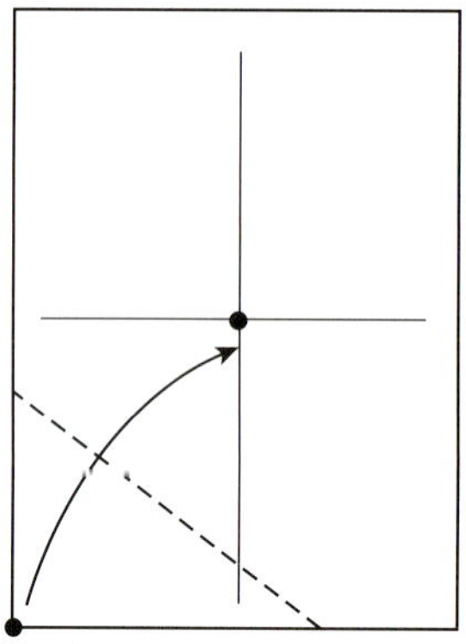

3

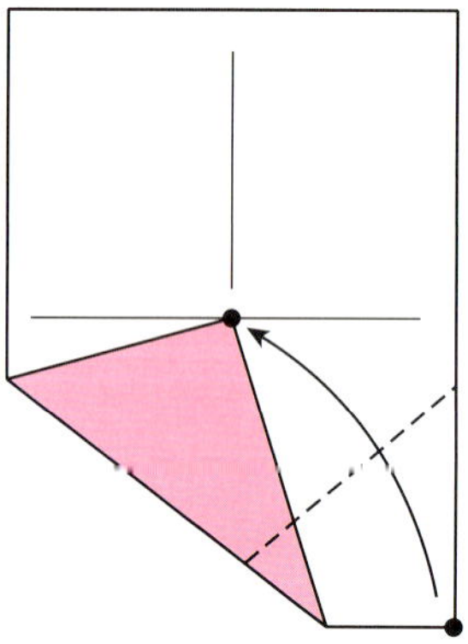

4

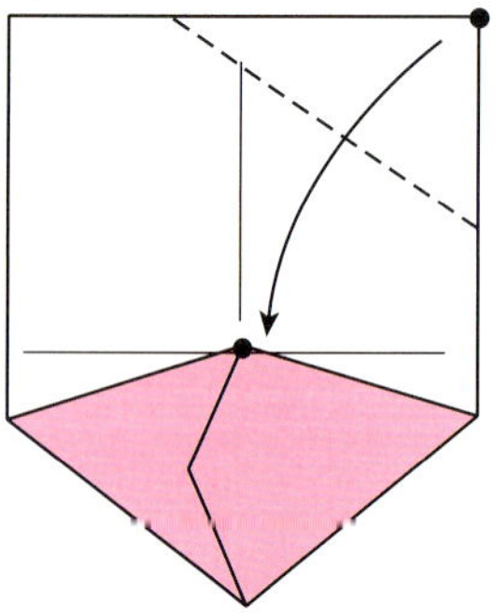

5

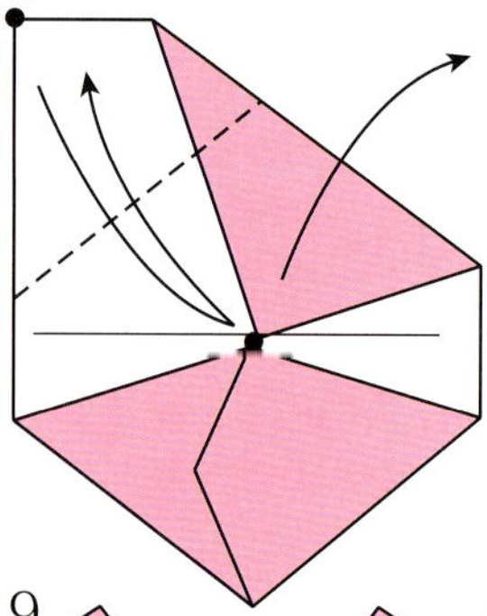

6

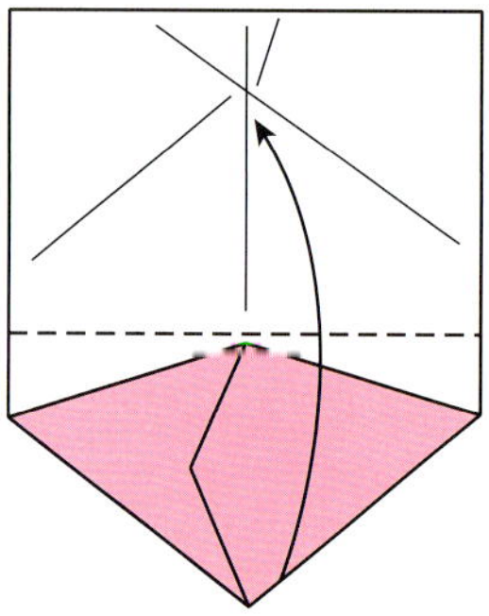

7

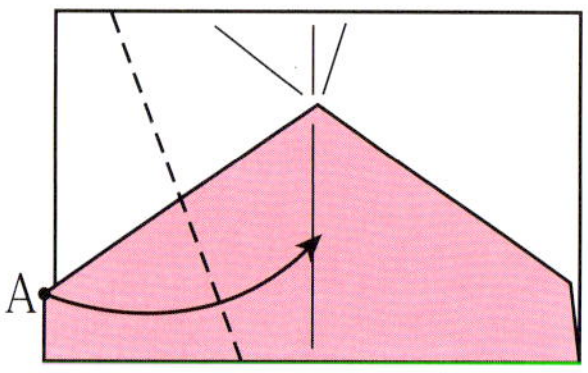
A

(8) の図を見ながら折る
A がセンターライン上に
重なるように折る

8

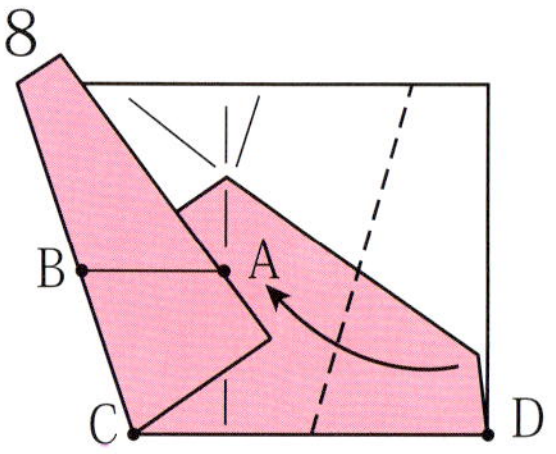
B
A
C
D

AB がセンターライン（垂直線）上で水平になるように (AB と CD は平行になる)。反対側も同じように折る

9

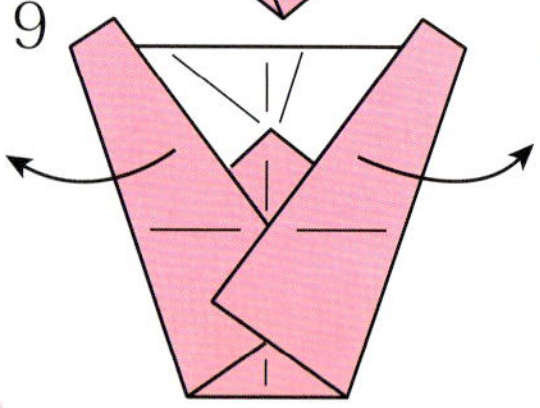

10

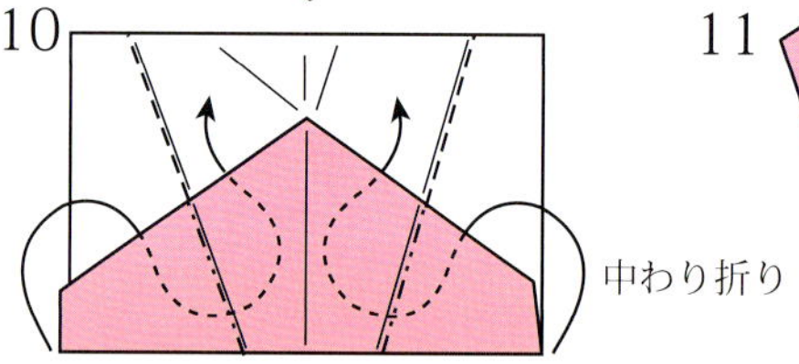
中わり折り

11

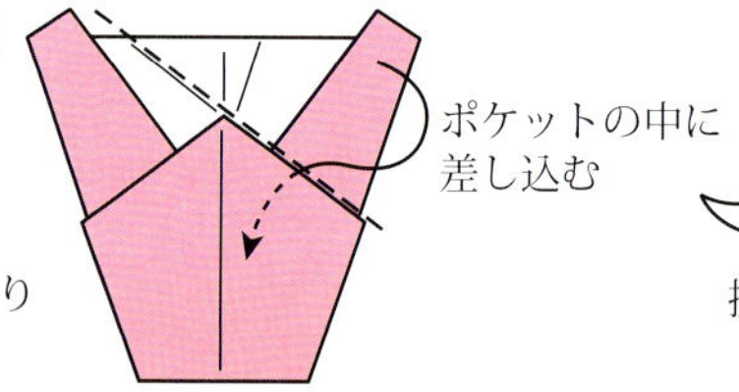
ポケットの中に
差し込む

拡大

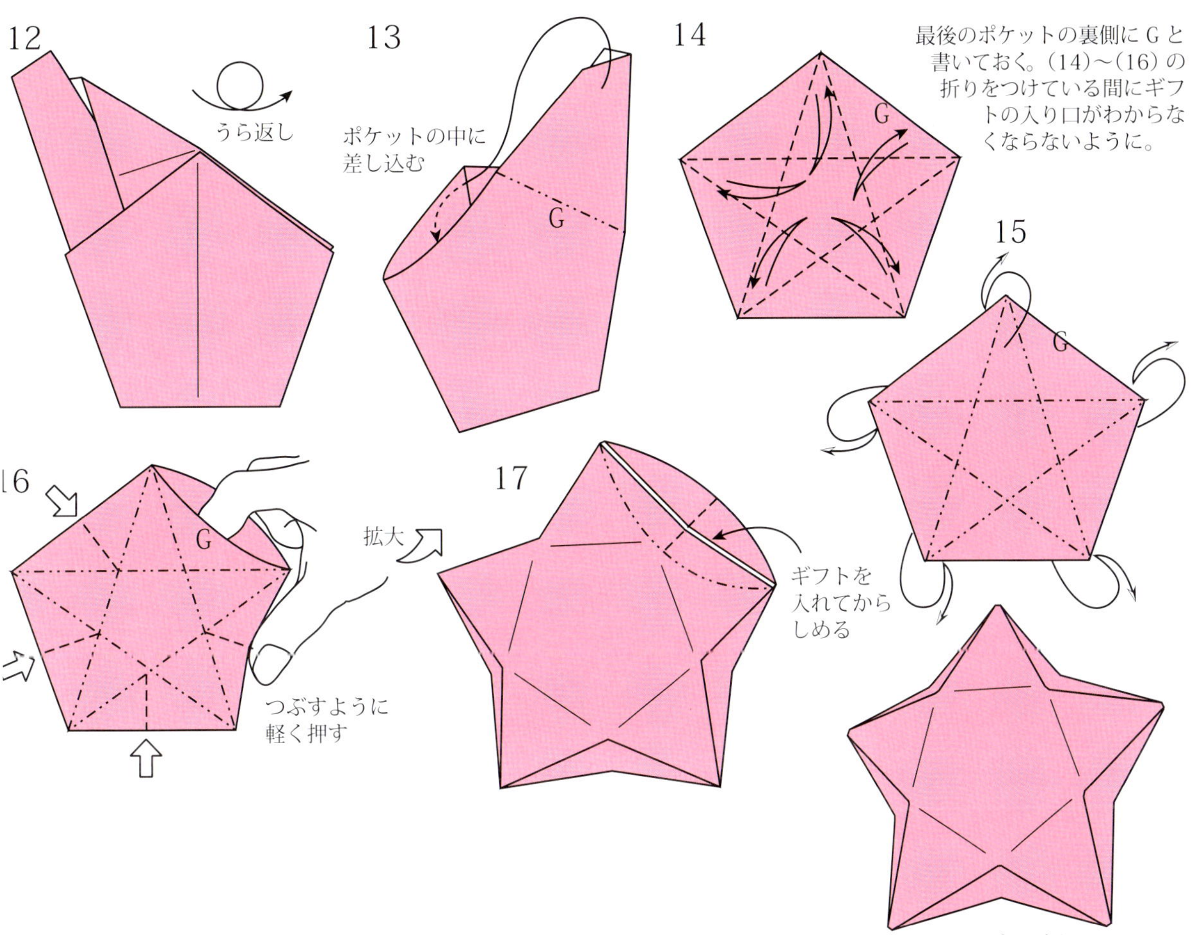
12
うら返し
13
ポケットの中に
差し込む
G
14
G
最後のポケットの裏側にGと
書いておく。(14)～(16)の
折りをつけている間にギフ
トの入り口がわからな
くならないように。
15
G
16
G
つぶすように
軽く押す
拡大
17
ギフトを
入れてから
しめる

できあがり

イギリスの思い出

Emiko 描

BOS（British Origami Society）のデビッド・ブリルさんの「星の入れもの」の折り図を見たのは30年程前のBOSコンベンションの折り図集。以来、私のお気に入りの作品で、今回掲載許可をいただいたのは、もう1年以上も前...。「あなたが図を描いたら、見せてね」と言われ、手書き図を送ると、すぐに「講習も折り図もOK」のお返事が。昨年の6月、講習する前に受講者に「記念の洋服、スカーフ等カラーコピーをして持参」と予告を。お孫さんの洋服、自分のスカーフ等、皆さん思い出の物をカラーコピーして持参し、この作品を折りました。とても好評で月刊「おりがみ12月号」（日本折紙協会）にも登場となりました。イギリスは4回ほど行っていますが、2003年に招かれたのが印象深い思い出です。大使館、小学校、大学いろいろな所で教えましたが、この時、ブリルさんはたくさんのオリガミアンに「Emikoがイギリスに来ている」とメールして下さって、BOSのメンバーが会場に来て下さいました。昨年、この時の折田駐英大使が海部元首相と会食をしている写真が新聞に載ったので、お電話をすると「いやー、ピーターバラでは大変お世話になりました」と先にお礼を言われて恐縮しました。すてきなご夫妻で、作品を喜んで下さったのが昨日のことのように思い出されました。

25. おもてなしトレイ

折り慣れるまで、張りがあり薄く強い裏打ち和紙を使うと、平織りの醍醐味が味わえます。「藤本修三作　平織り『亀甲』」よりアレンジ：鈴木恵美子

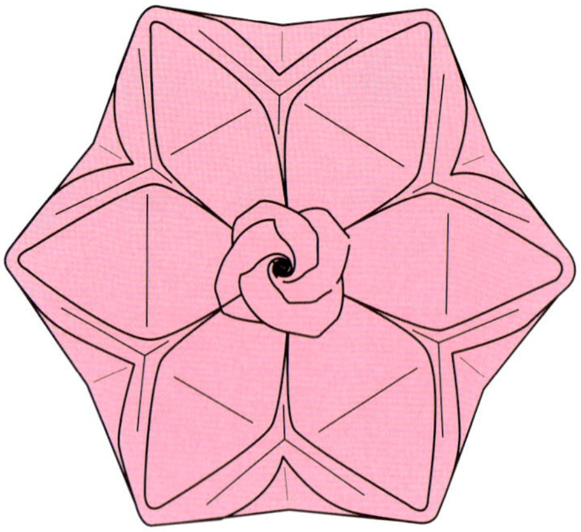

●全工程の折りすじを強くつける。30 ㎝ 角以上の紙を使用すると実用的です。

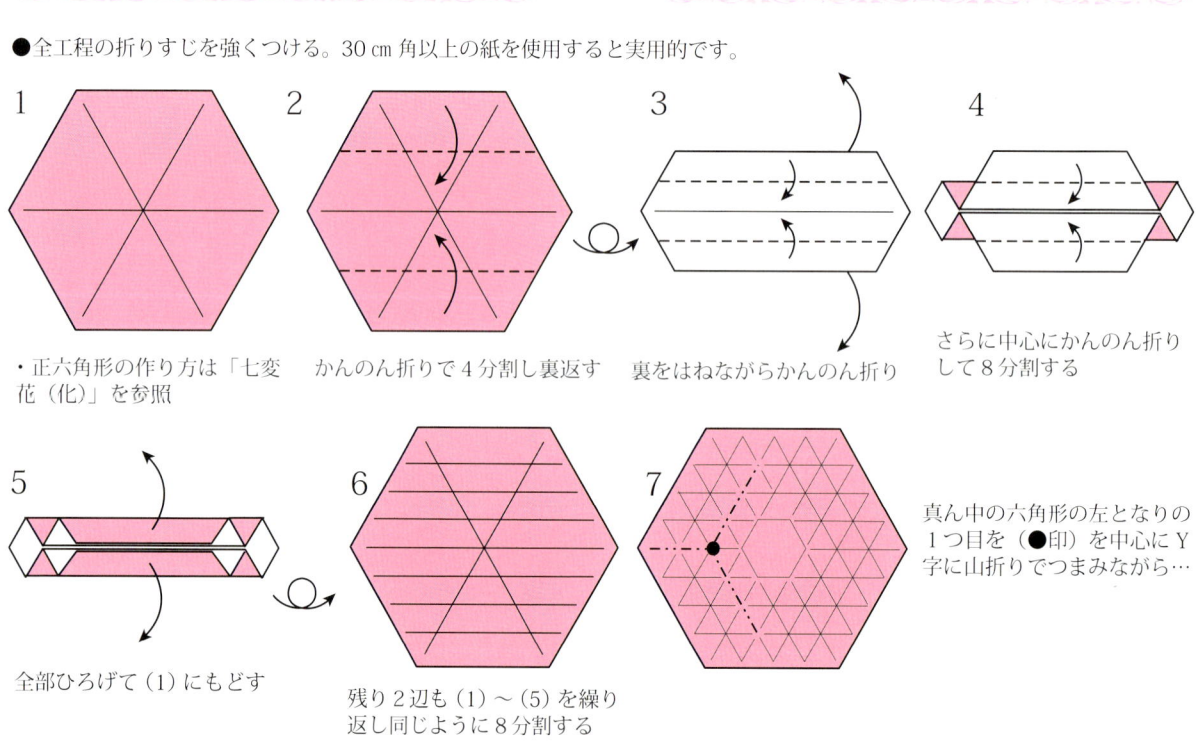

1

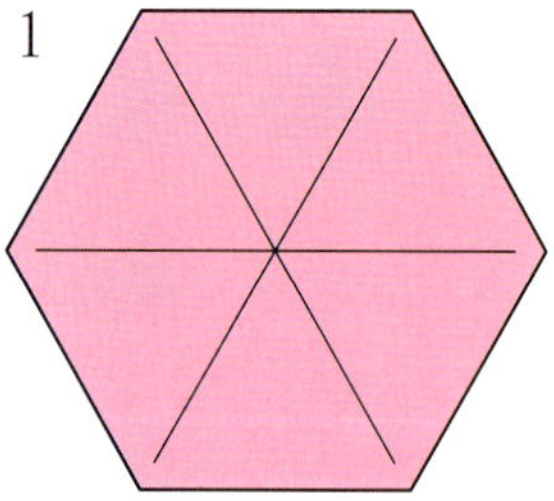

・正六角形の作り方は「七変花（化）」を参照

2

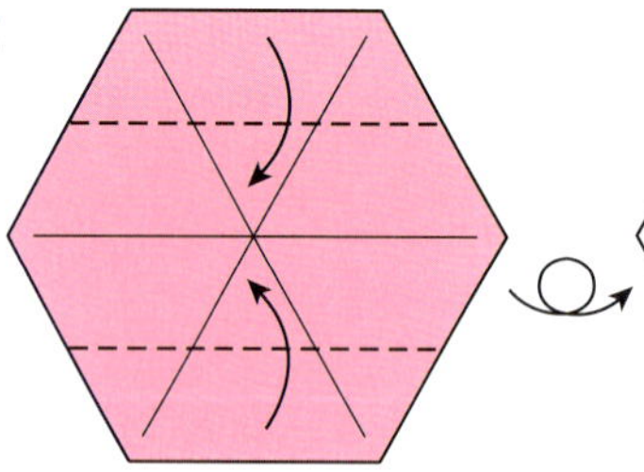

かんのん折りで４分割し裏返す

3

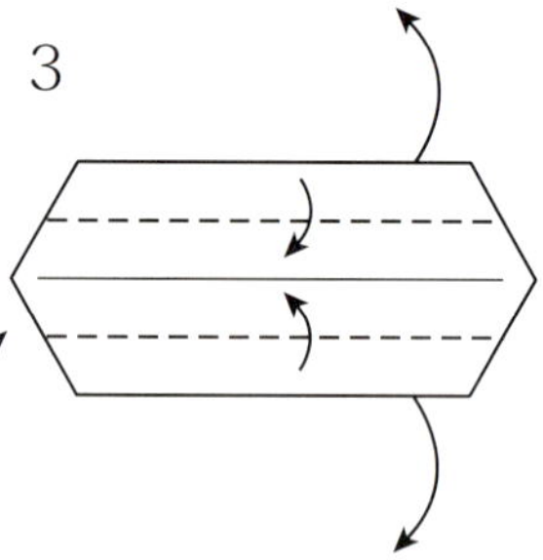

裏をはねながらかんのん折り

4

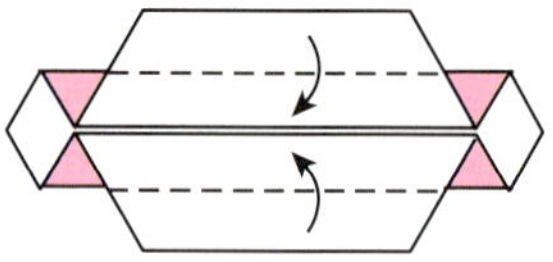

さらに中心にかんのん折りして８分割する

5

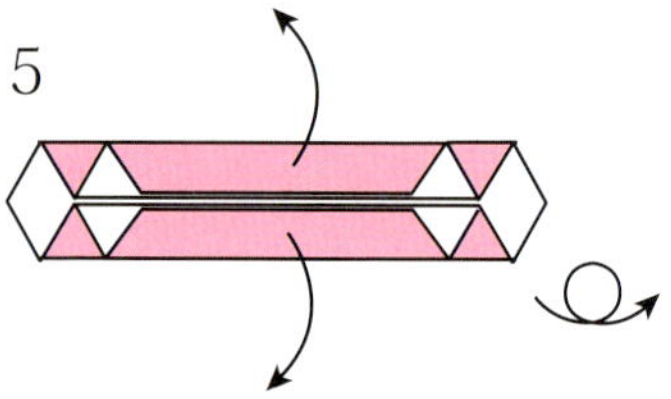

全部ひろげて（1）にもどす

6

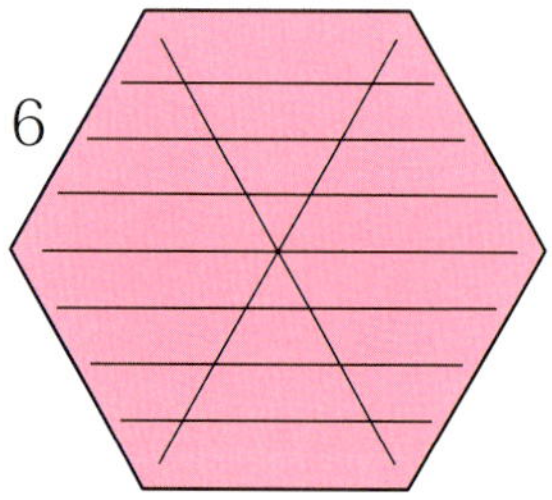

残り２辺も（1）～（5）を繰り返し同じように８分割する

7

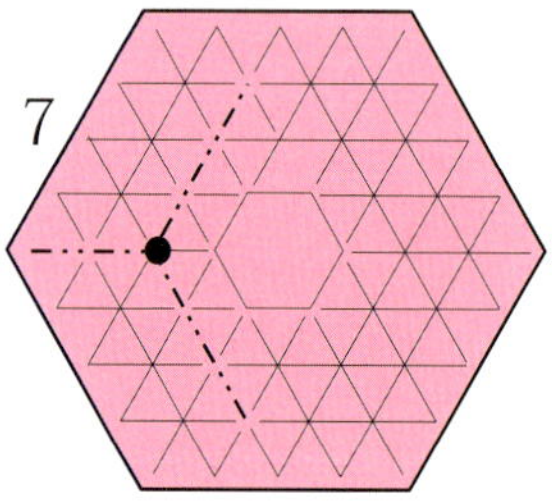

真ん中の六角形の左となりの１つ目を（●印）を中心にＹ字に山折りでつまみながら…

8

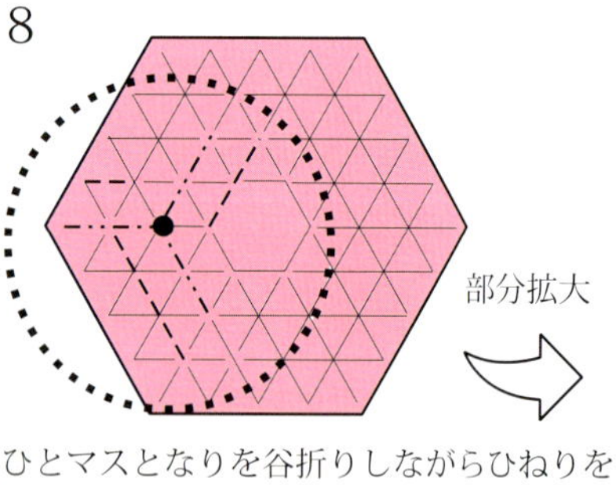

部分拡大

ひとマスとなりを谷折りしながらひねりを出す

9

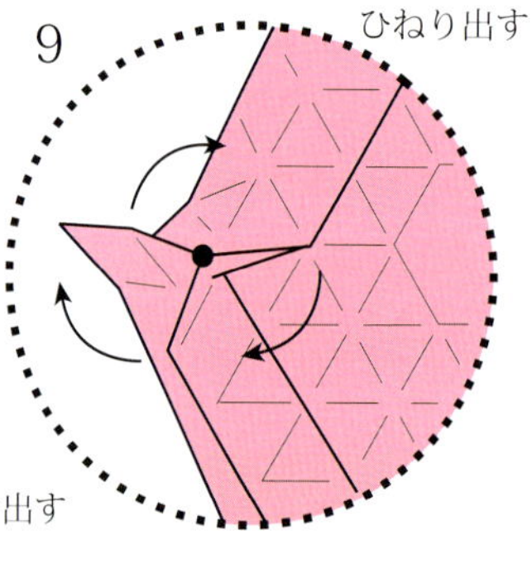

10

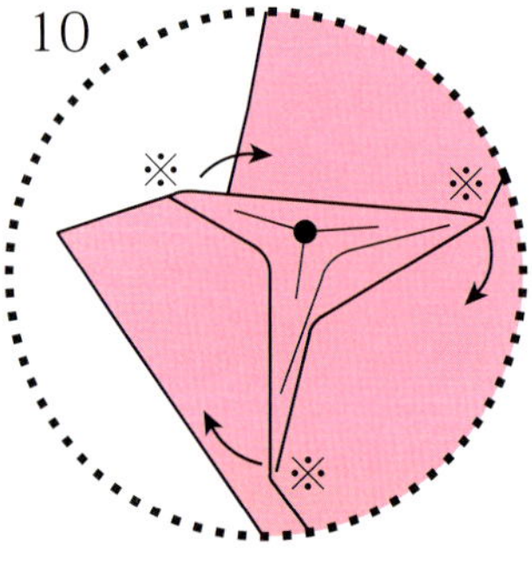

※三方のかどを引っ張るようにすると頂点が三角形につぶれ始める

11

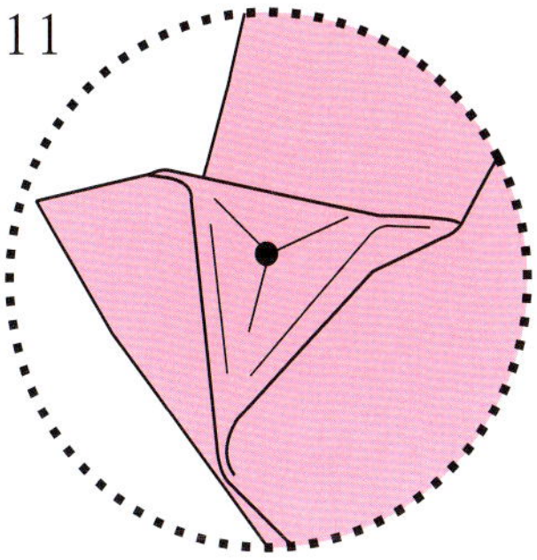

三角形につぶしていく

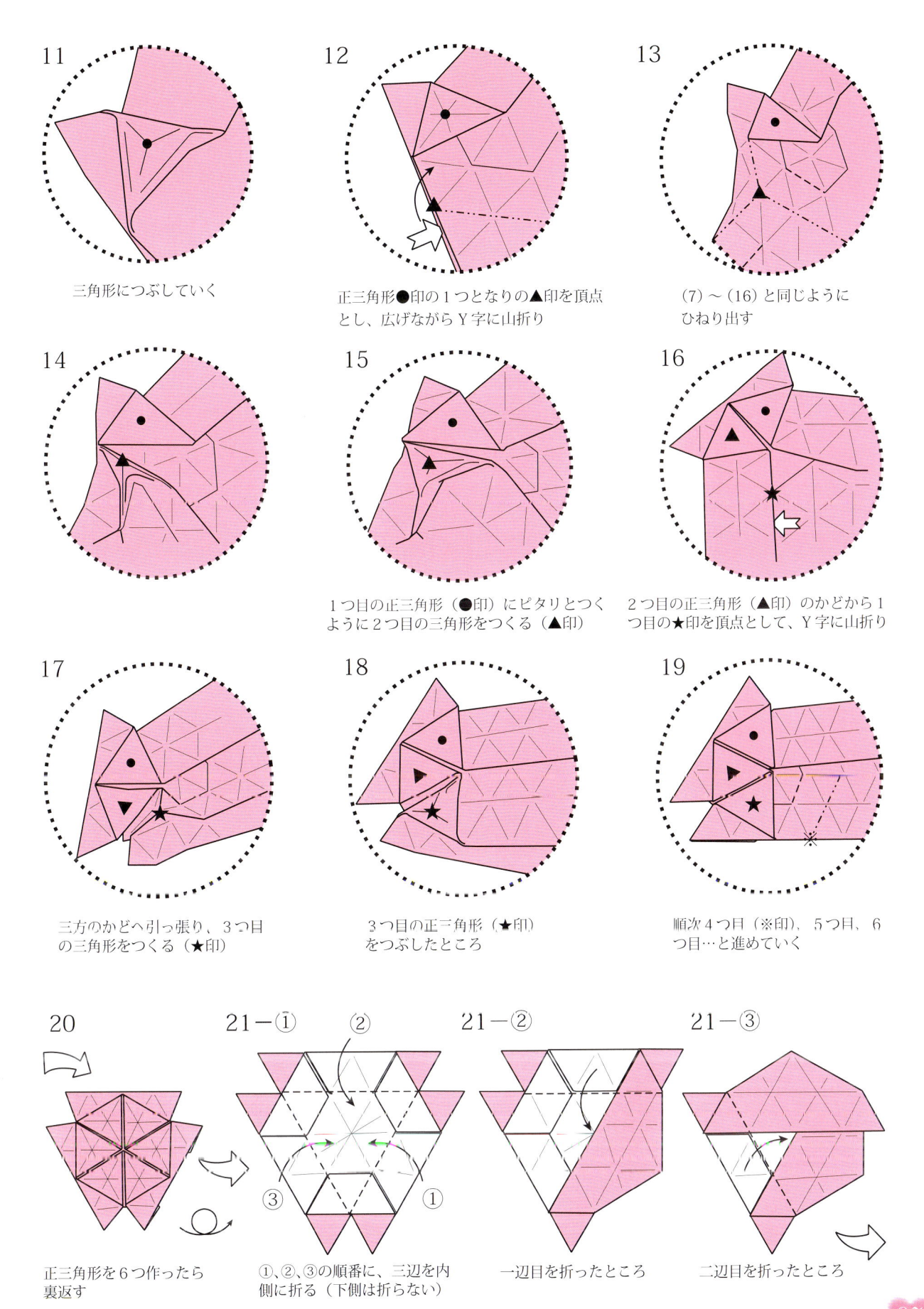

12

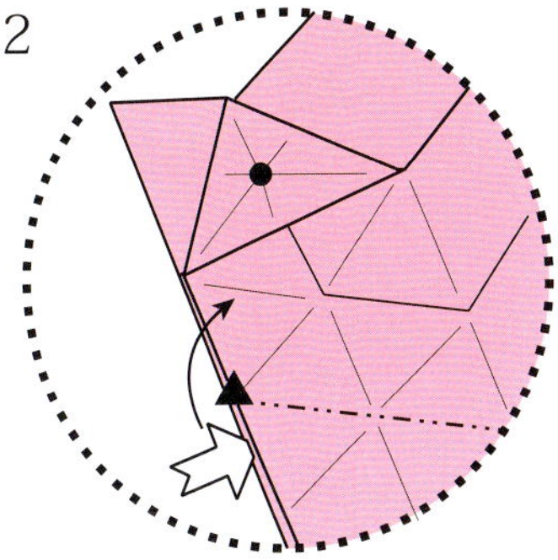

正三角形●印の１つとなりの▲印を頂点とし、広げながらＹ字に山折り

13

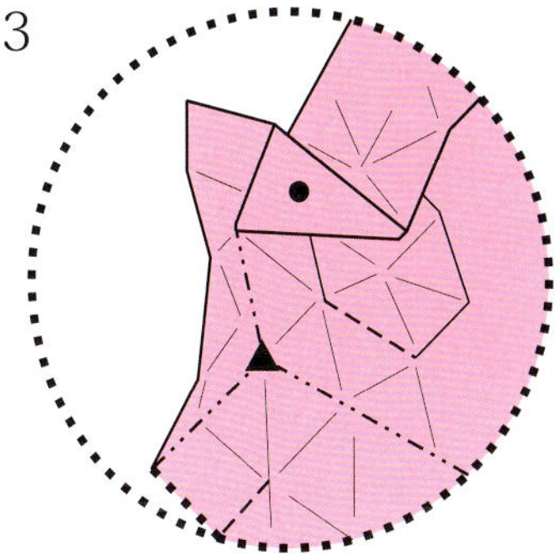

（7）～（16）と同じようにひねり出す

14

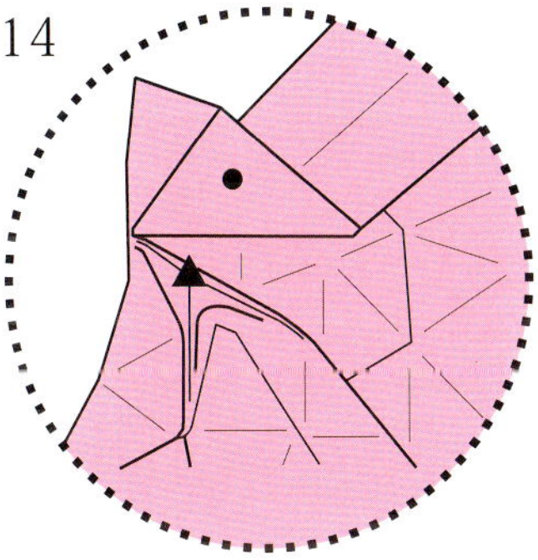

15

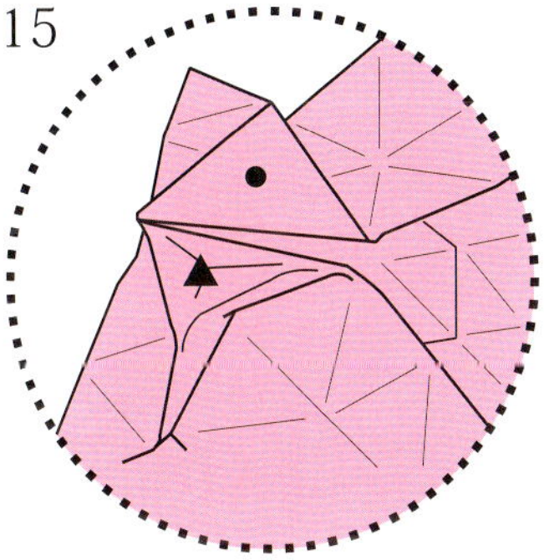

１つ目の正三角形（●印）にピタリとつくように２つ目の三角形をつくる（▲印）

16

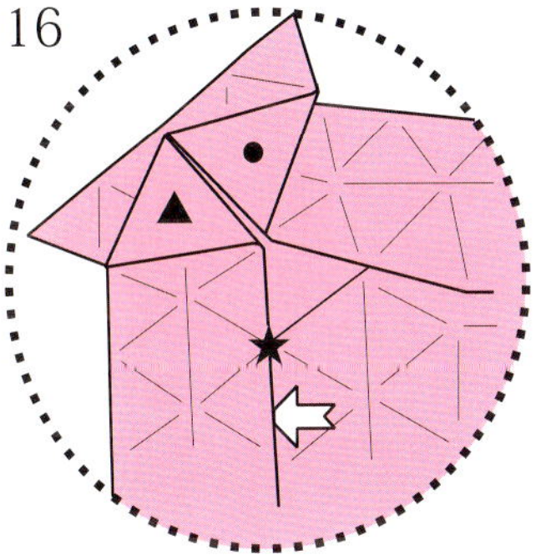

２つ目の正三角形（▲印）のかどから１つ目の★印を頂点として、Ｙ字に山折り

17

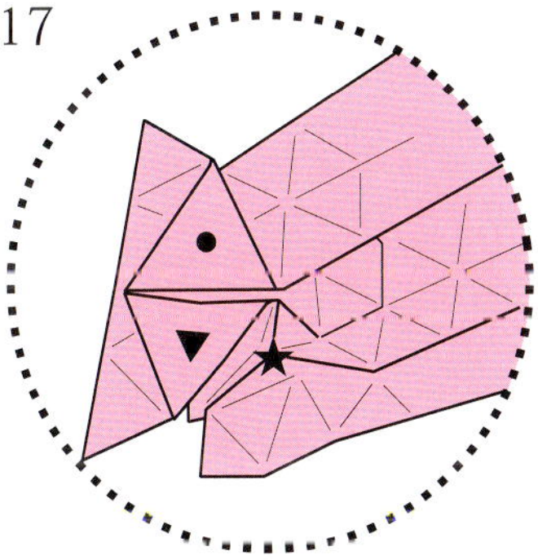

三方のかどへ引っ張り、３つ目の三角形をつくる（★印）

18

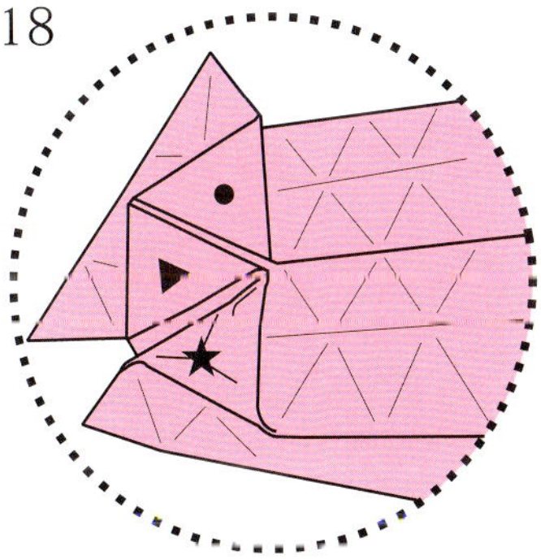

３つ目の正三角形（★印）をつぶしたところ

19

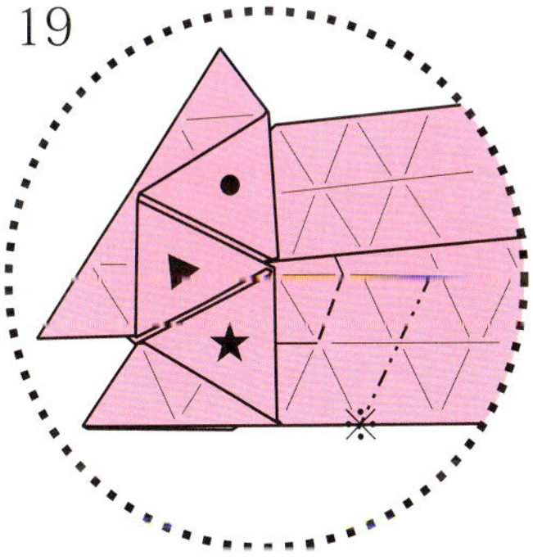

順次４つ目（※印）、５つ目、６つ目…と進めていく

20

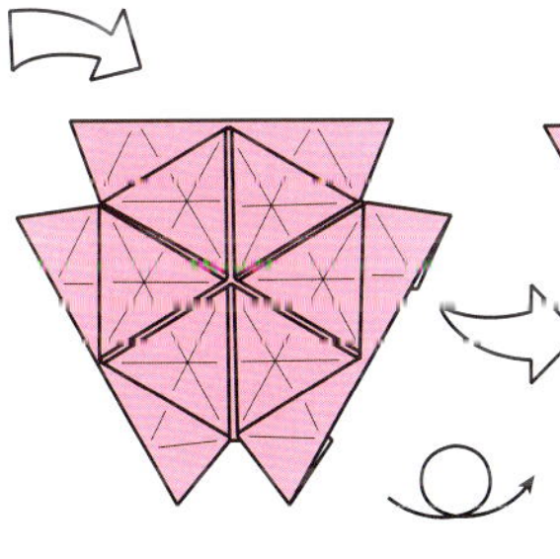

正三角形を６つ作ったら裏返す

21－①

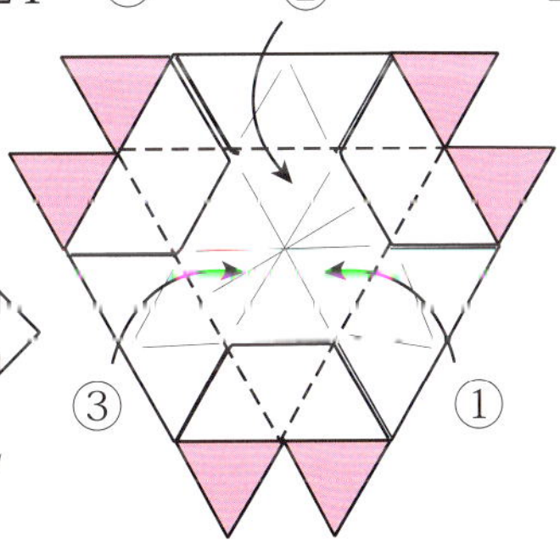

①、②、③の順番に、三辺を内側に折る（下側は折らない）

21－②

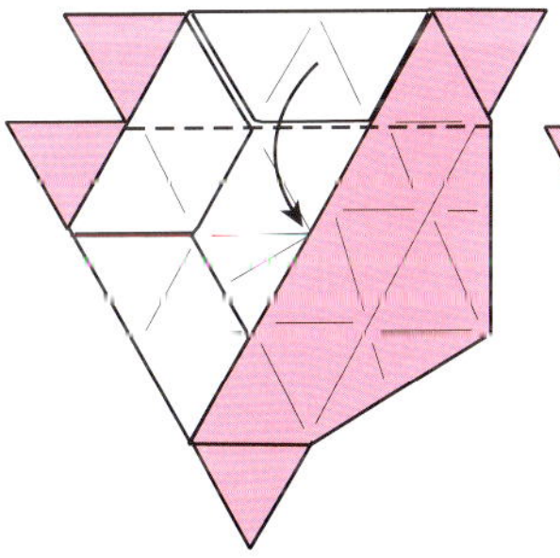

一辺目を折ったところ

21－③

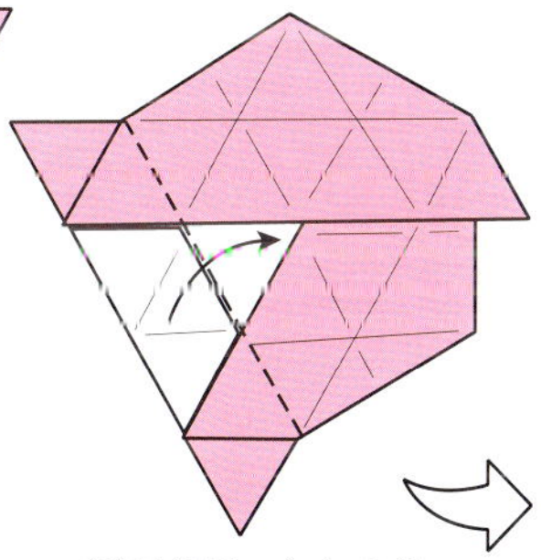

二辺目を折ったところ

22

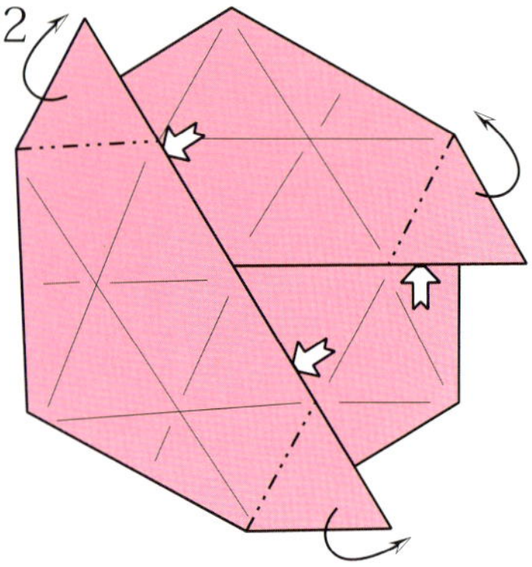

三辺目を折り、正六角形から出ている所を内側に折る

23　24

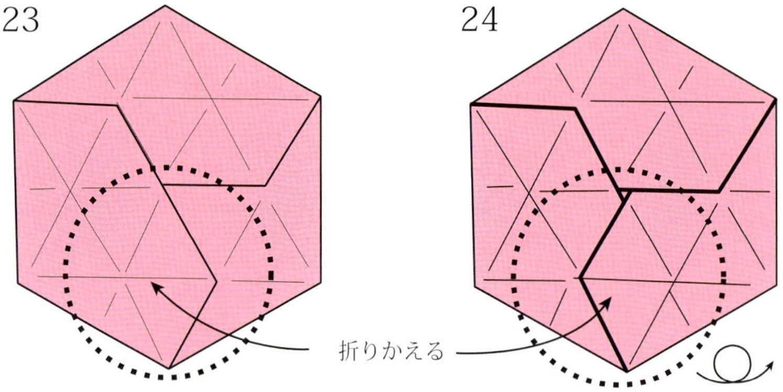

「たとう折り」がすわりが良い

25

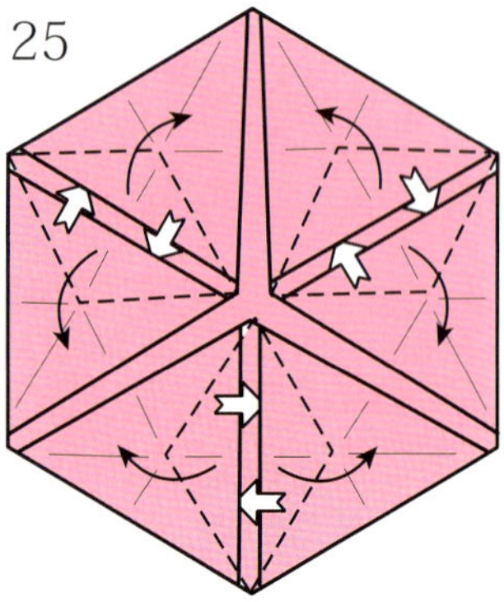

おもてに返し、
点線部分を開く

26

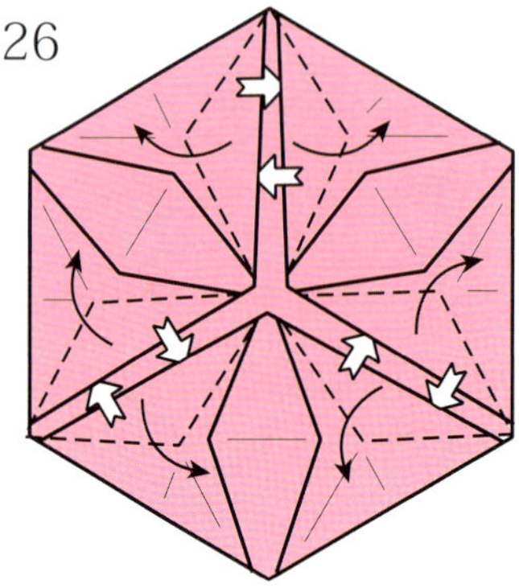

残りも開く

27

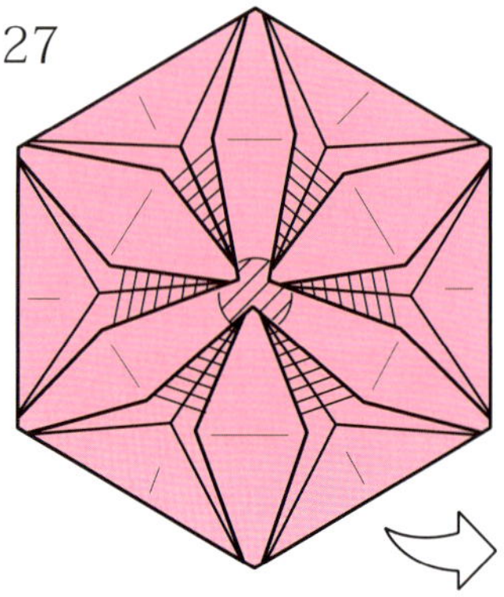

①花びらと花びらをのりづけ
（斜線部分）
②まん中ものりづけ

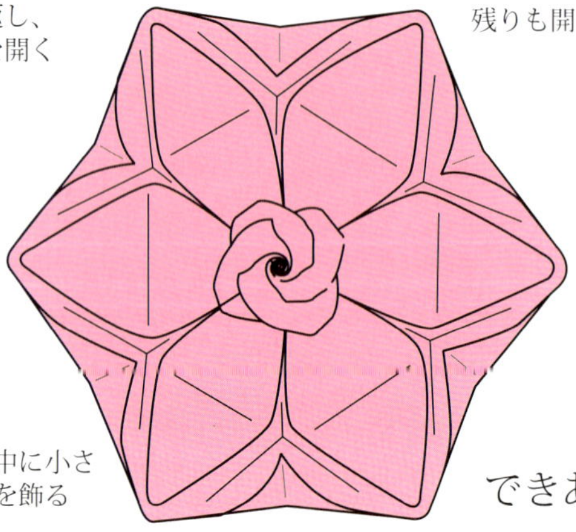

形を整えて、まん中に小さいツイストローズを飾る

できあがり

「ありがとう」を伝えたい！

海外の折り紙交流であたたかく応援してくれる人をあげたら、10本の指では足りません。特に東日本大震災のあとは、日本中に津波が押し寄せた…と思ったようで「心配メール」がたくさん届きました。国内外を問わず折り紙仲間は気にかけてくれ、支援物資をたくさん送って下さいました。アメリカで何度もホームステイしたマーク・ケネディ、アレン夫妻、そして「日本人の折り紙の人を招待し泊めたのは、あなたが初めて」と言ったローラ・クラスカルさんは「今年、アメリカのコンベンションに来なかったが、そんなに地震の被害は大変だったのか？あなたが私の家のあちこちに残していった作品を懐かしく見ている」と、メールがありました。なんと嬉しかったことか。みなさんに、この「カーネーションカード」や「笑顔の倍返しカード」（80頁）を持って、また訪れたいアメリカ。

26. 招福つるばら

「秘伝千羽鶴折形：釣りふね」に似た作品。慣れるまで紙の裏に切り込むところを鉛筆で記入すると間違いカットを防げます。鶴の羽に無駄な折り線を入れないようにします。

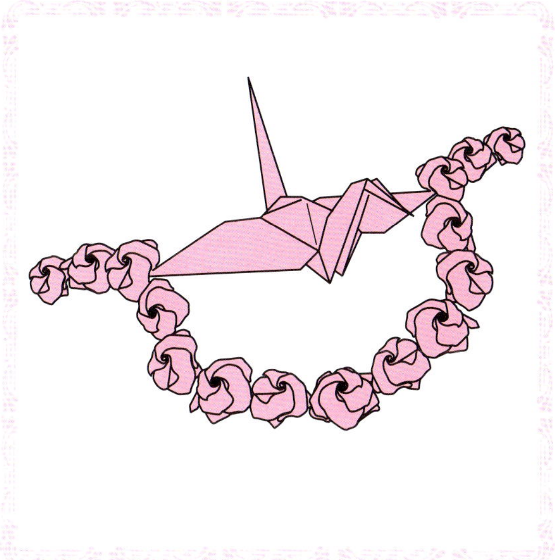

●折りはすべて机から浮かして折る。(辺を5等分する…「あけてビックリ玉手箱」62頁参照。中央の鶴の部分には5等分線を入れない)

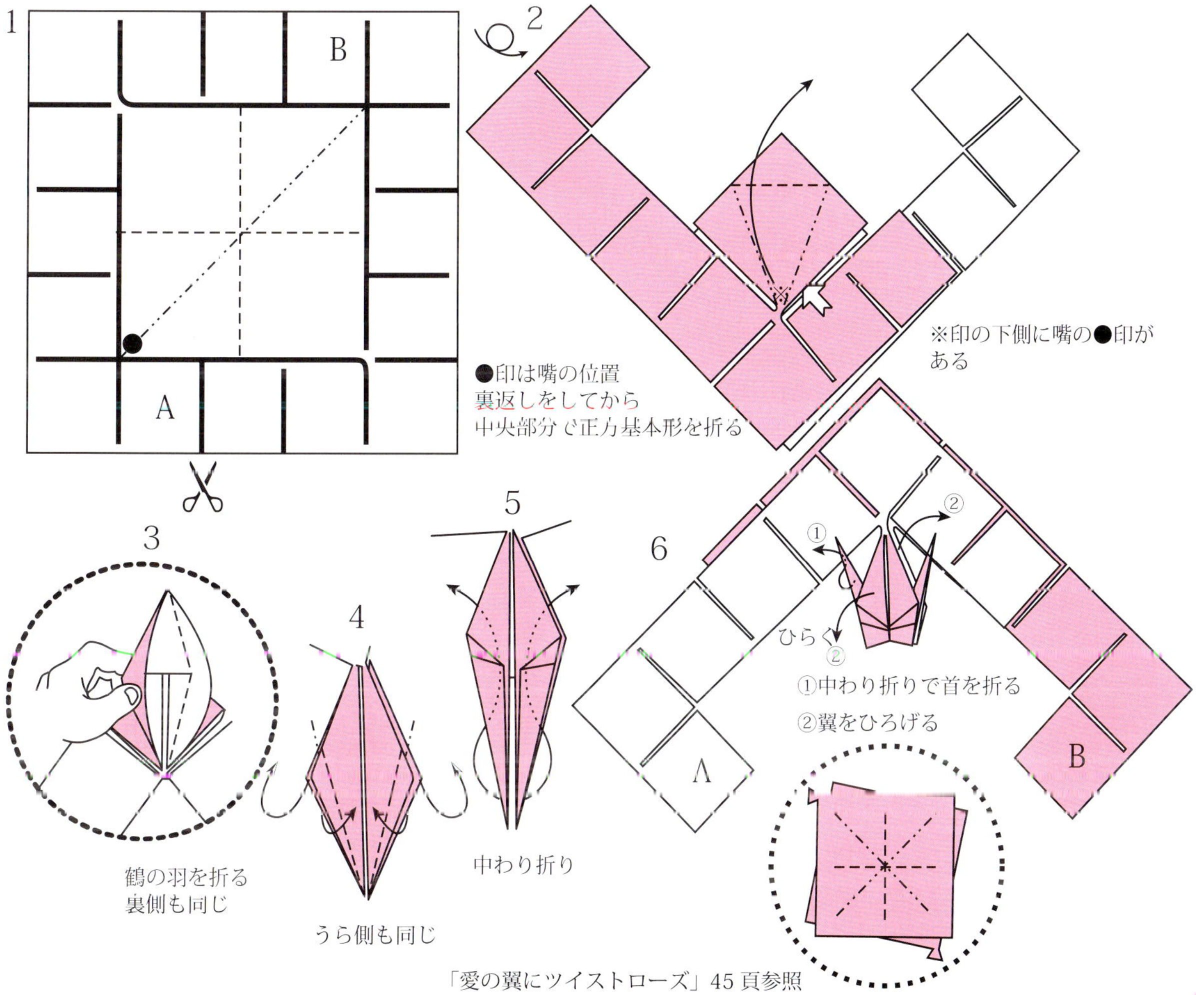

1
B
A
2
●印は嘴の位置
裏返しをしてから
中央部分で正方基本形を折る
※印の下側に嘴の●印がある
3
鶴の羽を折る
裏側も同じ
4
うら側も同じ
5
中わり折り
6
①
②
ひらく
②
①中わり折りで首を折る
②翼をひろげる
A
B
「愛の翼にツイストローズ」45頁参照

7

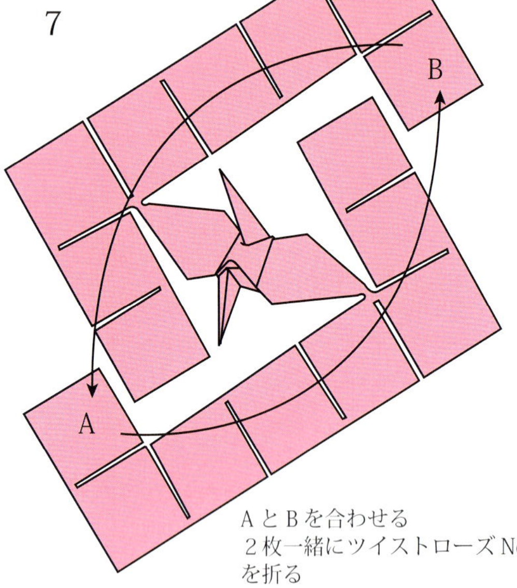

AとBを合わせる
２枚一緒にツイストローズ No.1
を折る

8

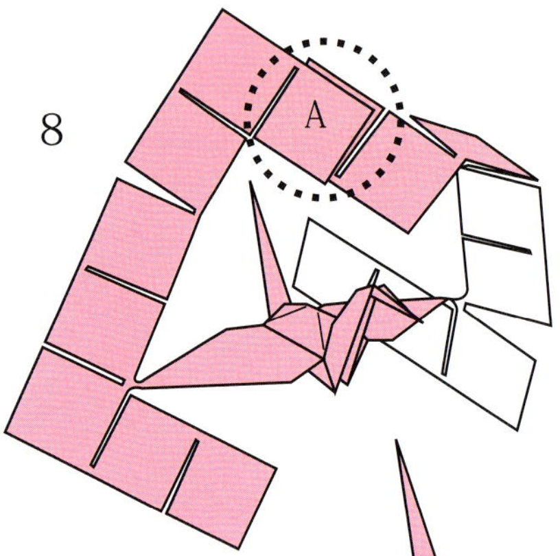

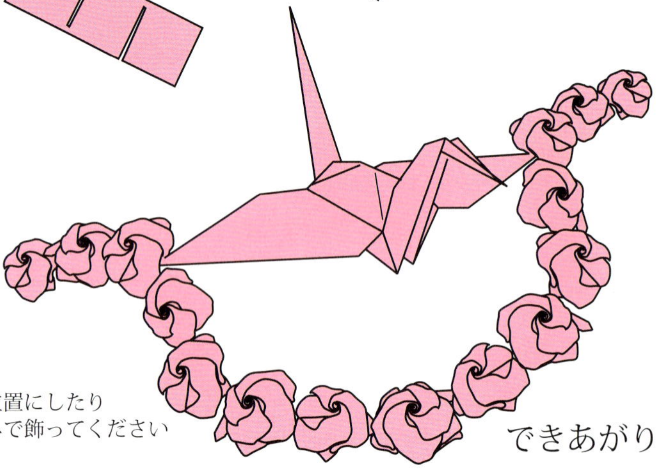

ツイストローズを縦位置にしたり
横位置にしたりお好みで飾ってください

できあがり

折りん（輪）ピック

昨年決まった「オリンピック TOKYO 2020」、丁度、文化祭シーズンで、各教室の出展コーナーの片隅に、この作品（表彰台で金銀銅メダル受賞のイメージ）を置き「折りんピック」とタイトルをつけたところ、学習館館長は「これは良いですねー」と、とても気に入ったご様子でした。2014 年 SOCHI オリンピックも終わり、メダルを取った人も取れなかった人も感動をたくさん下さって、ほとんどの選手が「支えて下さった人への感謝」を述べました。みなさんに折り紙の「金メダルをあげたい！」と思い、今回のバラは赤・ピンク・黄色よりもゴールドを多くしました。決して枯れないゴールドツイストローズ !! TOKYO 2020 年の干支は「子（ね）」、今から折り紙で「おもてなし」の準備をしましょう。「ねずみのみいちゃん」（地域新聞「常陽リビング」2008 年 1 月 1 日号に一面カラー掲載）の 12 年後の出番！そこに「招福つるばら」の表彰台も飾って。夢は膨らみますね！永遠のゴールドツイストローズもきっと喜ばれると思います。

27. ツイストローズのメリーゴーランド

「秘伝千羽鶴折形：蓬莱（ほうらい）」を参考。張りのある強くて薄い裏打ち和紙を使用。出来上がった作品に竹串などをさして、息を吹きかけるとクルクルまわります。

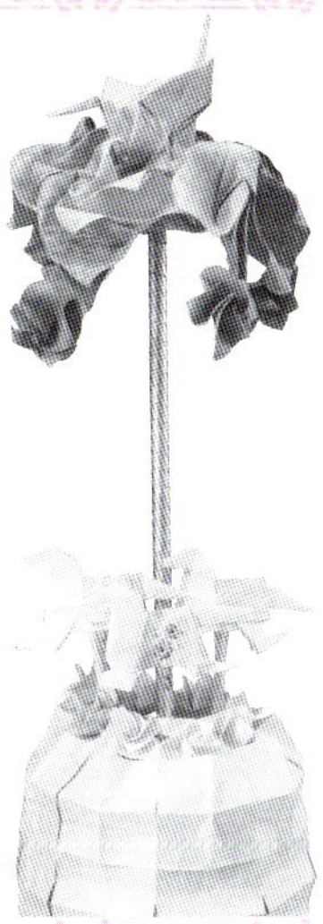

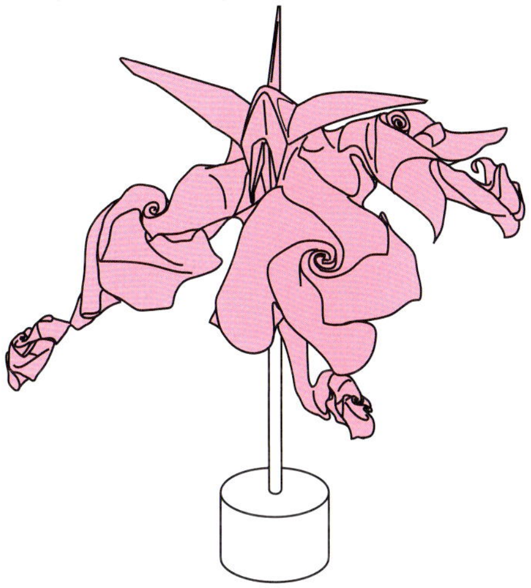

1

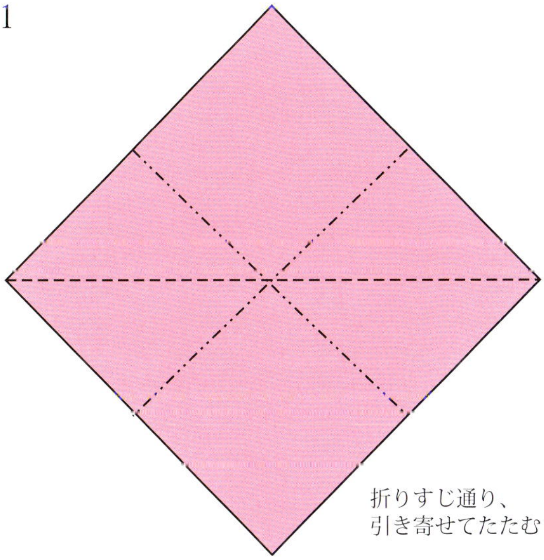

折りすじ通り、
引き寄せてたたむ

2 ※

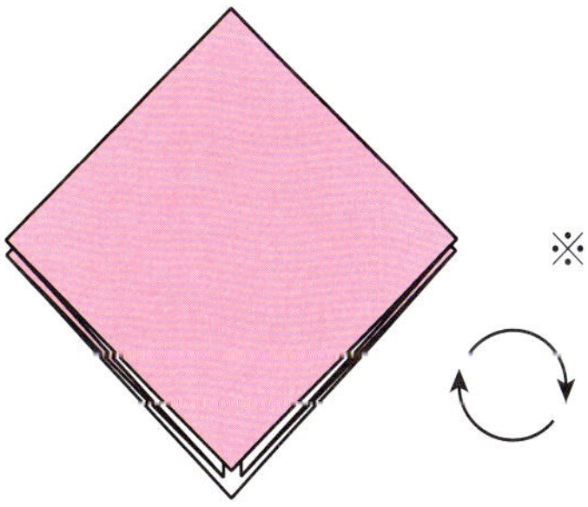

3

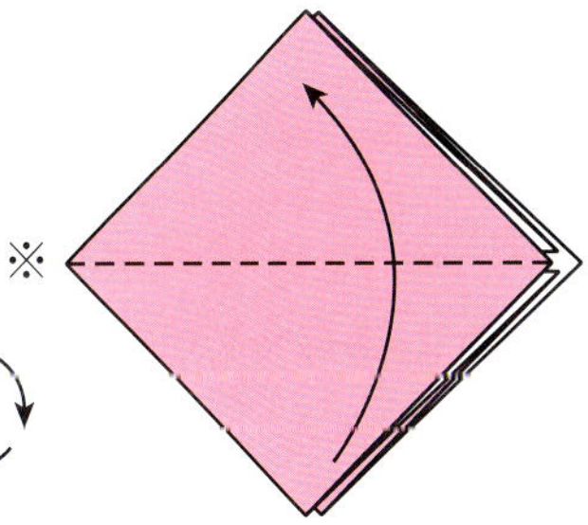

4

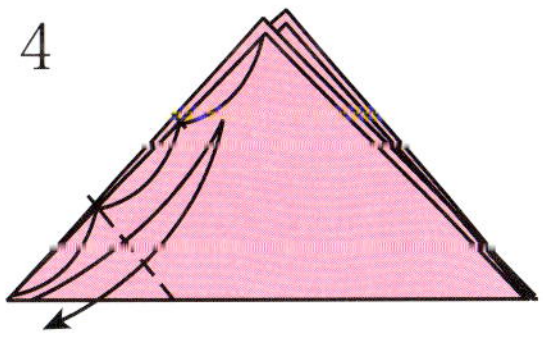

左側の斜辺 1/3 を折りもどす

5

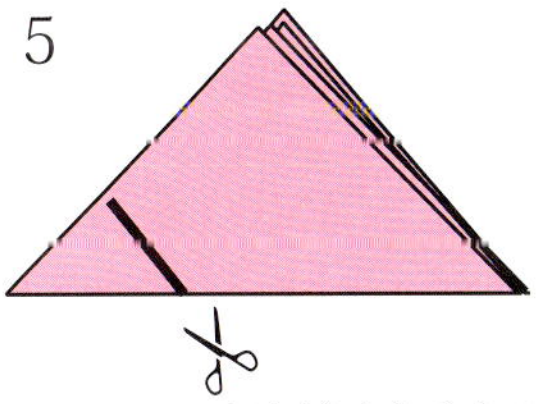

切り込みを入れる

6

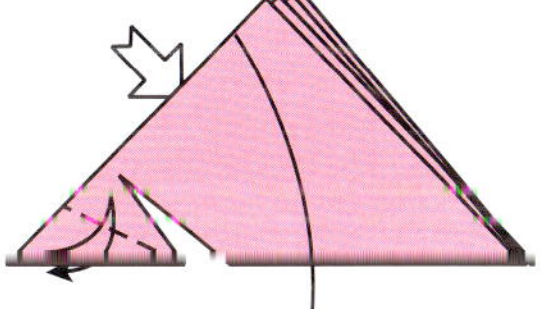

切り込みに
むかって
折りすじを
つける

2 枚をひらく
（(3) にもどす）

7

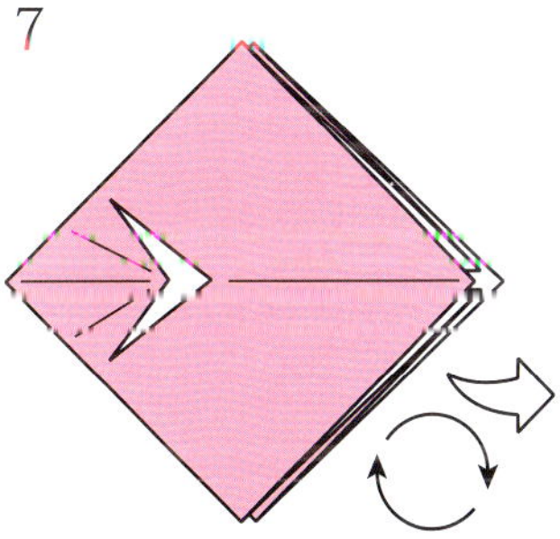

8

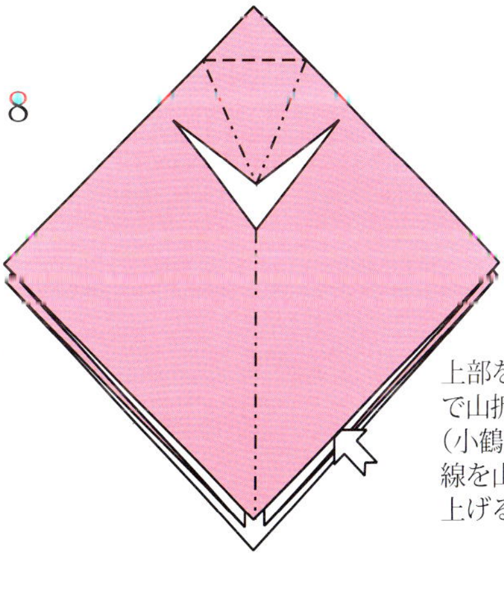

上部を (6) の折りすじ
で山折りのすじをつける
（小鶴の羽）下部の中央
線を山折りしながら折り
上げる

9

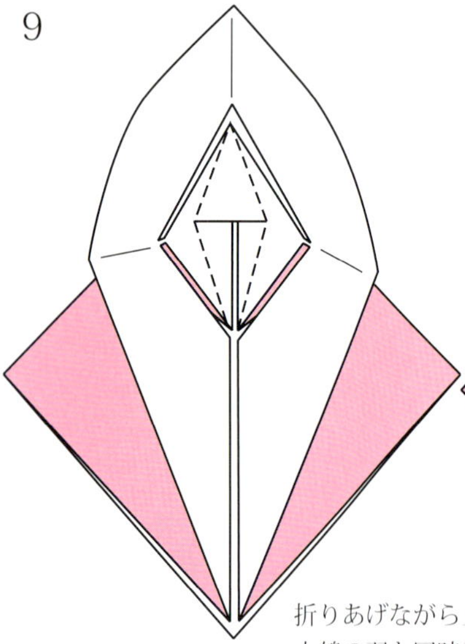

10

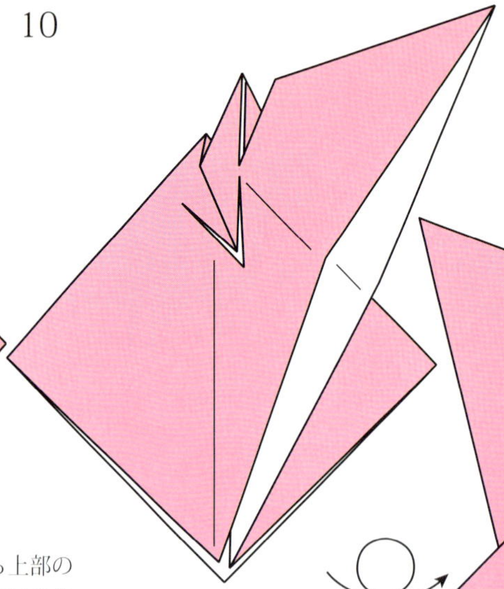

折りあげながら上部の
小鶴の羽も同時に折る

11

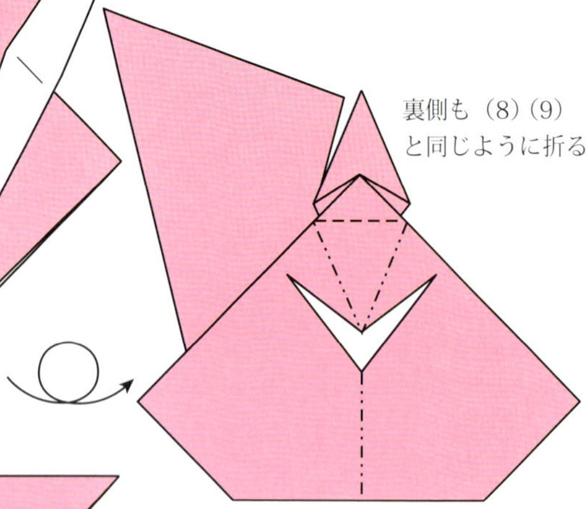

裏側も（8）（9）
と同じように折る

12

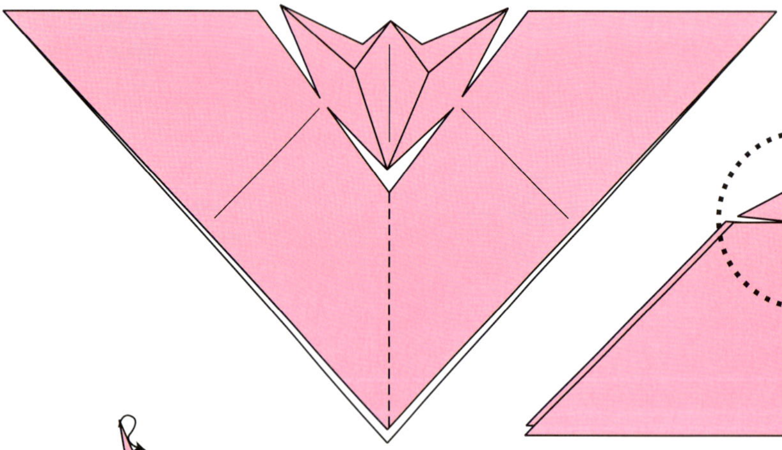

13

部分拡大

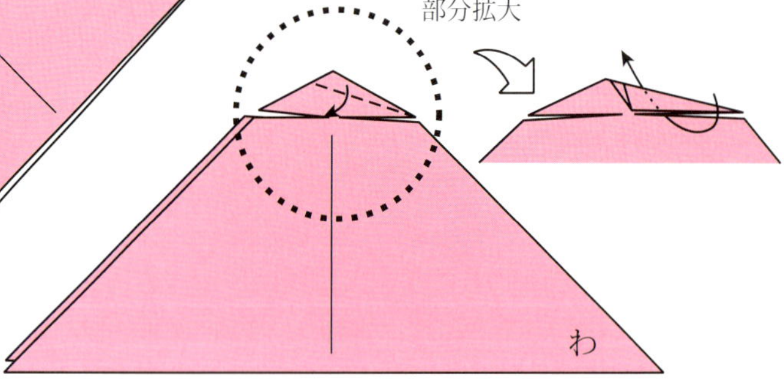

14

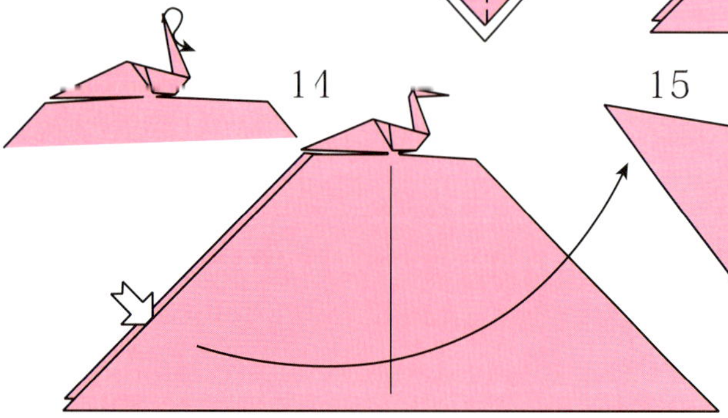

鶴の首を折る

15

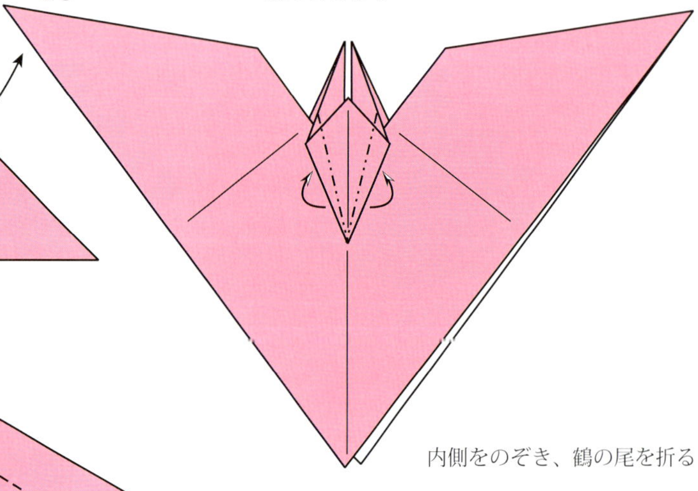

内側をのぞき、鶴の尾を折る

16

軽くひらく

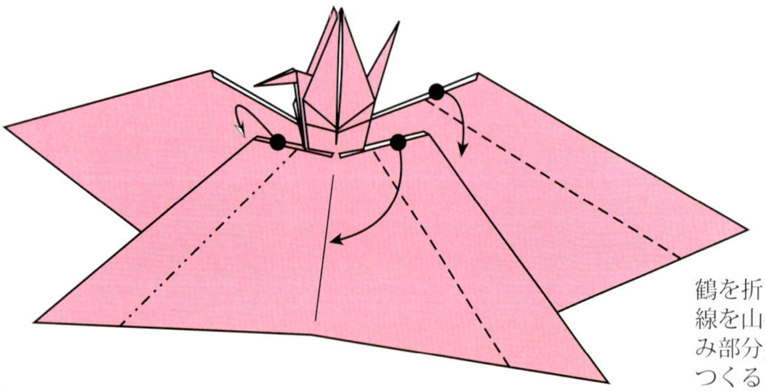

鶴を折ったら、紙の四隅から出ている
線を山折りし、辺の中心線に「切り込
み部分」を合わせ、谷折りしてヒダを
つくる

17

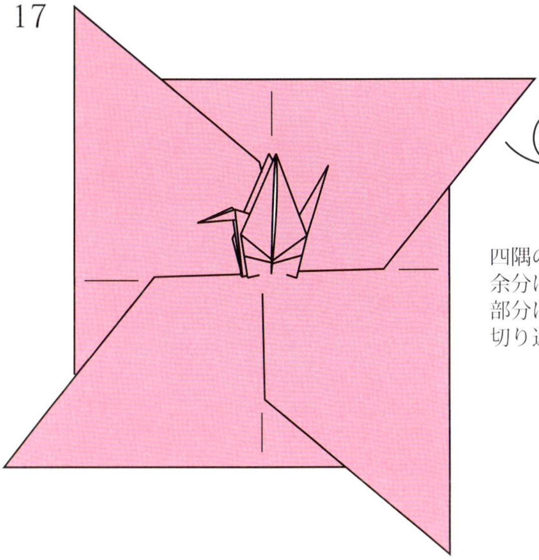

18

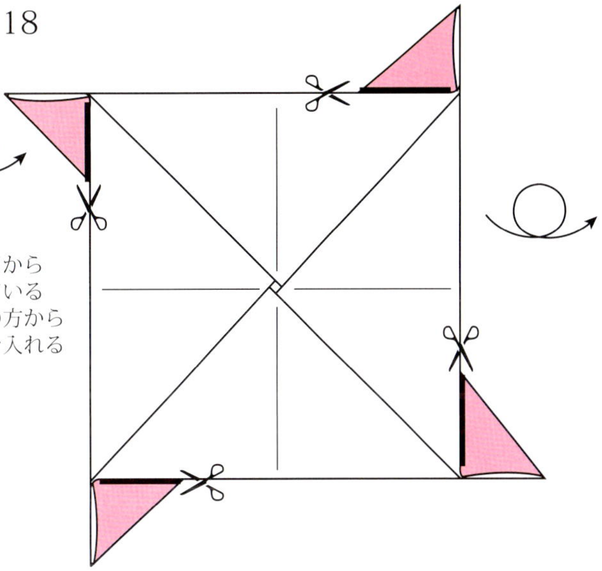

四隅のかどから
余分に出ている
部分に輪の方から
切り込みを入れる

19

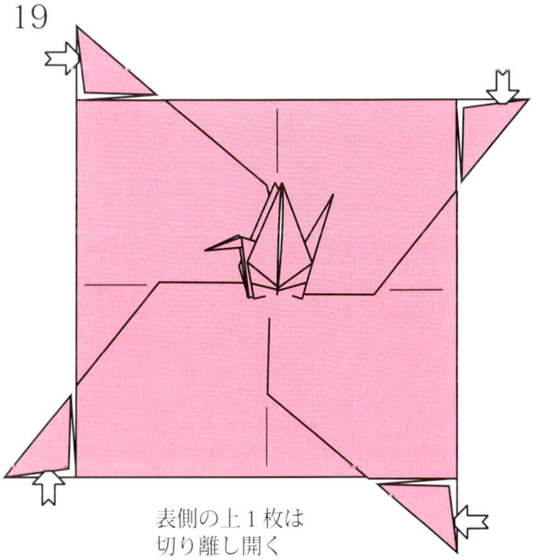

表側の上１枚は
切り離し開く

20

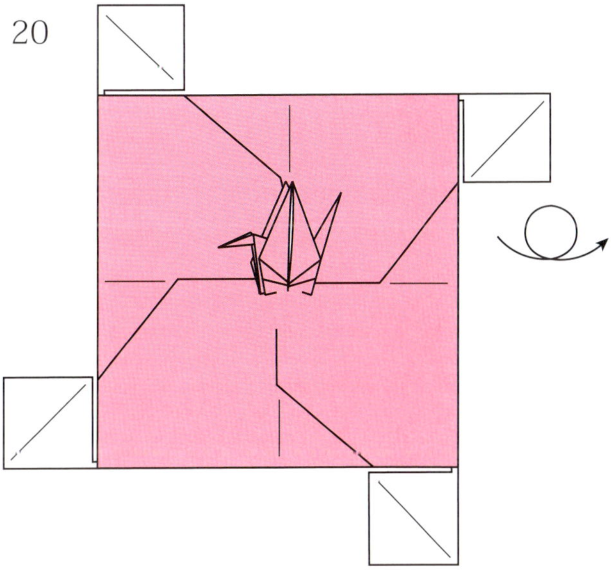

21

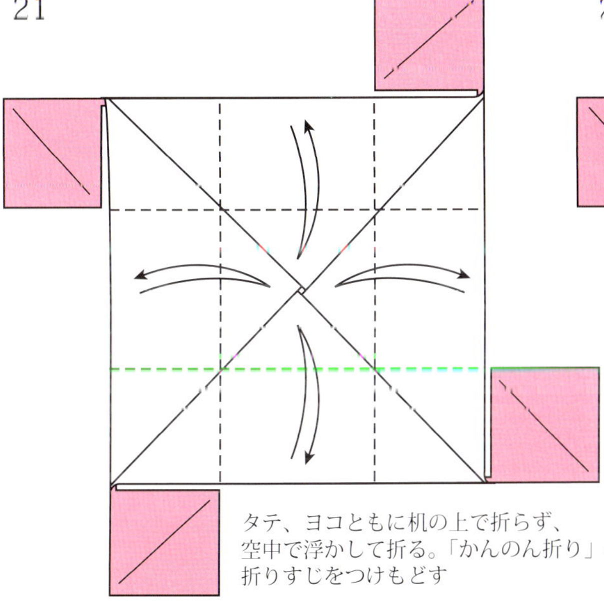

タテ、ヨコともに机の上で折らず、
空中で浮かして折る。「かんのん折り」の
折りすじをつけもどす

22

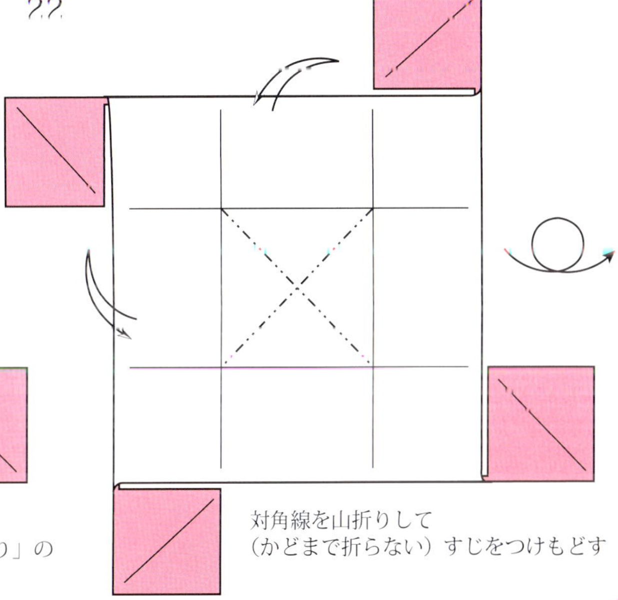

対角線を山折りして
（かどまで折らない）すじをつけもどす

23

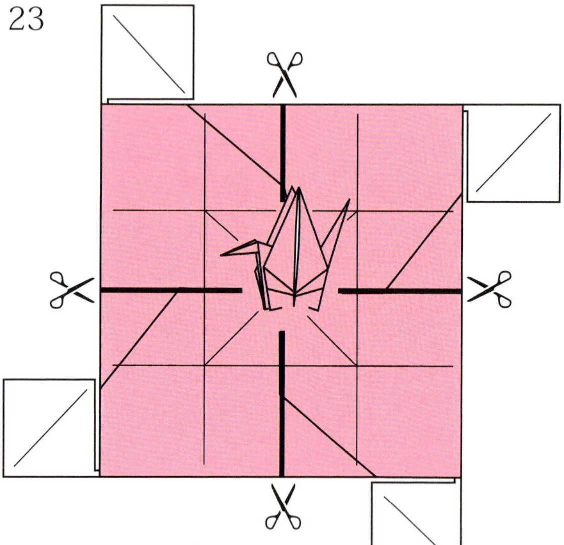

3/4 切り込みを入れる

24

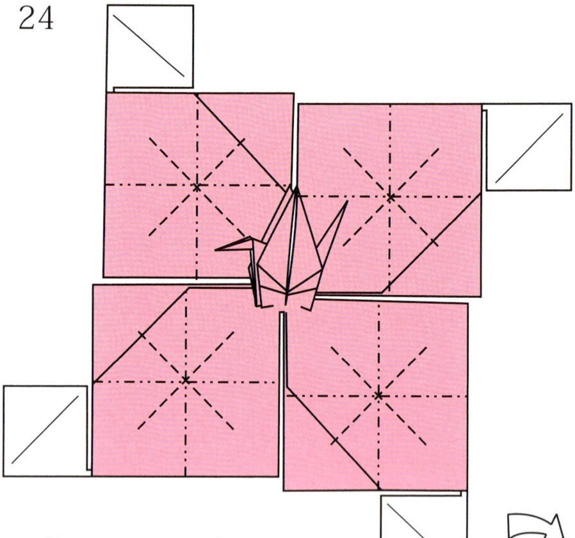

折りすじ通り引き寄せる

25

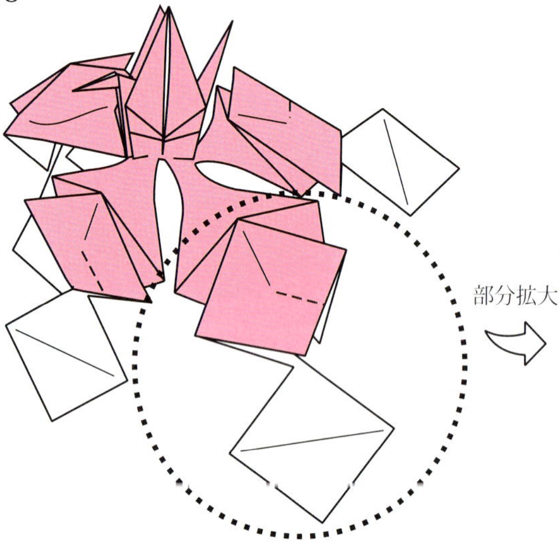

26

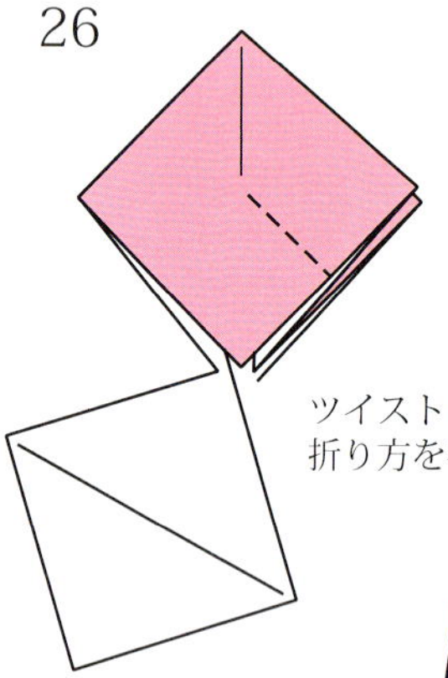

ツイストローズ No.1 の
折り方を参照

27

まわりの ABCD は両面同色の紙を使って
折るとバラに。裏が緑色なら葉に。
(表面が裏側に出ていても、バラを表
面で折り、ひねると表面が出来上がる)。
また、小バラがつながっている大バラの
花びらのすじを消しながら表面が上になる

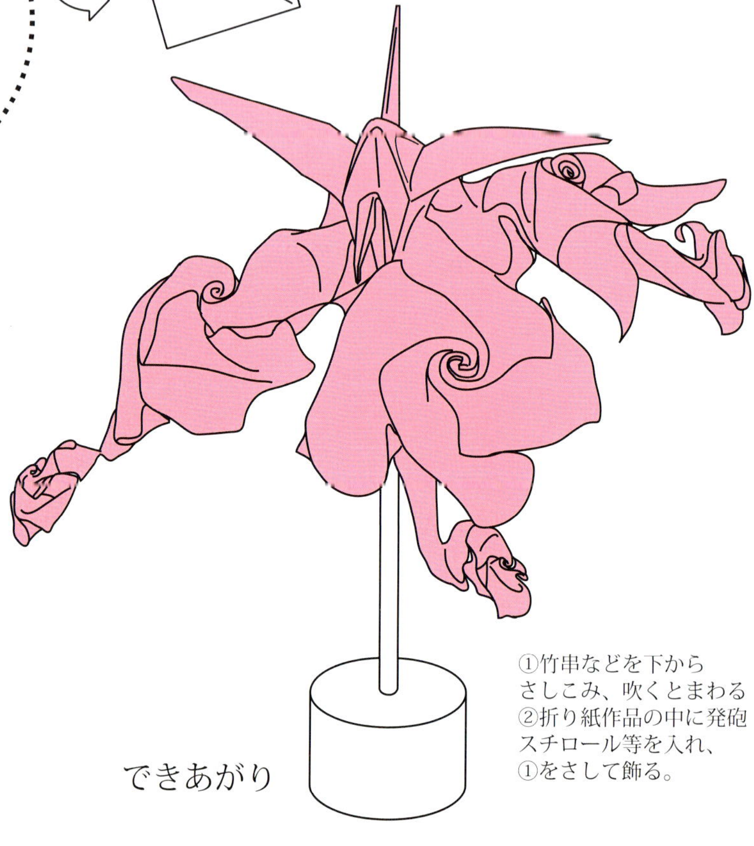

①竹串などを下から
さしこみ、吹くとまわる
②折り紙作品の中に発砲
スチロール等を入れ、
①をさして飾る。

できあがり

おわりに　小さな折り紙から大きな感動をいただいて

「今までにない折り紙の本を...」と薦めて下さった編集の高戸寧さん。デザイナーの柳原福良さんと共に、私の作品に興味を持って下さってから足かけ３年になります。

私の作品と、その作品にまつわるエピソードに何度も感激して下さって嬉しかったです。そのエピソードがあまりにも多くて、お二方はカットするのに大変ご苦労されましたが私らしさが出るようにと、まとめて下さって有難うございました。

私に感激のメール、お手紙、お電話を下さったＳさん、Ｙさん、そしてそのエピソードを私以上に感激なさった高戸さんが「これを入れたいです」とおっしゃって下さいました。お二人にお聞きすると、「お役に立てるならうれしいです」と私信公開をご快諾下さいました。心から感謝しております。

企画の早い段階で快く作品提供して下さったDavid Brill氏、Valentina Gonchar氏、藤本修三氏、岡村昌夫氏、加藤渾一氏には大変お待たせしました。やっと皆様にご披露できます。有難うございました。

今年２月には、東京にも記録的な大雪が２回降りましたが、その日が作品の撮影日でした。写真師・奥山和久さん、作品に愛情を注ぎ、丁寧に撮影して下さいまして有難うございました。深夜、銀世界の中を帰宅、忘れられない思い出になりました。

そして、私の手書き折り図をＰＣ図にして下さった池村浩明さん、有難うございました。ご自分でも１点１点折りながらの作図、感謝感謝の日々でした。パソコンができない私の為に夫は代打でパソコン打ち。♪マコ、あまえてばかりでごめんね♪ の毎日でした。そして、折り紙作家の方々、愛好家の皆さん「出版を楽しみに待ってます！」の声援が私にどれだけ頑張る力を与えて下さったことでしょう。有難うございました。

最後になりましたが、書店でこの本を手にとって下さったあなた様にもお礼を申し上げます。そして、すべての皆様との「出逢い」に感謝いたします。

2014年３月　　鈴木 恵美子（Emiko Suzuki）

鈴木恵美子（Emiko Suzuki）

茨城県牛久市在住。日本折紙協会会員。国内外の各種団体に所属し、教育活動の一環として「折り紙」を通し子どもの情操教育の重要性を、また、生涯学習講座などを通しコミュニケーションの大切さを提唱している。（海外10数ヶ国、国内100数ヶ所）

1997年、茨城県の海外派遣生としてアメリカ・カナダで教育、福祉、環境問題を研修。帰国後、茨城県女性つばさ連絡会の会員となる。

「四角い紙から生まれる丸い人間関係、折り紙で紙ニケーション」をモットーに幅広い普及活動を行なう一方、創作や素材研究にも力を注ぐ。代表作はツイストローズ、カーネーション、バッグ等の実用折り紙。作品は国内外の出版物に掲載されている。国内では次のとおり。『メッシュ折り紙』（ブティック社）、「月刊おりがみ」（日本折紙協会）、「おりがみ通信」（パッチワーク通信社）、『かわいいきれいなおりがみ』『うごかすとばすおりがみ』（共に成美堂出版）他。

（撮影：アートスタジオ　ヒロ）

［定例教室］
「Emiの楽しい折り紙教室」東京教室
（日本折紙協会２階）他

［折り図］池村浩明
［写真提供］アートスタジオ　ヒロ
（23頁メッシュ作品）
［使用素材］
- 株式会社トーヨー
- 株式会社クラサワ
- ショウワグリム株式会社
- 八下田織物株式会社
- いなば和紙協業組合
- 株式会社南海プリーツ
- 株式会社ビッグウィル
- 北三株式会社

［参考資料］
- 『つなぎ折鶴の世界―秘伝千羽鶴折形―』（岡村昌夫著　本の泉社）

［著作権、商標権、使用許可］
- 詩　相田みつを美術館
- チロルチョコ株式会社

［協力］
- 日本折紙協会（Tel：03-3625-1161）

バラの折《お》り紙《がみ》 ツイストローズ ●定価はカバーに表示してあります

2014年　5月12日　初版発行
2014年 10月10日　３刷発行

著　者　鈴《すず》木《き》恵《え》美《み》子《こ》
発行者　川内長成
発行所　株式会社日貿出版社

東京都文京区本郷5-2-2　〒113-0033
電話　(03) 5805-3303（代表）
FAX　(03) 5805-3307
振替　00180-3-18495

印刷・製本　藤原印刷株式会社
装幀・デザイン 有限会社柳原デザイン室　　撮影　奥山和久

ISBN978-4-8170-8197-1 http//www.nichibou.co.jp/